LIFANG

Couverture et quatrième de couverture / Front and back cover

Ailleurs N° 2, 2016
Huile sur toile / Oil on canvas
130 × 195 cm / 51 ⅛ × 76 ¾ inches

李芳
LIFANG

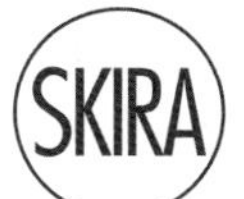

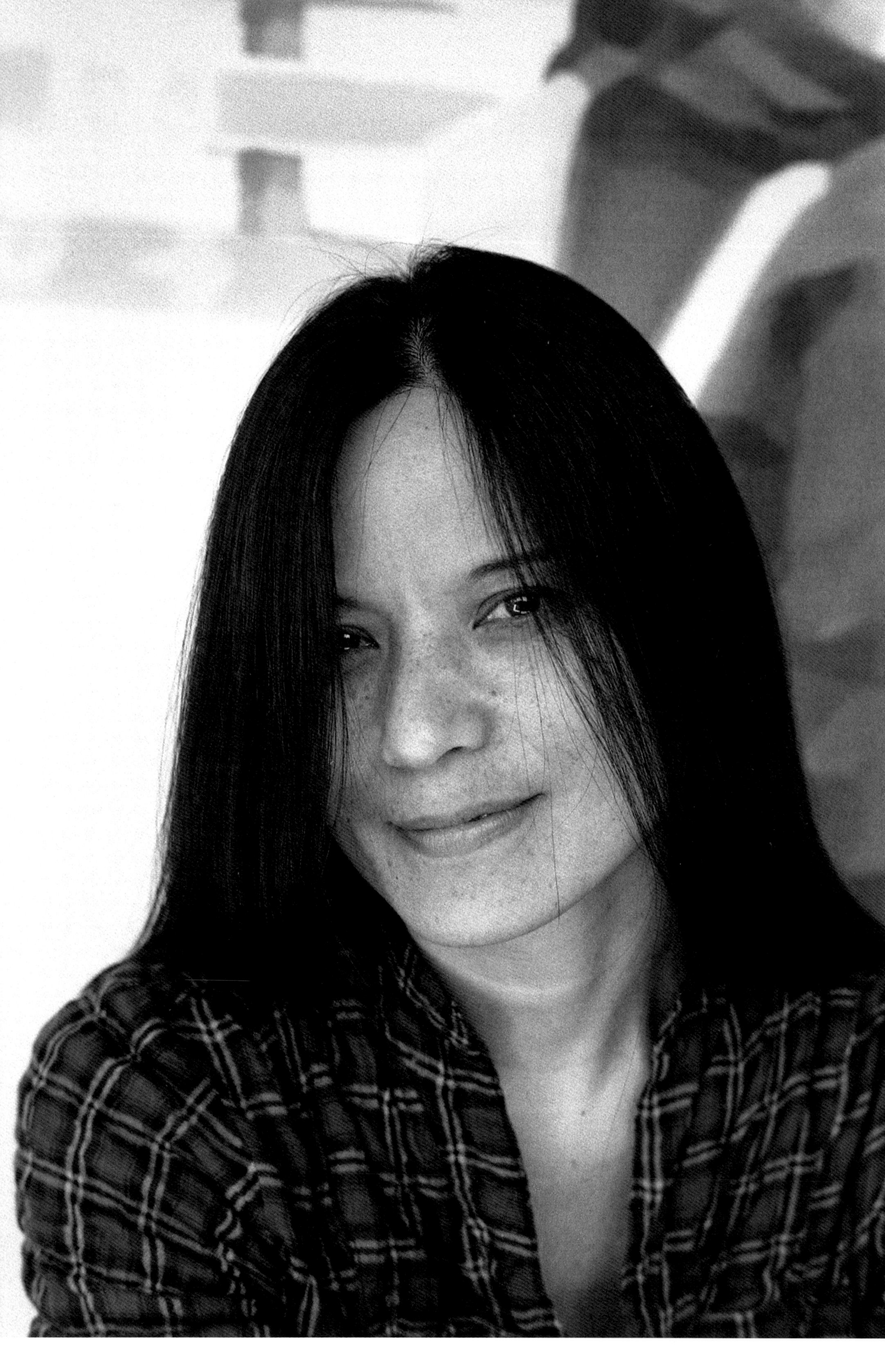

LiFang, 2012

Maël Bellec

Pertinence de la peinture

The pertinence of painting

La peinture n'était pas morte. Cette évidence, prouvée par des décennies de création artistique après un acte de décès prononcé dans les années 1980, ne se présentait pas tout à fait de la même manière en Chine et en France. Il pouvait être tentant de constater la marginalité de la pratique picturale à Paris, face aux installations, aux performances et à l'art conceptuel. Cependant, la scène artistique chinoise, qui s'était certes ouverte à de nouvelles expérimentations après le maoïsme, n'avait jamais renié l'importance de la peinture, voire son rôle central dans l'art contemporain. D'une part, la découverte soudaine de près d'un demi-siècle d'art occidental offrait aux plasticiens la possibilité de moderniser radicalement leur vocabulaire sans changer nécessairement de support. D'autre part, les milieux académiques privilégiaient et privilégient toujours en grande partie le perfectionnement des techniques plus que les ruptures et la nouveauté des mises en œuvre. Pour beaucoup d'étudiants chinois, devenir artiste signifiait alors maîtriser à la perfection les règles du dessin réaliste et s'adonner à la peinture. C'était une évidence pour une artiste comme LiFang, dont la vocation s'est révélée dans sa prime jeunesse par l'affirmation d'un goût pour le dessin. Depuis la fin de ses études en 2003, elle n'a ainsi produit, à l'exception de la série des *Géants*, que des huiles sur toile.

Cette cohérence technique se double d'une grande unité stylistique. Rares sont les artistes à pouvoir construire sur vingt ans un répertoire aussi homogène et en même temps diversifié. La seule série d'œuvres qui dépare dans ce continuum est un travail de jeunesse. Les *Géants* se distinguent en effet des créations ultérieures aussi bien sur le plan des matériaux que des thèmes. Quelques-unes de

Painting was never dead. This reality, proven by decades of artwork coming even after painting's death certificate was issued in the 1980s, didn't appear in quite the same way in China as it did in France. It's tempting to remark the marginality of painting practices in Paris in regard to installations, performances or conceptual art. However, the Chinese art scene, which had opened itself to new experimentation after Maoism, had never denied the importance of painting, and even its central role in contemporary art. On one hand, the sudden discovery of almost a half-century of Western art gave artists the possibility to radically modernize their vocabularies without necessarily changing their medium. On the other hand, academic circles gave and still give great importance to technical perfection rather than to disruptive approaches and novelty of execution. For many Chinese students, becoming an artist meant mastering the rules of realist drawing to perfection and devoting oneself to painting. This was obvious for an artist such as LiFang, whose calling revealed itself in her youth through her pronounced penchant for drawing. Since completing her studies in 2003, with the exception of the *Giants* series, she has only produced oil paintings on canvas.

This technical coherence is coupled with a great stylistic unity. Rare are artists that can construct such a homogenous and simultaneously diversified repertoire. The only series of work that breaks away from this continuum is from her youth. The *Giants* series distinguishes itself in fact from her later work both in terms of medium as well as subject matter. Some of these works were indeed oil paintings on

ces œuvres sont bien créées à l'huile sur toile, mais la plupart d'entre elles sont des photographies reprises au pastel ou des peintures associant des techniques variées, dont des lavis d'encre. En outre, alors que les productions suivantes offriront une facture tendant à dépersonnaliser les sujets, la main de l'artiste reste ici très visible. Cette exception s'explique par le caractère inhabituel chez LiFang des personnages représentés. Ces grandes figures, dont seuls les contours sont tracés, à grands traits, symbolisent la solitude, la mélancolie et les difficultés de communication d'une artiste expatriée, mais aussi ses élans et ses espoirs. La dimension d'alter ego de ces personnages oniriques est d'ailleurs soulignée dans plusieurs œuvres par la superposition des silhouettes des *Géants* et d'autres figures plus individualisées, mais toujours inidentifiables.

Quoique singulières par bien des aspects, ces œuvres sont à l'origine de la série la plus importante et la plus pérenne de LiFang, poursuivie de 2006 jusqu'à aujourd'hui. Les *Passants*, qui posent les

canvas, but the majority of them were photographs that were worked with pastel or paintings in mixed media, including ink washes. Furthermore, whereas subsequent pieces make use of a technique that tends to depersonalize subject matter, here the artist's hand remains quite visible. This exception can be explained by a treatment of figures that is rare in LiFang's work. These bodies, depicted only through large outlines, symbolize solitude, melancholy, and an expatriate artist's communication difficulties, as well as her drive for life and hopes. The alter-ego dimension of these dreamlike characters is also highlighted in other works by superposing silhouettes of *Giants* and other more individualized figures that remain nevertheless unidentifiable.

Despite being singular in many regards, these works are at the origin of LiFang's most prolific and perennial series, continued from 2006 up until today. The *Passersby* series, which establishes a basis for all of her later

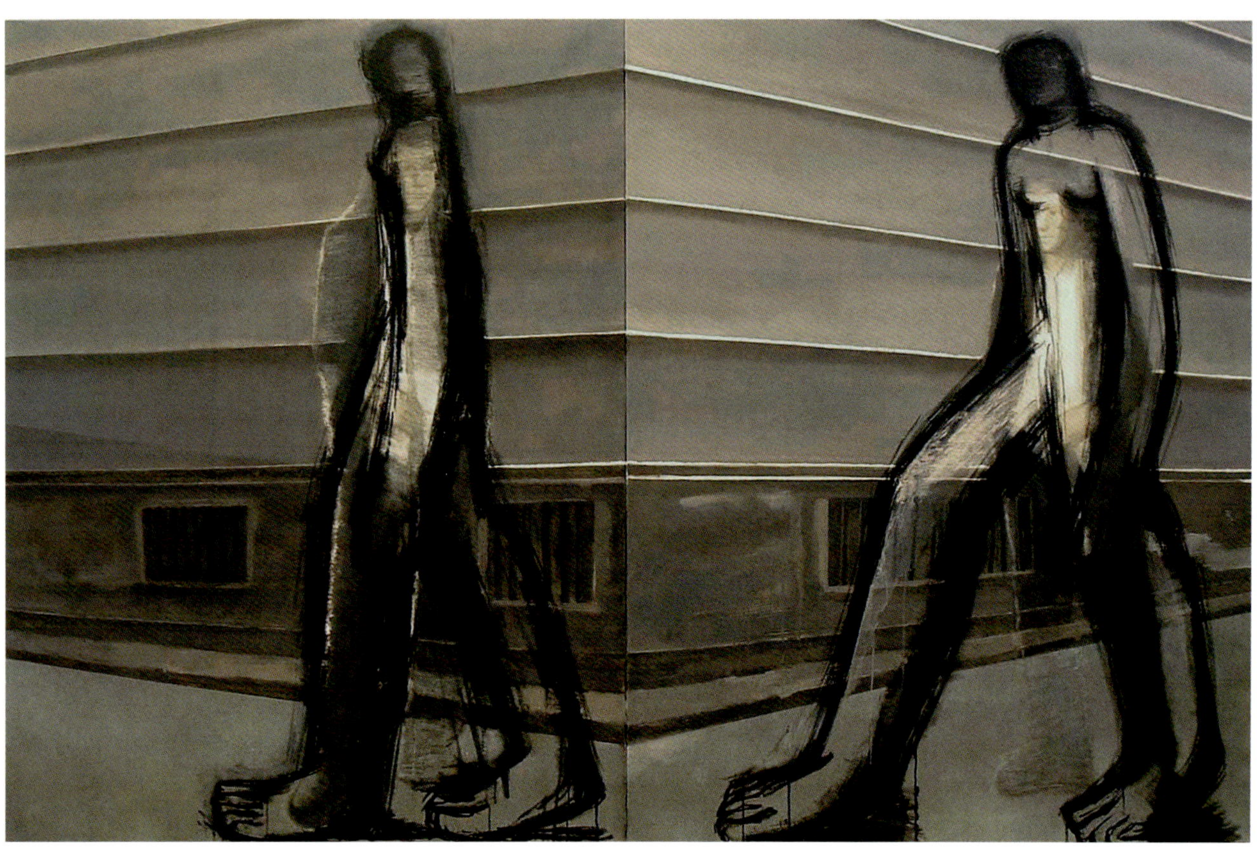

Au clair de lune II, 2005
Huile et pastel sur toile / Oil and pastel on canvas
Diptyque 130 × 194 cm / Diptych 51 ⅛ × 76 ⅜ inches

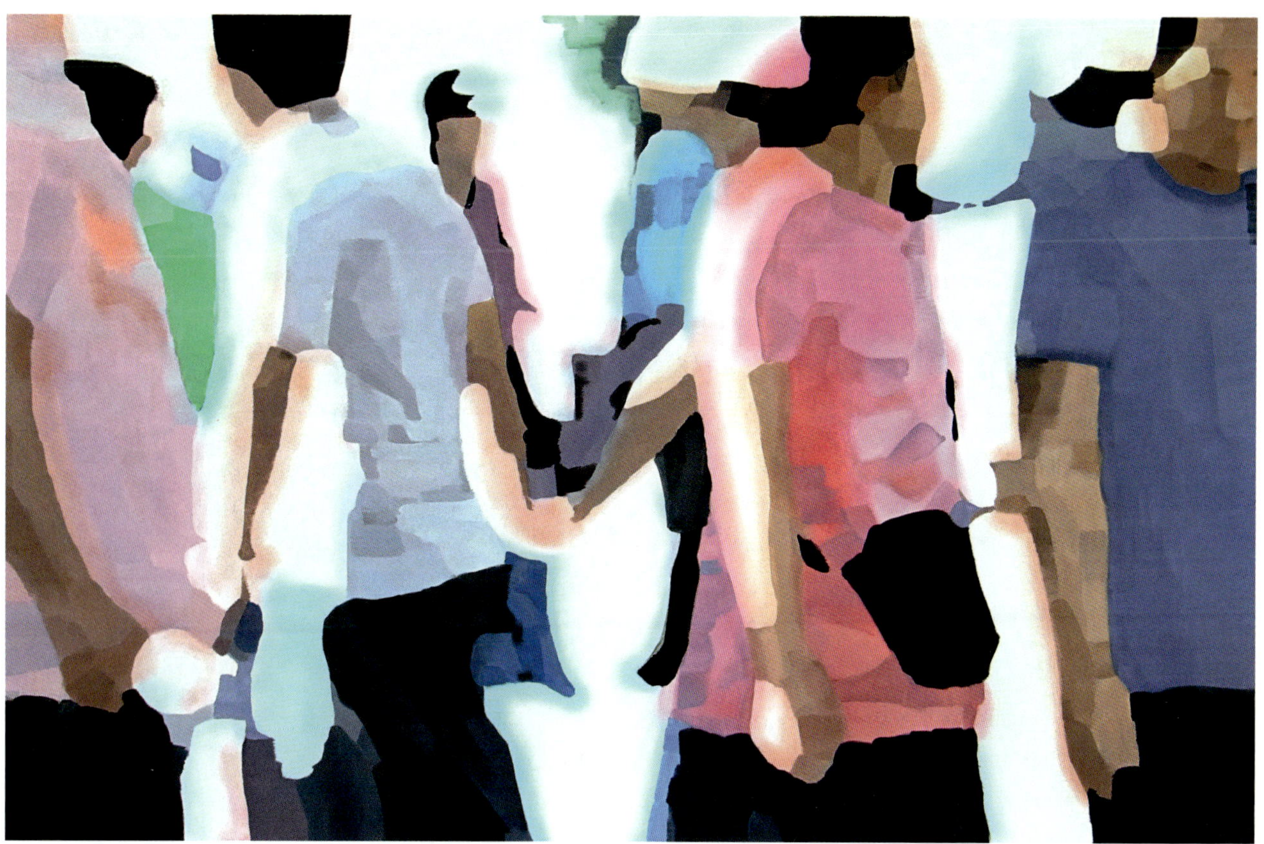

01.05.2008 Shanghai, 2008
Huile sur toile / Oil on canvas
130 × 195 cm / 51 ⅛ × 76 ¾ inches

bases de tout son œuvre ultérieur, apparaissent en effet comme une évolution des *Géants*. On y retrouve des personnages à peine individualisés et n'entretenant que peu de rapport avec leur environnement, tout bonnement évacué au profit d'un fond blanc. Certes, les figures mythologiques et intimes des travaux précédents ont cédé la place à des hommes et des femmes saisis dans leur vie quotidienne et souvent représentés en couple ou en groupe. Toutefois, leur anonymisation et leur relatif isolement les uns par rapport aux autres permettent à LiFang d'exprimer des émotions semblables à celles qui étaient si sensibles chez les *Géants*, tout en les mettant à distance et en les occultant partiellement. La sentimentalité des *Géants* laisse place à la suggestion de relations amputées par l'apparente impénétrabilité des psychés. Les corps ne sont plus que des objets en mouvement ou des êtres autant interchangeables qu'hermétiques. Le style employé, que LiFang déploiera ensuite dans toutes ses œuvres, souligne cette difficulté à établir des liens interpersonnels. Les couleurs sont vives et appliquées au moyen de larges aplats, qui donnent l'impression que les personnages sont des polygones, dans une

work, appears indeed as an evolution of the *Giants* series. Here we find barely individualized characters that have little connection to their environment, which is simply replaced by a white background. The mythological and intimate figures of previous works have given way to men and women captured in their daily lives and often depicted in couples or in groups. However, their anonymization and their relative isolation from one another allow LiFang to express emotions similar to those that were so palpable in the *Giants*, all while partially concealing and keeping them at a distance. The sentimentality of the *Giants* makes space for the evocation of relationships hindered by the apparent impenetrability of psyches. Bodies are but merely objects in movement or beings that are as interchangeable as they are hermetic. The style in use, that LiFang goes on to apply in all her later work, emphasizes this difficulty to create interpersonal relationships. Colours that are bright and applied in large solid blocks make the characters appear as polygons, in a deliberate reference made by the artist to digital technology.

référence délibérée de l'artiste aux technologies numériques.

L'inscription de ces peintures dans un monde contemporain est renforcée par les titres, qui mentionnent régulièrement les noms des villes d'où sont issues les foules représentées. Cette mention ainsi que l'attention portée aux vêtements et aux allures introduisent dans l'œuvre de LiFang une dimension sociologique. À travers ces inconnus pris sur le vif, l'artiste souhaite saisir quelque chose de la société actuelle, au-delà des individualités qui la composent. Le même principe préside à la réalisation des peintures représentant des personnes dans un environnement naturel. C'est toutefois dans une série liée plus particulièrement à la Chine que la volonté de documenter le monde dans lequel vit LiFang apparaît la plus évidente. *Chinese nudes* fait en effet directement référence

The setting of these paintings within the contemporary world is reinforced by the titles that regularly mention the names of the cities from which the depicted crowds come. This evocation as well as the attention given to clothing and style introduce a sociological dimension to LiFang's work. Through these anonymous figures captured in real life, the artist aims to capture something from current society, going beyond the individuals that compose it. The same principle has determined the production of paintings depicting people in a natural environment. It is, however, in paintings more directly connected to China that the will to document the world in which LiFang lives appears the most apparent. *Chinese nudes* makes a direct reference to the pornography charges brought against Ai Weiwei in late 2021. This judicial repression against an artist critical

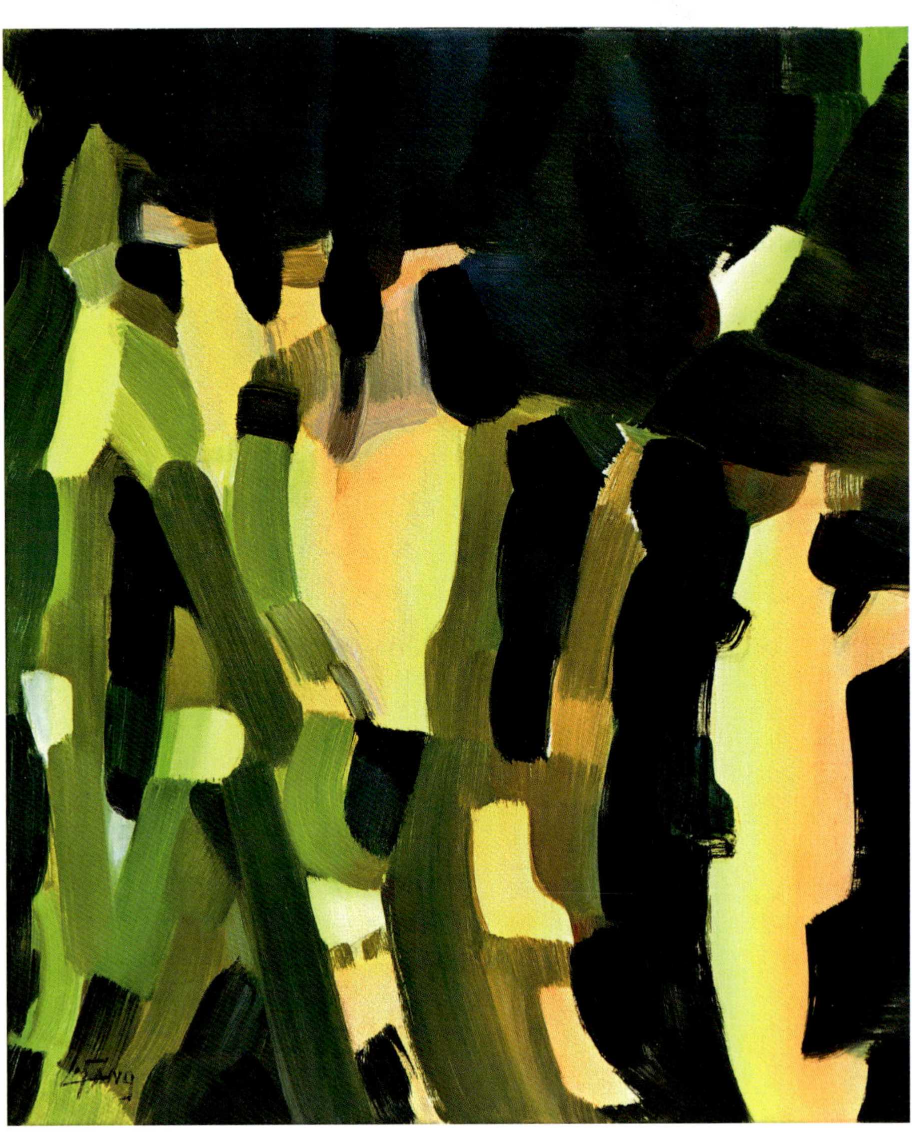

Éclats d'âme N° 12, 2021
Huile sur toile / Oil on canvas
46 × 38 cm / 18 ⅛ × 15 inches

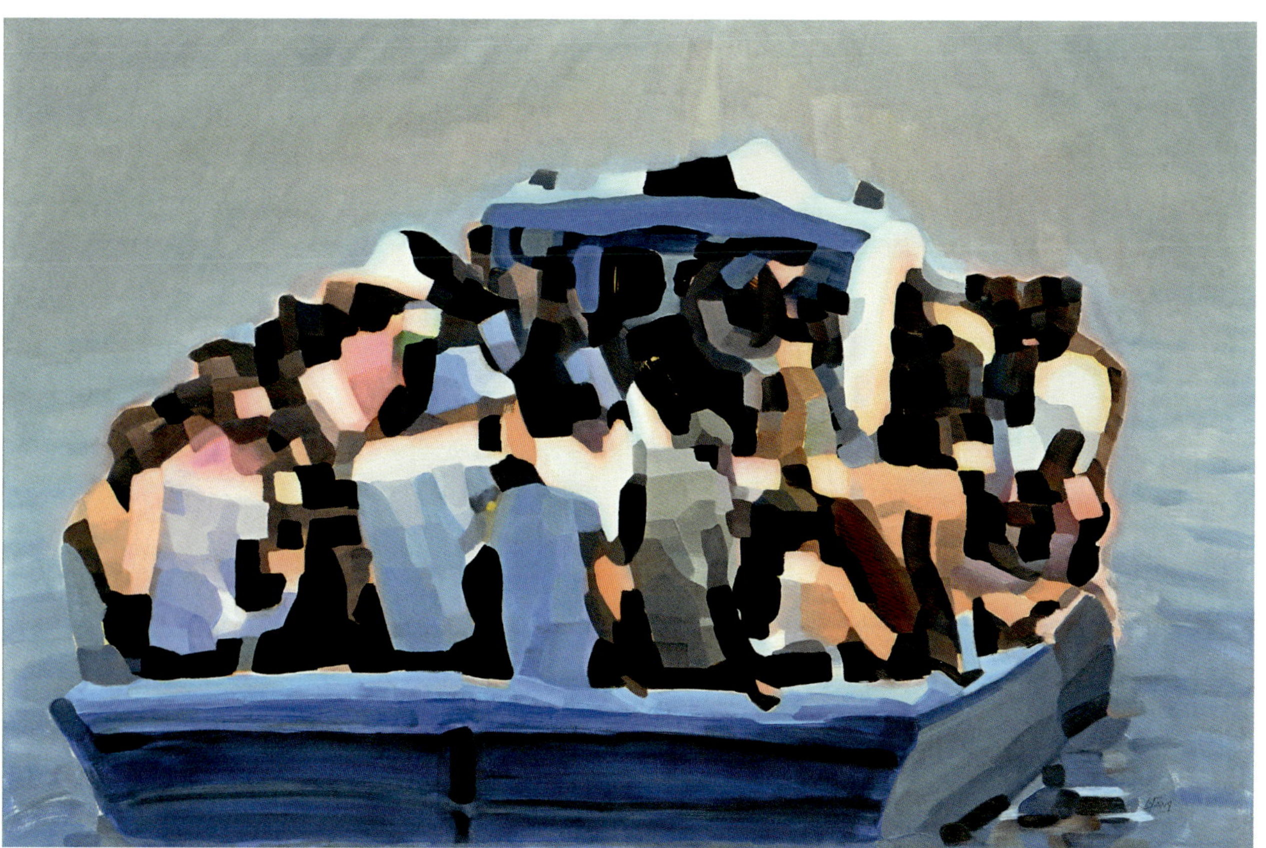

Traversée N° 14, 2020
Huile sur toile / Oil on canvas
130 × 195 cm / 51 ⅛ × 76 ¾ inches

aux poursuites engagées pour pornographie contre Ai Weiwei, fin 2011. Cette répression judiciaire contre un artiste critique du pouvoir amena de nombreuses personnes de la société civile à publier en ligne des photographies d'elles-mêmes destinées à prouver que le nu relevait de l'art et non de la pornographie.

L'intérêt de LiFang pour l'évolution de sa patrie, dont témoigne la réinterprétation de ces clichés, n'est pas sans ambiguïté. Il est stimulé par l'impression d'assister à un changement majeur de société et par le sentiment d'urgence que génèrent alors la situation précaire d'Ai Weiwei et l'effervescence de la scène artistique. Il témoigne aussi de la difficulté à séparer de manière étanche approche sociologique et critique sociale. LiFang nie ainsi depuis près d'une décennie le caractère politique de cette série, tout en reconnaissant la difficulté à exposer cette dernière en Chine et en exprimant son admiration pour les personnes qui ont osé protester contre une répression inique. On retrouve cette prudence et cette dénégation par le discours du contenu réel des œuvres dans les *Traversées*. Cette série consacrée aux migrants qui tentent, dans des embarcations

of state power led many people from civil society to publish photographs of themselves destined to prove that the nude was art and not pornography.

LiFang's interest in the evolution of her native country, shown by the reinterpretation of these shots, is not without ambiguity. This interest was spurred by both the artist's feeling that she was seeing a major social change and by a sense of urgency caused by Ai Weiwei's precarious situation and the artistic scene's effervescence. This also shows the difficulty of clearly separating a sociological approach from social critique. LiFang has thus denied the political nature of this series for nearly a decade, while at the same time recognising the difficulty of showing this work in China and expressing her admiration for those who have dared to protest against unjust repression. We come upon the same prudence and denial through the discourse of the real content of works from the *Crossings* series. This series, consecrated to the migrants that attempt to leave Africa on makeshift boats in order to immigrate to Europe, deals with a contemporary phenomenon that touches

de fortune, de quitter l'Afrique pour immigrer en Europe, traite d'un phénomène contemporain, qui touche à la fois à des questions de géopolitique, d'organisation interne des potentielles sociétés d'accueil et de racisme. LiFang ne peut évidemment ignorer ces dimensions, mais, fidèle à ses habitudes de mise à distance de ses sujets, elle préfère attirer l'attention sur le traitement coloré et optimiste du motif, tout en traçant une séparation fictive entre des phénomènes politiques, qu'elle laisserait de côté, et les conséquences pratiques de ces derniers, qu'elle représenterait.

En parallèle de ces thèmes, plusieurs séries traitent de sujets naturels. L'introduction de ces derniers dans l'œuvre de LiFang passe par des représentations de personnages au sein d'une végétation enveloppante ou associés à des plans d'eau. Ces éléments de localisation et de contexte finissent en effet par s'autonomiser. LiFang commence ainsi à produire des marines à partir de 2017, s'inscrivant délibérément dans la continuité de l'histoire de la peinture occidentale, qui lui

upon questions of geopolitics, of potential host societies' internal organization and of racism. Obviously, LiFang cannot be unaware of these dimensions, yet, faithful to her tendency to keep distance from her subject matter, she prefers to call attention to the colourful and optimistic treatment of the motif, all while marking a fictive separation between political phenomena, which she puts aside, and their practical consequences, which she depicts.

Parallel to these themes, several series deal with natural subjects. Their introduction in LiFang's work is seen in depictions of characters within enveloping vegetation or associated with water scenes. These elements of localization and context ultimately end up becoming autonomous from each other. LiFang thus started producing marine paintings in 2017, deliberately placing herself within the historical continuity of Western painting, which is the source of her artistic frame of reference. The evacuation of the human figure brought her

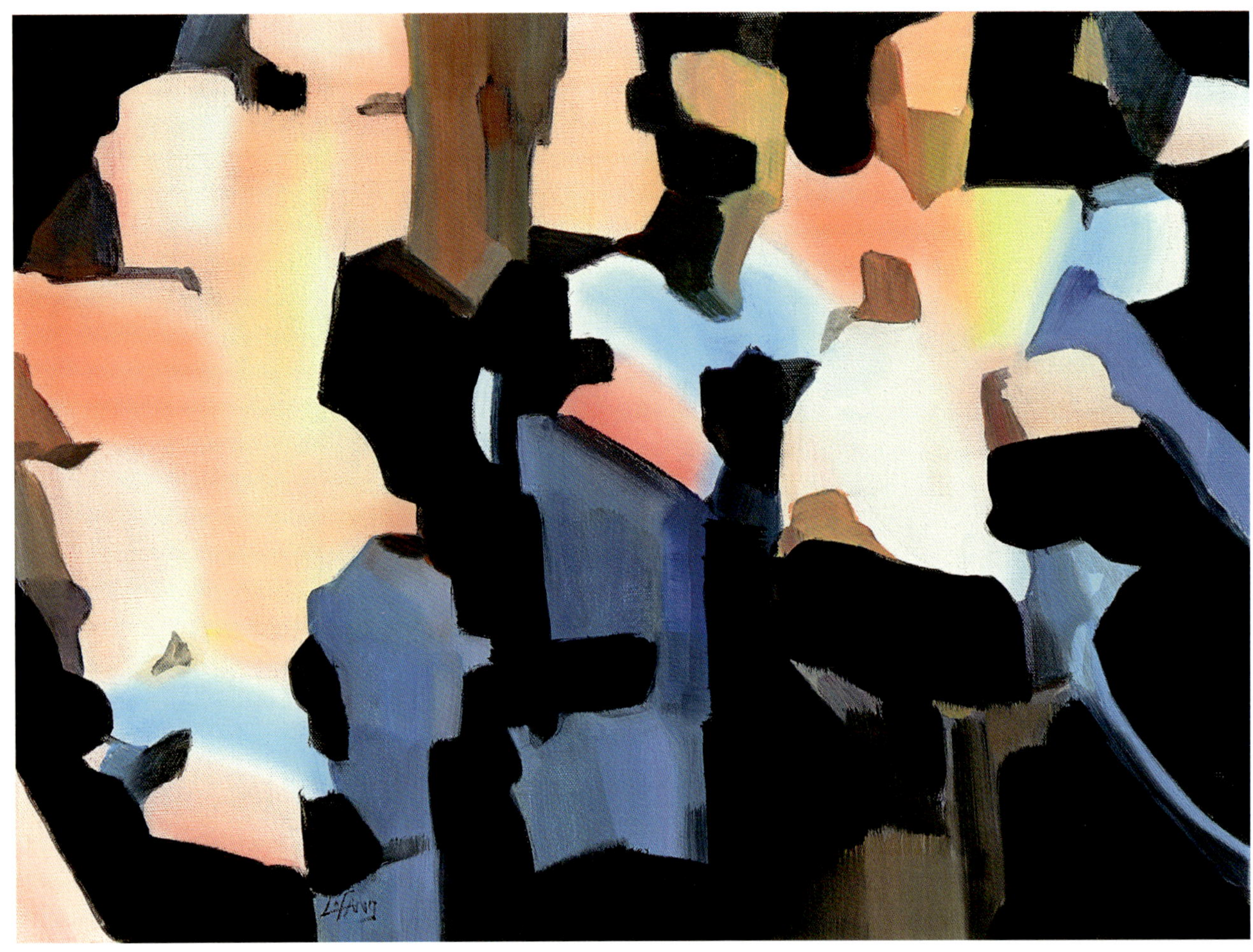

Fragment printanier, Paris - 1, 2020
Huile sur toile / Oil on canvas
46 × 61 cm / 18 ⅛ × 24 inches

fournit l'essentiel de ses cadres de référence. L'évacuation de la figure humaine l'amène à réinvestir émotionnellement ses peintures de manière plus affirmée. *L'Âme de fond* lui apparaît comme une représentation de son intériorité, tandis que les *Éclats d'âme*, dans lesquels LiFang décrit l'incidence de la lumière sur une végétation vue en gros plan, transcrivent sa tristesse suite au décès d'une proche. Il ne s'agit pas cependant uniquement pour la peintre de se reconnecter à la nature et de retrouver un vecteur d'expression plus intime. Ces travaux lui permettent de mettre à l'épreuve et de faire évoluer son vocabulaire en l'appliquant à de nouveaux sujets pour lesquels il n'a pas été conçu. Les *Embrasements* sont ainsi à la fois une expression de son angoisse face à l'évolution du monde et une manière de rendre un élément dynamique et mouvant au moyen de ses habituels aplats, qui tendent à figer les formes.

Cette dimension formaliste du travail de LiFang est d'autant plus sensible que la progression vers l'abstraction que lui permettent ces sujets, particulièrement les *Éclats d'âme*, vient nourrir en retour la série des *Passants*, de moins en moins lisible en raison des cadrages et de l'envergure des aplats. La manière dont ses différentes productions s'enrichissent ou s'engendrent les unes les autres rappelle que l'exercice de la peinture n'est pas seulement une activité intellectuelle, mais aussi un entraînement de l'œil et de la main, qui permet de faire évoluer les vocabulaires chemin faisant. C'est d'ailleurs probablement la raison pour laquelle la peinture ne pouvait pas véritablement mourir. Elle était certes susceptible de perdre sa place centrale au sein des travaux des avant-gardes, mais pas sa pertinence pour un certain nombre d'artistes qui voient en elle une discipline, un outil de questionnement ou d'ordonnancement de leur environnement et un moyen de proposer des images ou des rapports de formes et de couleurs témoignant d'un état des sensibilités et des sociétés. En quelque sorte, la peinture relève par nature de l'exercice sociologique ou psychologique. Comme le démontre LiFang, elle reste une fenêtre ouverte sur le monde intérieur et extérieur des artistes, ce qui la prémunit de toute obsolescence.

to emotionally reinvest her paintings with greater conviction. *Deep soul* appeared to her as a depiction of her inner world, whereas *Soul bursts*, in which LiFang paints the effects of light upon vegetation seen in close-up, transcribe her sadness after the death of a family member. This, however, is not only a way for the artist to reconnect to nature and to find a more intimate medium of expression. These works allow her to test and develop her vocabulary by applying it to new subjects for which it was not conceived. The *Blazes* series is both an expression of her anxiety about the world's evolution and a way to make an element dynamic and give it movement by way of her usual solid blocks of colour, which tend to immobilize forms.

This formalistic dimension of LiFang's work is even more palpable given that the progression towards abstraction allowed by such motifs, particularly in the *Soul bursts* series, informs the *Passersby* series, less and less recognisable due to the framing and the size of the large colour blocks. The way in which her different pieces enrich or engender each other reminds us that the practice of painting is not only an intellectual activity, but also a training of the eye and the hand, which allows her vocabulary to evolve along the way. This is probably the reason why painting can never really die. Painting was certainly in danger of losing its central place in the works of avant-garde movements, but its pertinence for a certain number of artists who see in painting a discipline, a tool for questioning or structuring their environment and a way to create images or interplays of forms and colours showing the state of sensibilities and societies remains. In a way, painting is by nature a sociological or psychological exercise. As LiFang proves, it remains a window open to artists' interior and exterior worlds, which is what protects painting from all obsolescence.

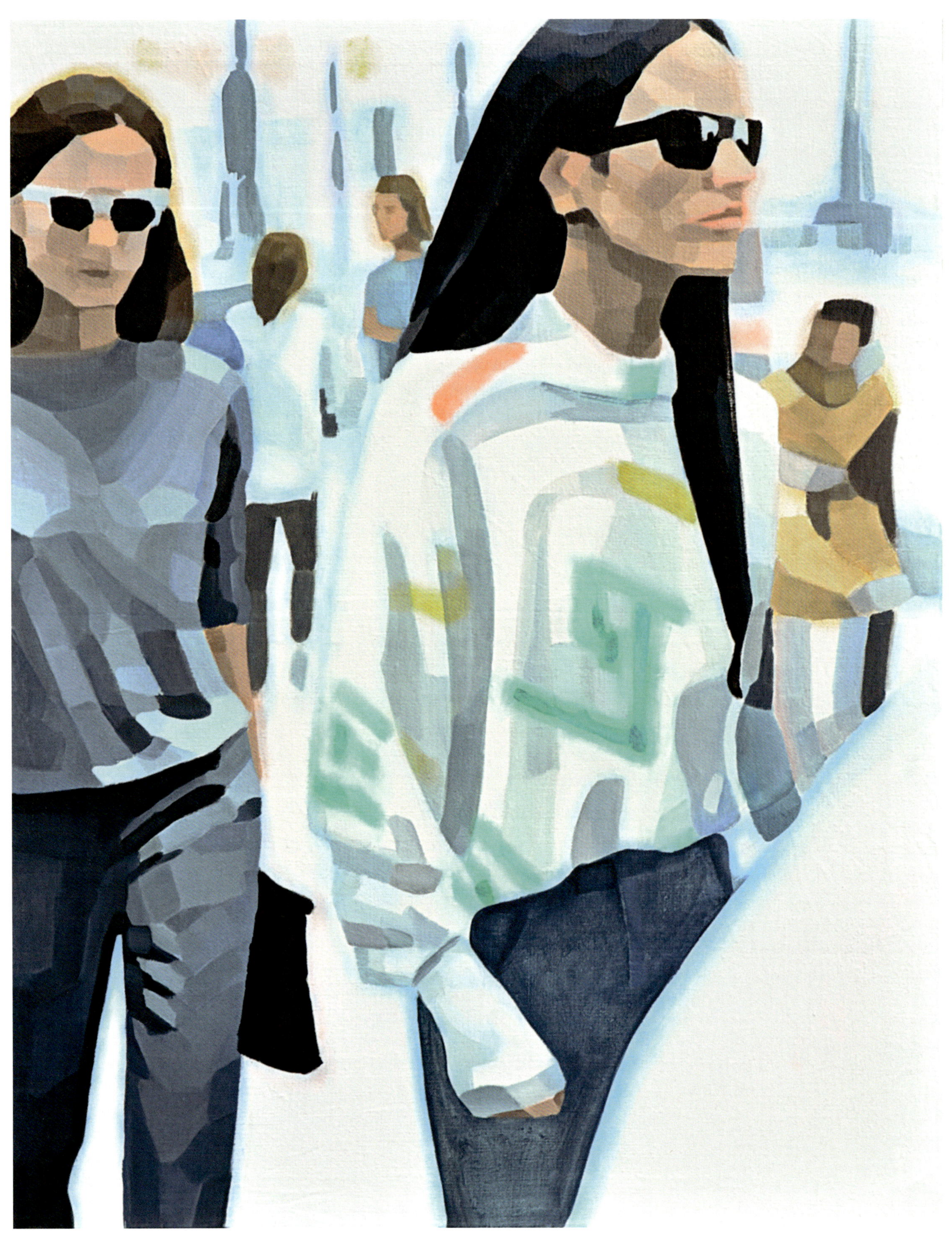

15.03.2017 Rome - 2, 2017
Huile sur toile / Oil on canvas
116 × 89 cm / 45 ⅝ × 35 inches

Jean-Louis Poitevin

L'ailleurs des regards

The elsewhere of our gaze

Le rôle de l'art et des artistes inclut, en particulier, de prêter attention à ces phénomènes qui affectent une époque. En choisissant de prendre pour sujet les gens qui hantent les mégapoles, LiFang se situe dans cette tradition qui veut que l'art soit non tant le reflet de la société que l'espace dans lequel elle tente de faire face à elle-même.

L'une des caractéristiques du monde actuel est que tout y est image. Chaque instant de la vie est susceptible d'être photographié par un ami, un inconnu, ou filmé par une caméra de surveillance. LiFang a choisi, avant de peindre, de se glisser dans le flot des humains qui hantent les villes et les peuplent de leur solitude afin de les capturer dans son objectif.

Sur les tableaux, ils sont deux, ou trois. Souvent, ils se déplacent. Ce sont les passants du xxie siècle. On les regarde, on les reconnaît, mais pas en tant qu'individus. Le portrait que l'on voit à travers eux, c'est celui d'une époque, d'un moment du monde, c'est le nôtre. Et si nous frémissons devant ces tableaux, c'est que rien ne semble devoir venir troubler l'impression que ces personnages nous font d'être absorbés dans de mystérieuses pensées, ou par des rêves indéfinissables.

Cela tient à la manière dont LiFang aborde l'acte de peindre. Elle développe une technique singulière. Elle peint par larges touches les corps qui apparaissent ainsi comme des blocs sculptés, à même la matière colorée, agencés les uns avec les autres par la seule puissance du pinceau quand il s'avance à la rencontre de la lumière. Mais ce qui caractérise surtout sa technique, c'est qu'elle travaille la matière même des visages, les

The role of art and artists includes, in particular, paying attention to the phenomena that affect an era. By choosing people who haunt megacities as her subject, LiFang places herself in the tradition of art being not so much a reflection of society as a space in which it tries to face itself.

One of the characteristics of today's world is that everything is an image. Every moment of life can be photographed by a friend, a stranger, or filmed by a surveillance camera. LiFang chose, before painting, to slip into the stream of humans who haunt the cities and populate them with their solitude in order to capture them in her lens.

In the paintings, there are two or three of them. Often, they move. They are the passersby of the 21st century. We look at them, we recognise them, but not as individuals. The portrait that we see through them is that of an era, of a moment in the world, it is ours. And if we shudder in front of these paintings, it is because nothing seems to disturb the impression that these characters are absorbed in mysterious thoughts, or by indefinable dreams.

This is due to the way LiFang approaches the act of painting. She has developed a singular technique. She paints bodies in large strokes, which appear as sculpted blocks, right in the coloured material, arranged with each other, by the power of the brush alone when it moves forward to meet the light. But what characterizes her technique above all is that she works on the matter forming the faces, the features, and the skin, in the same way as she does for the bodies and the clothes. It is this unity of treatment that transforms these people from our everyday world

traits, la peau, comme elle le fait pour les corps et les vêtements. C'est cette unité du traitement qui transforme ces personnes sorties de notre univers quotidien et qui nous ressemblent par leur allure, en des êtres qui, n'ayant plus d'autre consistance que celle de la peinture, nous renvoient l'image de nos solitudes partagées.

L'autre caractéristique du travail de LiFang, ce sont ses fonds. Dans une grande majorité de ses toiles de la série *Passants*, ils sont blancs, et les personnages s'y fondent. Comme dans la peinture chinoise traditionnelle, la partie blanche du papier signifie le vide, l'espace nécessaire pour faire respirer les sujets. C'est ainsi que la peintre restitue leur souffle vital aux citadins en effaçant les murs et le béton qui étouffent les mégapoles. Le blanc est avant tout lumière et comme lumière, il incarne la puissance qui à la fois aveugle et révèle, rend visible et efface, fait exister les personnages et permet de montrer comment ils fusionnent avec l'espace qui les enveloppe.

À l'opposé du blanc, certaines toiles ont un fond noir, noir comme la nuit et comme l'oubli, noir comme une pièce close. Ce fond évoque tout ce qui se trouve à l'intérieur, et pourtant nous échappe. Sur ces fonds noirs, les figures se détachent autrement. Au lieu d'en surgir, elles semblent y être absorbées, comme si elles luttaient contre cette nuit intérieure. Les blocs de lumière colorée des corps et des vêtements font alors l'effet de trouées de vide dans la masse du cosmos. Ainsi, le clown vêtu de blanc, de gris et de touches roses, apparaît comme un écho de la présence énigmatique du vide dans la consistance négative du plein.

Mais ce qui donne aux œuvres de LiFang une telle vitalité, c'est sa manière de saisir le mouvement de ces corps. Chacun semble à la fois pris dans le souffle de la vie et traversé par lui. Le plus souvent les personnages marchent. La frénésie de déplacements qui les anime est la force qui les rapproche d'eux-mêmes en tant que corps mais semble les éloigner d'eux-mêmes en tant qu'êtres. Ce mouvement qui semble les porter au-delà d'eux-mêmes exacerbe surtout leur

and who resemble us in their appearance, into beings who, having no other consistency than that of the paint, reflect back to us the image of our shared solitude.

The other characteristic of LiFang's work is her backgrounds. In the vast majority of her paintings in the *Passersby* series, they are white, into which the characters blend. As in traditional Chinese painting, the white part of the paper signifies emptiness, the space necessary for the subjects to breathe. This is how the painter gives back their vital breath to the city dwellers by erasing the walls and the concrete that suffocate the megacities. White is above all light and as light, it embodies the power that both blinds and reveals, makes visible and erases, makes the characters exist and shows how they merge with the space that surrounds them.

In contrast to the white, some paintings have a black background, black like the night and like oblivion, black like a closed room. It evokes all that is inside, and yet escapes us. On these black backgrounds, the figures stand out differently. Instead of emerging from it, they seem to be absorbed in it, as if they were fighting against this inner night. The blocks of coloured light of the bodies and clothes then have the effect of holes of emptiness in the mass of the cosmos. Thus, the clown dressed in white, grey and pink touches, appears as an echo of the enigmatic presence of the void in the negative consistency of the full.

But what gives LiFang's work such vitality is the way she captures the movement of these bodies. Each one seems to be both caught up in the breath of life and traversed by it. More often than not, the figures are walking. The frenzy of movement that drives them is the force that brings them closer to themselves as bodies but seems to take them further away from themselves as beings. This movement, which seems to carry them beyond themselves, exacerbates their obvious solitude. It does so as if it were a state that gave these bodies their own intensity and tangible beauty. Anonymous and elusive, each

évidente solitude. Il le fait comme si elle était un état conférant à ces corps une intensité propre et une beauté tangible. Anonyme et fuyant, chaque personnage devient le signe d'une vie pleine portée par une puissance d'expression irréductible. Il est à la fois et lui-même et les autres, tout en n'étant ni lui-même ni un autre.

Le fait de choisir de peindre les corps et les visages avec le même type de touches a conduit LiFang à ne pas peindre les yeux. Et en effet, dans cet ensemble de toiles qu'elle consacre aux passages et aux passants, les personnages ne nous regardent pas. Cette absence de regard agit comme une signature dans les tableaux de cette période, c'est aussi l'élément à partir duquel il est possible d'appréhender l'évolution du travail de l'artiste.

Le regard exprime la manière dont la peintre, mais aussi ceux qui sont représentés sur les tableaux voient le monde. N'ayant pas d'yeux, on peut dire qu'ils ne le voient pas. Cela ne les empêche pourtant pas d'exprimer leur vision du monde à travers leur attitude. Et en effet, tout en eux rend sensible cette profonde solitude qui semble à la fois les lier ensemble et les tenir à distance d'eux-mêmes comme des autres.

Ce que les tableaux de LiFang nous offrent, à nous qui sommes fascinés par les images, c'est la possibilité de prendre la mesure de ce qui nous échappe dans cette fascination. Ces regards « négatifs », qui fonctionnent comme des masques, donnent l'impression que les personnages fuient sans fin vers un ailleurs indéfini.

L'ailleurs, qui est le lieu de l'espoir, est aussi le point focal de l'absence d'espoir. Si rien ne nous empêche d'espérer, tout ce qui nous entoure semble nous dire qu'il n'y a pas de certitude quant à la vérité de cet espoir. Telle est la situation des êtres qui peuplent les toiles de LiFang, telle est notre situation. Mais telle est aussi notre chance, car nous avons la possibilité, en contemplant ces œuvres, de faire face à la nuit qui nous habite, cette nuit inverse des regards sans laquelle l'espoir n'existerait pas.

character becomes the sign of a full life carried by an irreducible power of expression. They are both themselves and others, while at the same time being neither themselves nor others.

Choosing to paint bodies and faces with the same type of brushstrokes led LiFang not to paint eyes. And indeed, in this set of paintings that she devotes to passages and passers by, the characters do not look at us. This absence of gaze acts as a signature in the paintings of this period, and is also the element from which it is possible to understand the evolution of the artist's work.

The gaze expresses the way in which the painter, but also those who are represented in the paintings see the world. Having no eyes, we could say that they do not see it. However, this does not prevent them from expressing their vision of the world through their attitudes. And indeed, everything in them makes apparent this deep solitude which seems to bind them together and at the same time to keep them at a distance from themselves as well as from others.

What LiFang's paintings offer us, who are fascinated by images, is the possibility to take the measure of what escapes us in this fascination. These "negative" gazes, which function as masks, give the impression that the characters are fleeing endlessly towards an undefined elsewhere.

Elsewhere, which is the place of hope, is also the focal point of the absence of hope. If nothing prevents us from hoping, everything around us seems to tell us that there is no certainty about the truth of this hope. Such is the situation of the beings who populate LiFang's paintings, such is our situation. But this is also our chance, because we have the possibility, by contemplating these works, to face the night which inhabits us, this inverse night of our gazes without which hope would not exist.

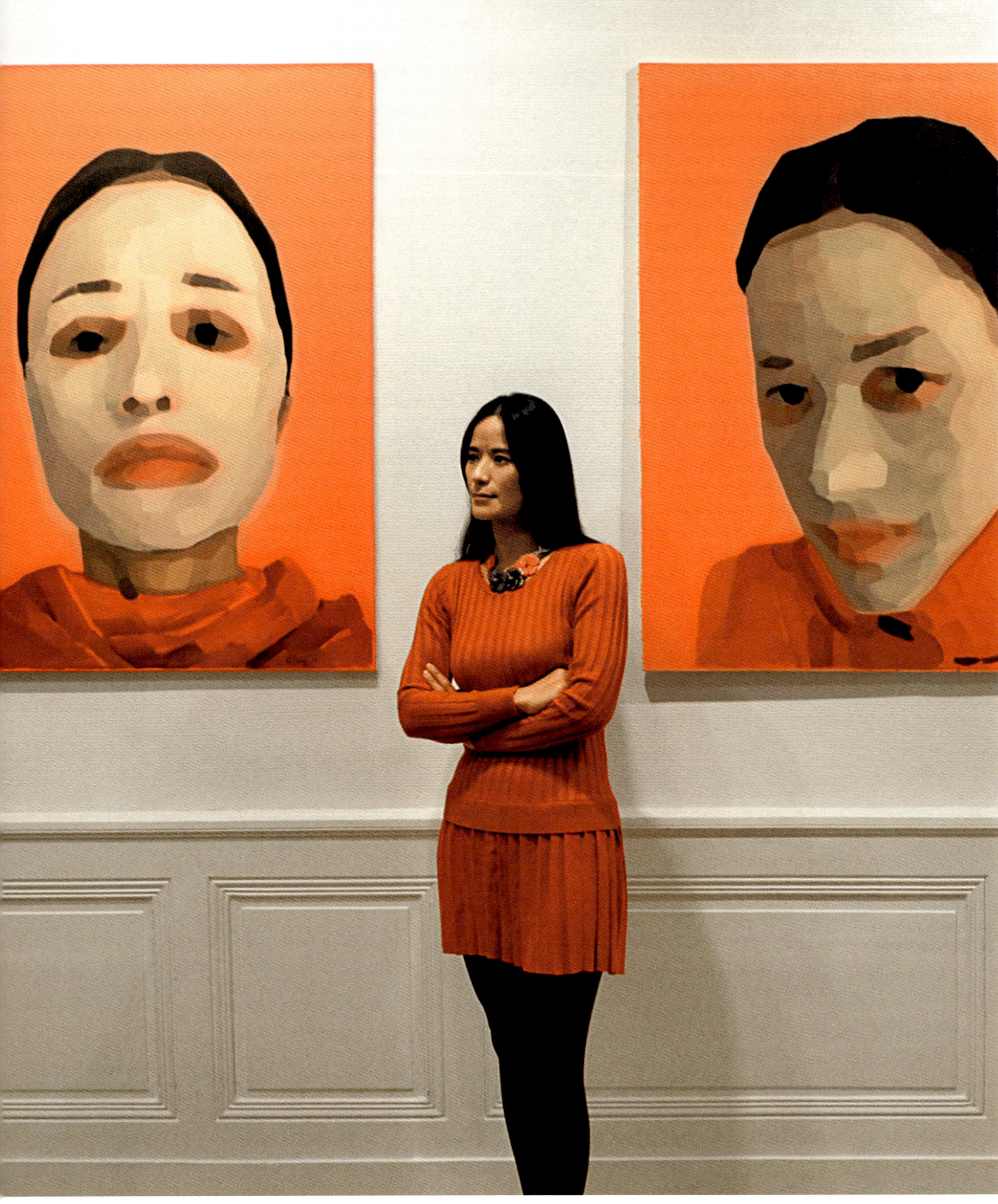

Selina Ting

En ce miroir...

In this mirror...

Les peintures de LiFang ont l'air familières. Pourtant, cette familiarité est profondément imprégnée d'une atmosphère dérangeante qui en modifie notre lecture, notamment dans ses portraits qui tentent de retranscrire toute la subtilité des états d'âme.

S'appuyant sur des photos de sa famille et de ses connaissances, LiFang capte ses modèles dans des activités quotidiennes – les enfants mangeant du chocolat, une petite fille se regardant dans un miroir, un couple s'embrassant, une femme portant un masque cosmétique, etc. Ce sont des visages que nous rencontrons tous les jours, ils sont comme nos voisins.

Toutefois, ce qui intéresse l'artiste n'est pas une représentation réaliste des activités quotidiennes, mais l'intention ou l'émotion cachées qui, accidentellement libérées, trahissent son personnage. L'avidité devant du chocolat, l'auto-complaisance et le narcissisme devant un miroir, la remise en question qui découle de l'instabilité identitaire que procure un masque, les mutations induites par une relation sentimentale, l'auto-contemplation cruelle et troublante projetée sur les spectateurs, etc. Avec l'aide de blocs de couleurs et de touches dynamiques, les portraits soulignent l'attitude du personnage en sacrifiant la physionomie à la personnalité. Comme le dit l'artiste, « Le portrait est un procédé de distillation de l'essence de l'être dont le seul but est de conserver l'aura de l'individu. »

Dans ses autoportraits bleus, rouges ou gris, et les portraits de ses amies, l'artiste emploie des

The paintings of LiFang look familiar. Yet this familiarity is deeply infused with an intangible, disturbing mood.

Based on photos of her family and acquaintances, LiFang captures her models in daily activities – kids eating chocolate, a little girl looking at a mirror, a kissing couple, a woman with a cosmetic mask, etc. They are our next door neighbours; they are the faces that we encounter every day.

However, what interests the artist is not a realistic depiction of these daily activities but hidden emotions that are accidentally set free, betraying their consciousness. The subject's greed in front of a plate of chocolate, the self-indulgence and narcissism in front of a mirror, the self-alienation in a relationship, the instability of identity behind our daily disguise, the cruel unsettling self-scrutiny projected to the viewers. Using large colour blocks and scratchy brushwork, the portraits speak of attitude, trading off physiognomies for personality. In the artist's words, "a portrait is a distillation process of the very essence of being to retain nothing but the aura of the individual".

In her blue, red or grey self-portraits and portraits of her friends, the artist employs cosmetic masks which become white and stiffen once dried, thus hindering the bearer from any natural facial expression. However, unlike the Venetian mask, the cosmetic mask fuses with the skin which makes traits discernible and acts as the materialization of the otherwise invisible disguise that we carry every day. The

masques cosmétiques qui deviennent blancs et rigides une fois secs, dissimulant toute expression naturelle. Contrairement aux masques vénitiens, les masques cosmétiques épousent les détails du visage pour en offrir une représentation désincarnée. L'ambiguïté entre l'effacement et l'émergence d'expressions reconnaissables évoque un double jeu. D'une part, elle déclenche les émotions cachées et les désirs primitifs de la personne, d'autre part, elle éveille une sensation de malaise chez le spectateur. En simplifiant et en déformant ses sujets, LiFang crée l'intimité par l'aliénation. Les regards volontaires de ses personnages laissent à penser que le sujet principal n'est pas celui qui est peint, mais la réaction du spectateur face aux circonstances perverses dans lesquelles se trouvent les personnages. Avec une désinvolture trompeuse, LiFang met à nu l'instinct animal que le vernis social cherche inlassablement à dissimuler. Cette série n'offre aucun confort aux spectateurs, mais une complicité insolite nourrie par la confusion entre les émotions réprimées et libérées.

LiFang adapte un style abstrait en peignant des blocs de couleurs qui sont à la fois minimalistes et sculpturaux pour capter l'énergie évanescente de ses modèles. Sa déconstruction picturale de la physionomie est conçue pour confondre l'œil. L'idée sous-jacente est essentiellement motivée par l'homogénéisation de l'être urbanisé. La recomposition des visages suggère au spectateur une nouvelle manière de voir. Le travail de LiFang nous permet de comprendre la façon dont certains gestes ou certaines attitudes émanent d'un domaine visuel assimilé par l'esprit avant même que l'œil ne vienne l'interpréter.

Ce que nous voyons sur les toiles de LiFang est autant troublant psychologiquement que beau et violent. En embrassant la totalité de l'expérience humaine, l'artiste trouve une beauté éternelle, non pas dans le plaisir immédiat, mais dans l'écart entre ce qui est indicible et ce que nous chérissons.

ambiguity between the concealing effect and the recognisable expression results in a double play which, on the one hand, reveals all the keep hyphen even if no line break. emotions and primitive desires of the person; and on the other, creates a sense of unease in the viewer. By simplifying and distorting her subjects, LiFang creates intimacy through alienation. Her subjects' assertive stares, in particular, suggest that her paintings are not actually about them, but the viewer's own reaction to their perverse circumstances. With deceptive casualness, LiFang exposes the monstrous capacity belied by "civilized" human society. These portraits offer no comfort to the viewer, only an unnerving complicity and confusion between the suppressed and the revealed emotions.

LiFang adapts a highly abstract style of colour blocks which are at once minimalist and sculptural to capture the fleeting sensation of the contemporary society. Her deconstruction of physiognomies in a painterly manner is designed to confuse the eye. LiFang's work allows us to understand how certain gestures or attitudes emanate from a visual domain assimilated by the mind even before the eye comes to interpret it.

What we see on LiFang's canvasses is as psychologically disturbing as it is violently beautiful. Embracing the totality of human experience, LiFang finds eternal beauty not in immediate pleasure, but in the timeless gap between the cherished and unspeakable.

Marjorie Keters

Être l'eau

Being water

L'élément eau tient une place prépondérante dans la peinture de LiFang. Essentielle à la vie et toujours en mouvement, l'eau est création. Elle propose aussi une ouverture vers un au-delà des possibles. Au fil des séries, l'eau prend une place de plus en plus importante jusqu'à devenir le sujet principal de l'œuvre.

Au départ, l'eau semble n'être qu'un élément de décor nécessaire à l'évocation des loisirs figurés dans les séries *Piscines* ou *Eaux dormantes*. Pourtant, derrière leur banalité apparente, ces scènes expriment des ressentis communs au monde du vivant : la joie des corps au repos, connectés à la nature. Ils sont universels. Dans la série *Aux sources*, c'est un univers méditatif,

The element of water plays an important role in LiFang's paintings. Essential for life and always in movement, water is creation. Water – in all its states – opens towards elsewhere, towards other possibilities, towards a beyond. With the progression of LiFang's series, water comes to occupy a more and more important place in her work, to the point of becoming its main subject.

Water, at the start, seems to be but a decorative element needed to evoke leisure time, as can be seen in the *Swimming pools* or *Sleeping waters*. However, behind their apparent banality, these series reflect the feelings shared by the living world – the joy of the bodies at rest in connection with nature. These scenes are universal. In the

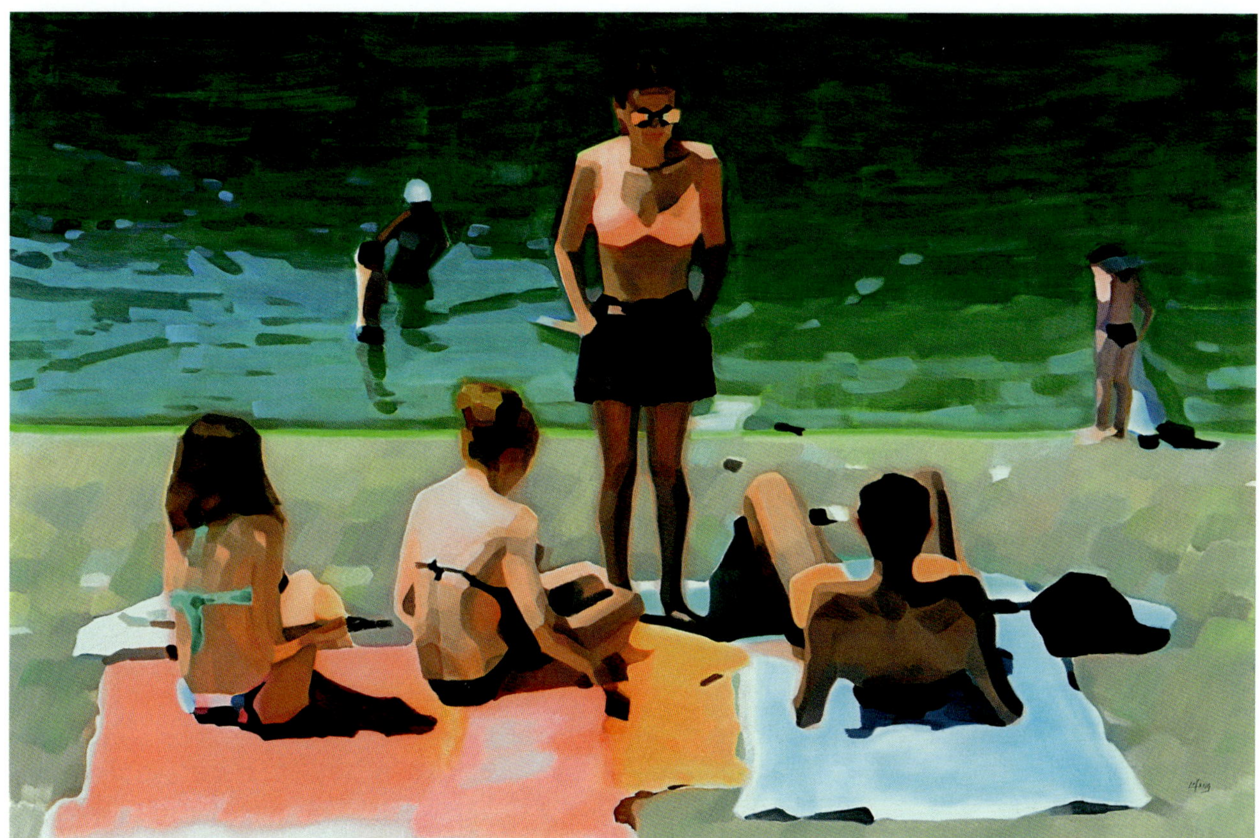

Aux sources N° 10, 2019
Huile sur toile / Oil on canvas
130 × 195 cm / 51 ⅛ × 76 ¾ inches

un retour aux sources de nous-mêmes qui nous est offert.

Au fil des tableaux, le travail de recherche de l'artiste autour de l'eau révèle une profondeur insoupçonnée. Ainsi l'emploi d'une couleur verte particulière qui suppose un univers caché sous une apparence limpide. Le vert suggère certes la beauté et la fertilité de la nature, mais aussi l'atmosphère sombre et inquiétante du fond de l'eau. Même si ce vert peut évoquer les connotations négatives qui lui sont habituellement rattachées, devant le tableau le spectateur se sent en paix. Voilà la magie du travail de LiFang : poser un regard neuf sur les classiques de la peinture et inventer de nouveaux codes pour proposer une vision contemporaine de la beauté du monde.

L'artiste n'a pas besoin de noircir le tableau pour rendre son message important. Quoi de plus essentiel que d'exprimer la vie qui suit son cours,

Sources series, a contemplative universe, a return to our source is presented to us.

Over the course of the paintings, LiFang's research into the water element reveals an unsuspected depth. Thus the use of a particular shade of green which implies a hidden universe under a crystal clear appearance. Green suggests, no doubt, the beauty and fertility of nature, but also the dark, ominous atmosphere of the water's depths. The spectator feels at peace in front of this painting, even if the green may also recall the negative connotations usually linked to it. This is the magic of LiFang's work: taking a fresh look at traditional painting and inventing new approaches to offer a contemporary vision of the world's beauty.

The artist does not need to blacken the painting to emphasize her message. What could be more important than showing life following its course, like the water in which the child in *Sources* plays? The presence of children in several paintings

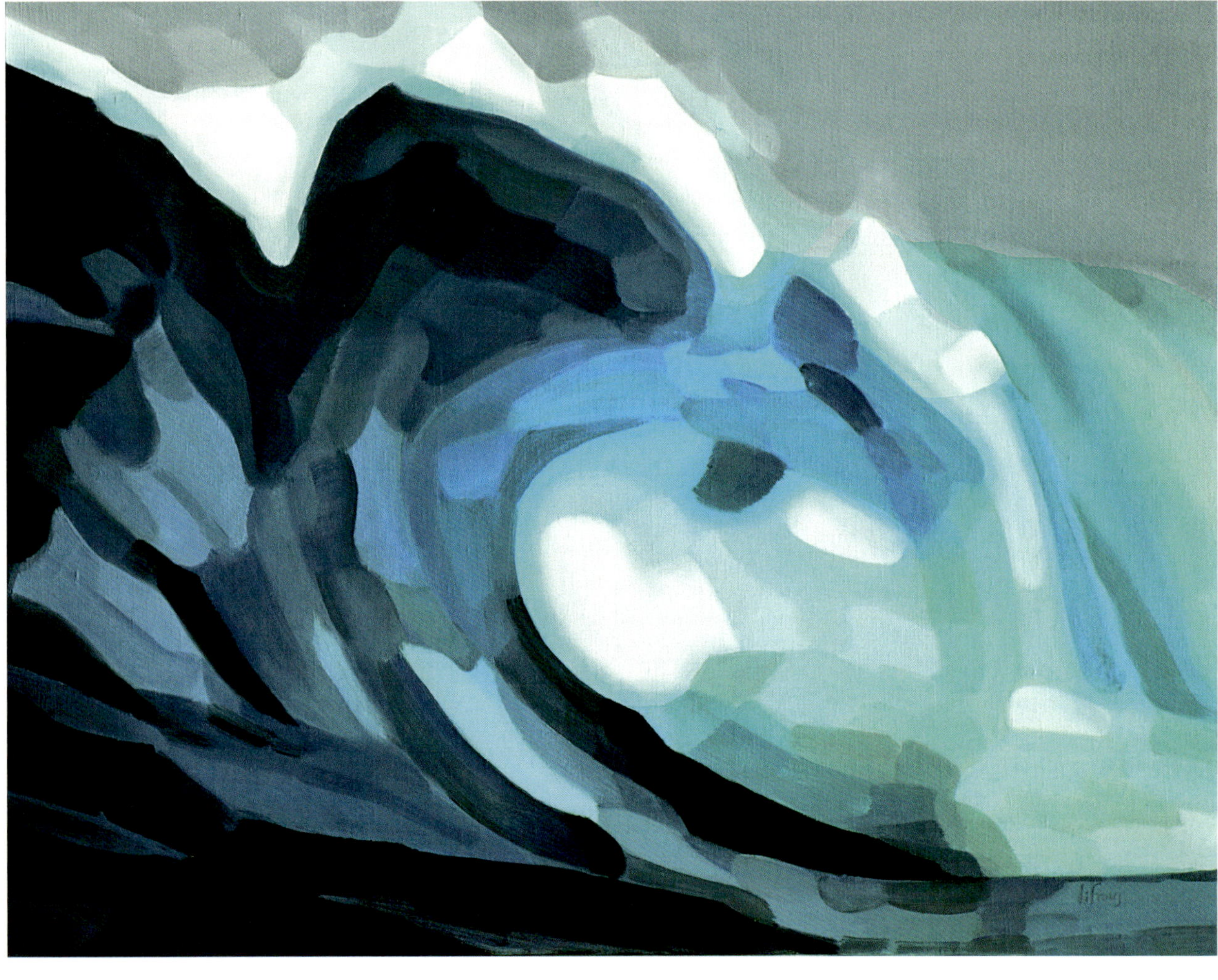

L'Âme de fond N° 15, 2018
Huile sur toile / Oil on canvas
73 × 92 cm / 28 ¾ × 36 ¼ inches

comme l'eau dans laquelle s'ébat l'enfant d'*Aux sources* ? La présence d'un enfant dans plusieurs tableaux témoigne d'une vie en devenir où tout est possible.

À sa manière, la série *Plages* témoigne aussi d'une perspective nouvelle. Ses personnages à la lisière de la mer savourent un instant d'éternité. Ils dégagent la légèreté et la sensualité du bien-être. Sereins, ils ont l'avenir devant eux.

Cette ouverture vers les possibles se ressent aussi dans la façon de peindre l'eau au fil des séries. La série *L'Âme de fond* n'a plus besoin de personnages pour exprimer le tout. Chaque vague est unique et appartient à la même énergie universelle. La lumière ne vient pas du ciel, mais des vagues elles-mêmes. Ces lames de fond n'ont rien du vague à l'âme. Elles sont énergie pure et fusionnent avec le reste du vivant.

De façon dialectique, on ne peut pas dresser un tel hymne à la vie sans évoquer sa part d'ombre. Il n'y a pas de lumière sans obscurité et pas de vie sans mort. Pour LiFang, celle-ci n'est pas une fin, mais un « eau de là ». C'est un partage, comme le suggèrent les habitants des *Traversées*. Entre deux eaux, ils sont les plus vulnérables devant la mort, et les plus attachés à la vie. Entre jour et nuit, tempête et soleil, ils cherchent une terre d'accueil. Illuminés par les bouées de sauvetage éclatantes – couleur de l'espoir, pour l'artiste, ils sont nous, « parce que nous sommes tous dans le même bateau. » Cette humanité collective use de toutes ses ressources pour continuer à vivre « eau de là » de la mort.

L'œuvre de LiFang est à l'image de son travail sur l'eau : universelle et intemporelle, légère et profonde, joyeuse et dramatique. C'est une œuvre ouverte. Elle offre au spectateur la liberté de concrétiser son propre imaginaire tout en se sentant appartenir à la communauté du vivant, dans une fusion où chacun a sa place, dans un monde de beauté fondé sur l'harmonie des contraires.

shows life in development where everything is possible.

The *Beaches* series, in its own way, also reflects a new perspective. Its characters at the edge of the sea savour an instant of eternity. The lightness and sensuality of well-being emanate from them. Serene, they have the future ahead of them.

Over the course of the series, this openness towards the future is also present in the way the water is painted. The *Deep soul* series no longer needs characters to express all of this. Each wave is unique and belongs to the same universal energy. The light does not come from above, but from the waves themselves. They are pure energy fusing with the rest of the living world.

From a dialectical perspective, there is no way one can depict such a hymn to life without evoking its dark side. There is no light without darkness and no life without death. For LiFang, the latter in not an end, but one "eau de là" *(Translator's note: The artist uses the French phonetic of "eau" = water to refer to the "au-delà" – a journey into the next world)*. It is a type of sharing, as suggested by the inhabitants of the *Crossings*. Caught in the middle of two bodies of water, they are the most vulnerable with regard to death and the most attached to life. Between day and night, storm and sun, they are looking for a welcoming land. Lit by the shining buoys – the colour of hope, for the artist – they are like "us because we are all in the same boat". This collective humanity uses all its resources to continue living "eau de là" (beyond) death.

LiFang's artwork is consistent with her work with water: universal and timeless, light and deep, joyful and dramatic. Her works are open. The spectator is given the freedom to engage their imagination while having the feeling of belonging to the community of the living, in a fusion where everything has its place in a world of beauty founded on a harmony of contrasts.

Œuvres
Art Works

Passants
Passersby

2006-2020

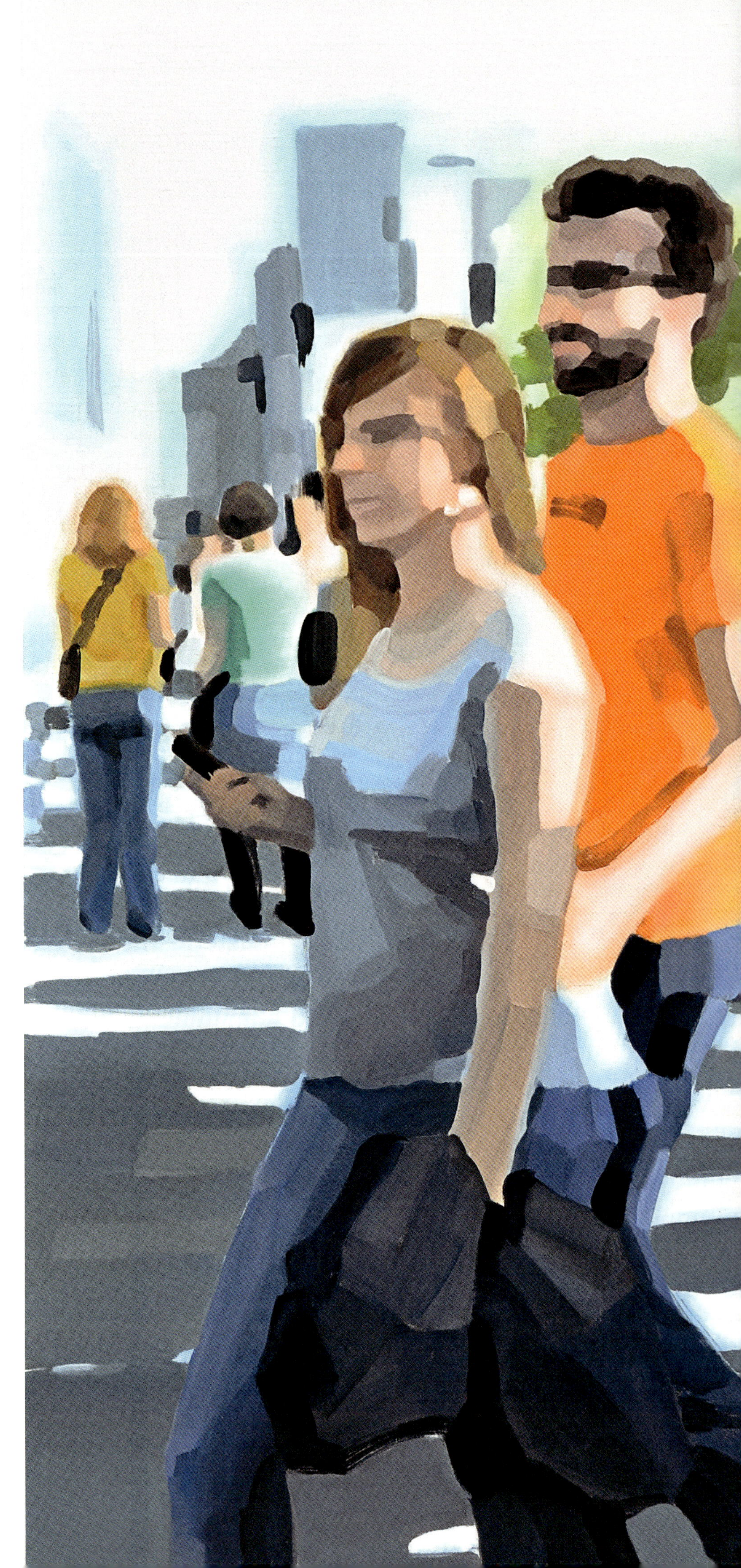

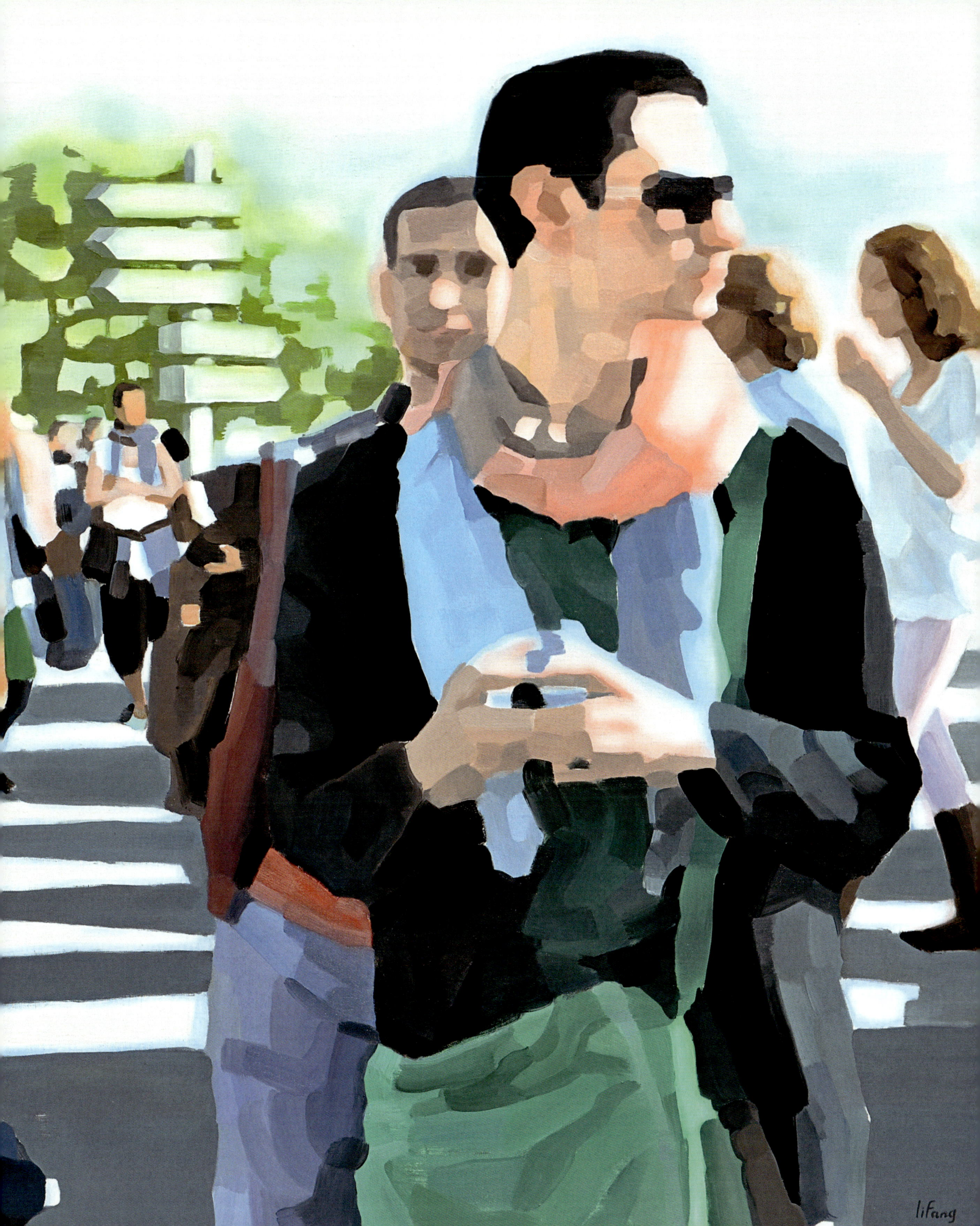

liFang

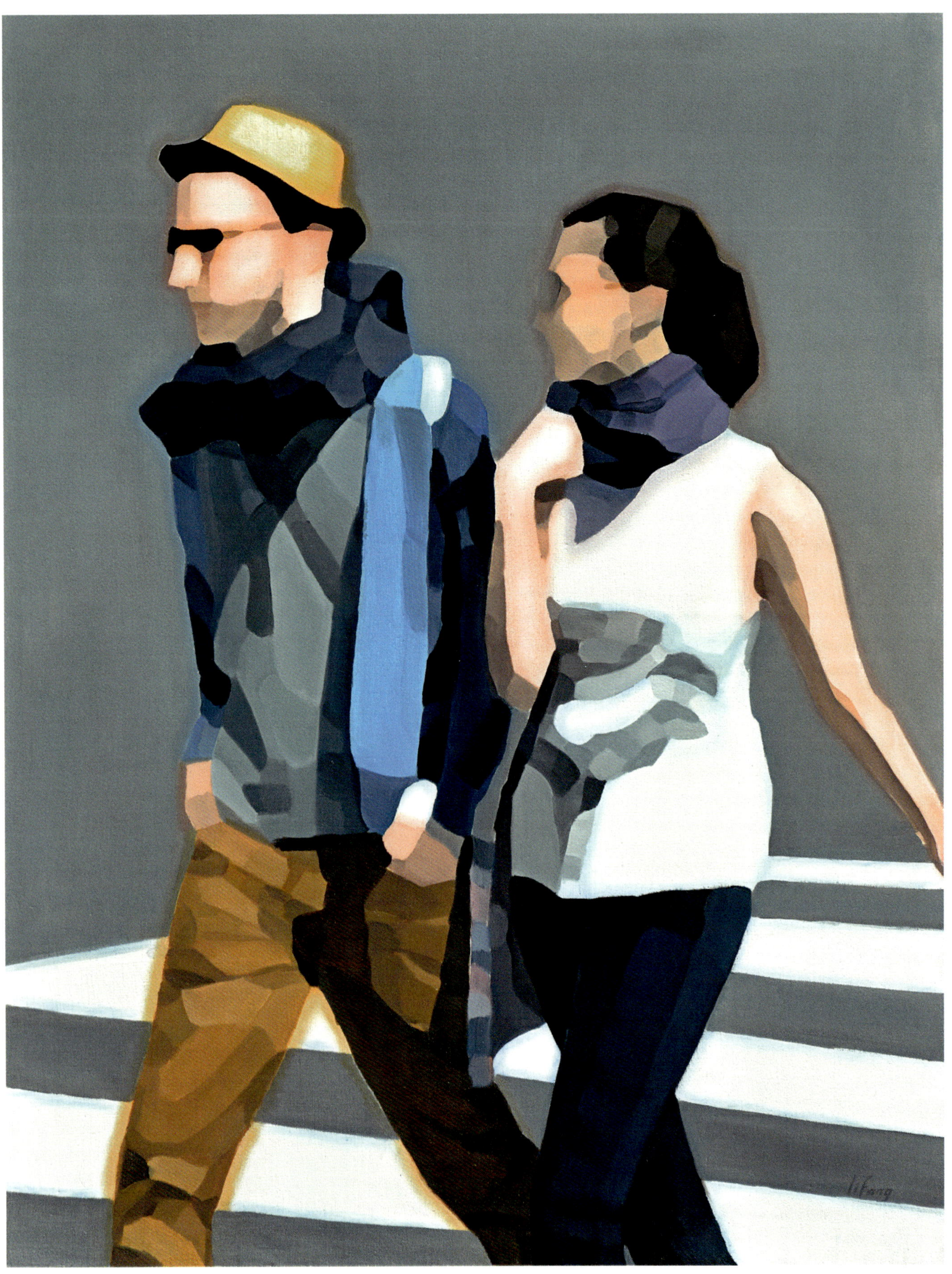

Pages précédentes / Previous pages

Carrefour, 2012
Huile sur toile / Oil on canvas
130 × 162 cm / 51 ⅛ × 63 ¾ inches
Collection Fondation Colas / Colas Foundation Collection

01.03.2017 Paris, 2017
Huile sur toile / Oil on canvas
130 × 97 cm / 51 ⅛ × 38 ¼ inches

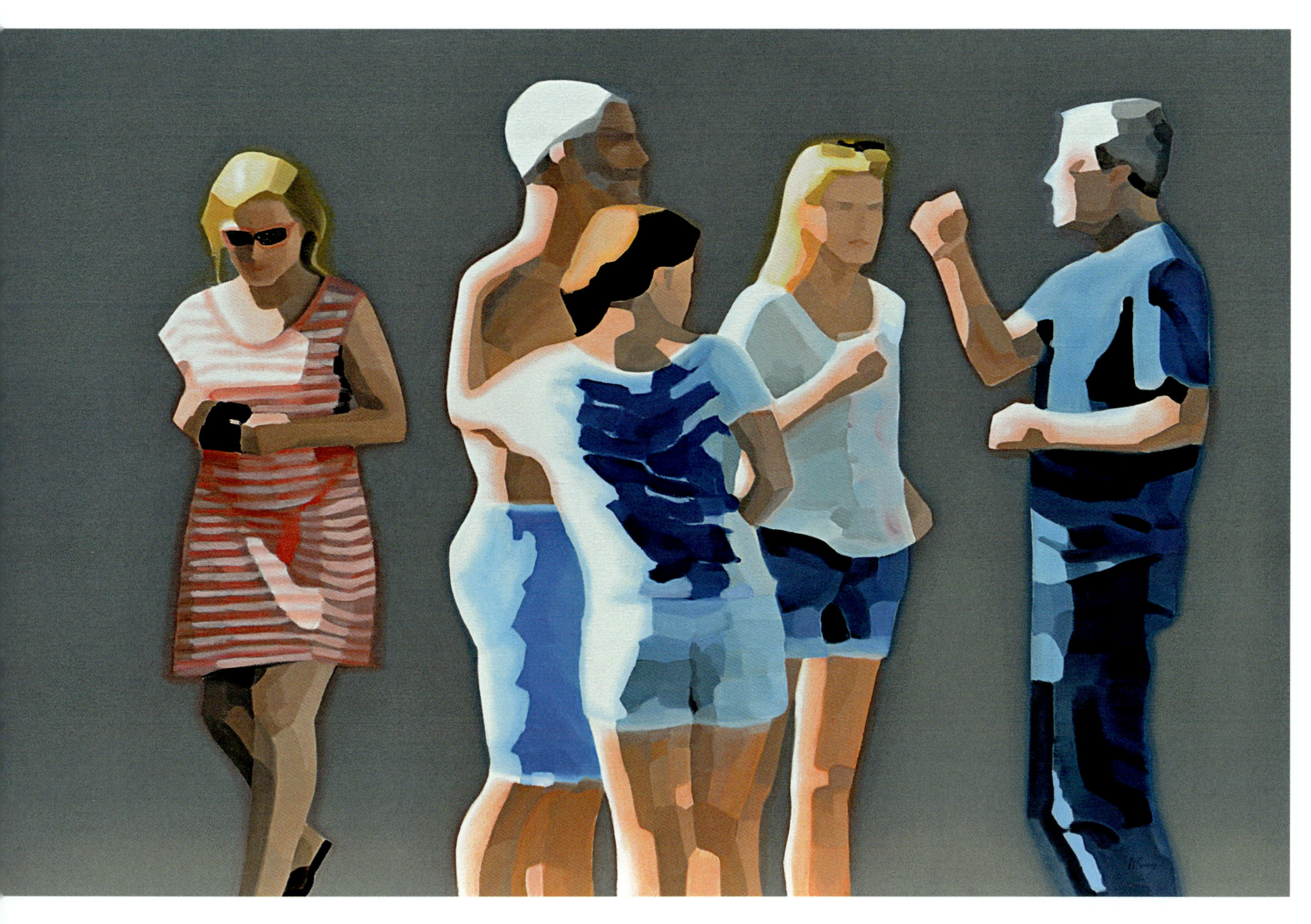

Ailleurs N° 4, 2016
Huile sur toile / Oil on canvas
130 × 195 cm / 51 ⅛ × 76 ¾ inches

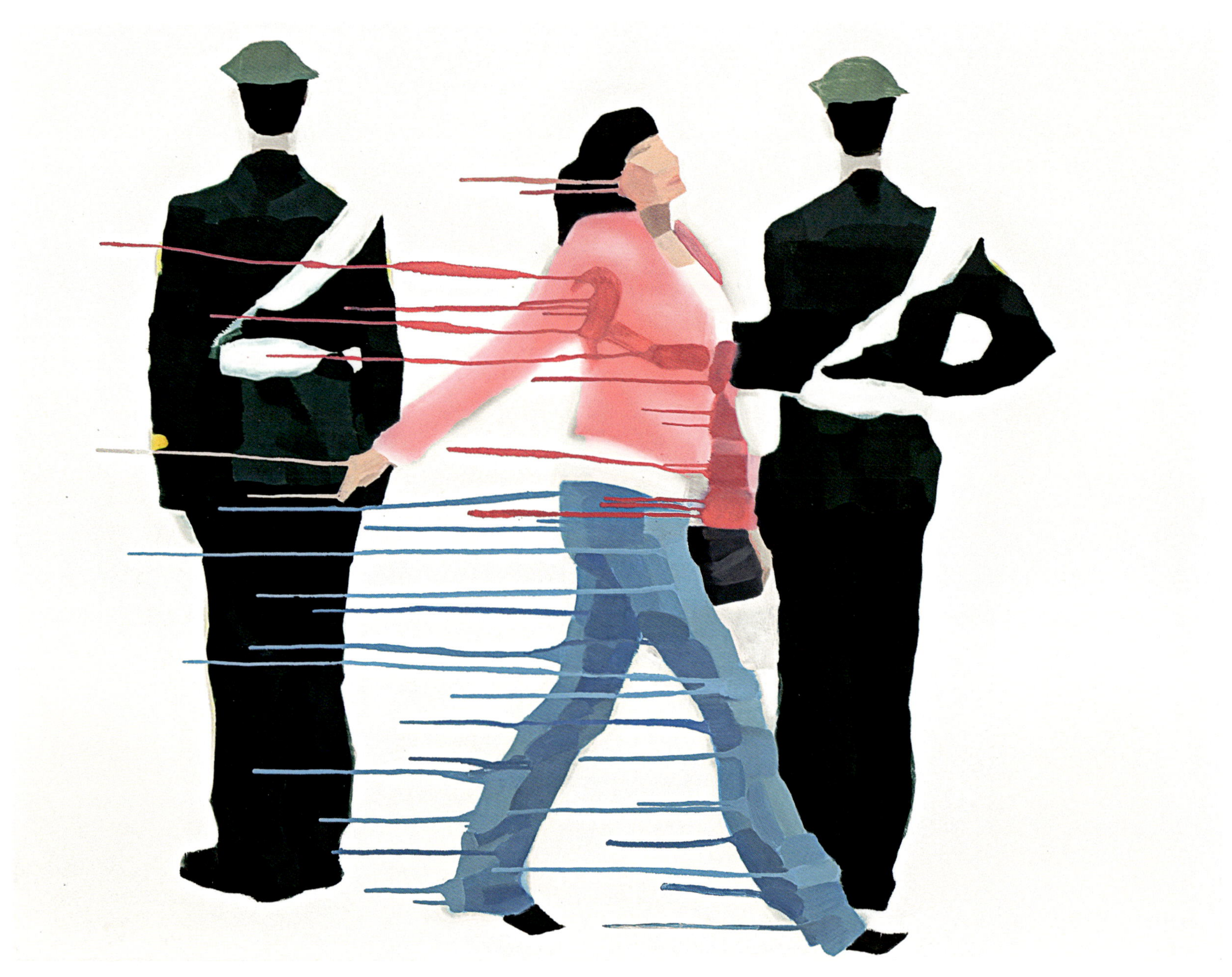

04.06.2008 Place Tian'anmen N° 2, 2008-2015
Huile sur toile / Oil on canvas
114 × 146 cm / 44 ⅞ × 57 ½ inches

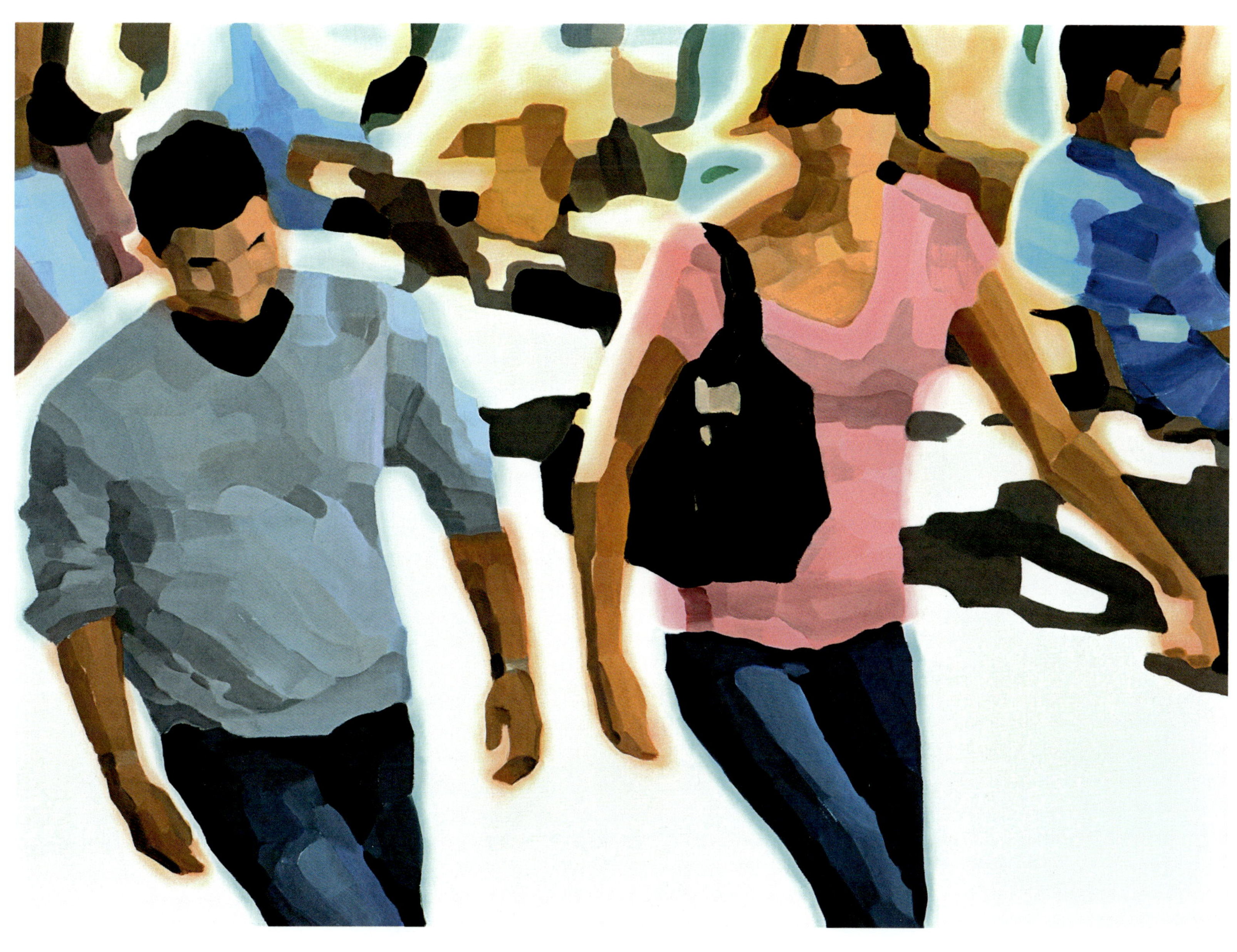

14.07.2013 Paris N° 1, 2014
Huile sur toile / Oil on canvas
114 × 146 cm / 44 ⅞ × 57 ½ inches

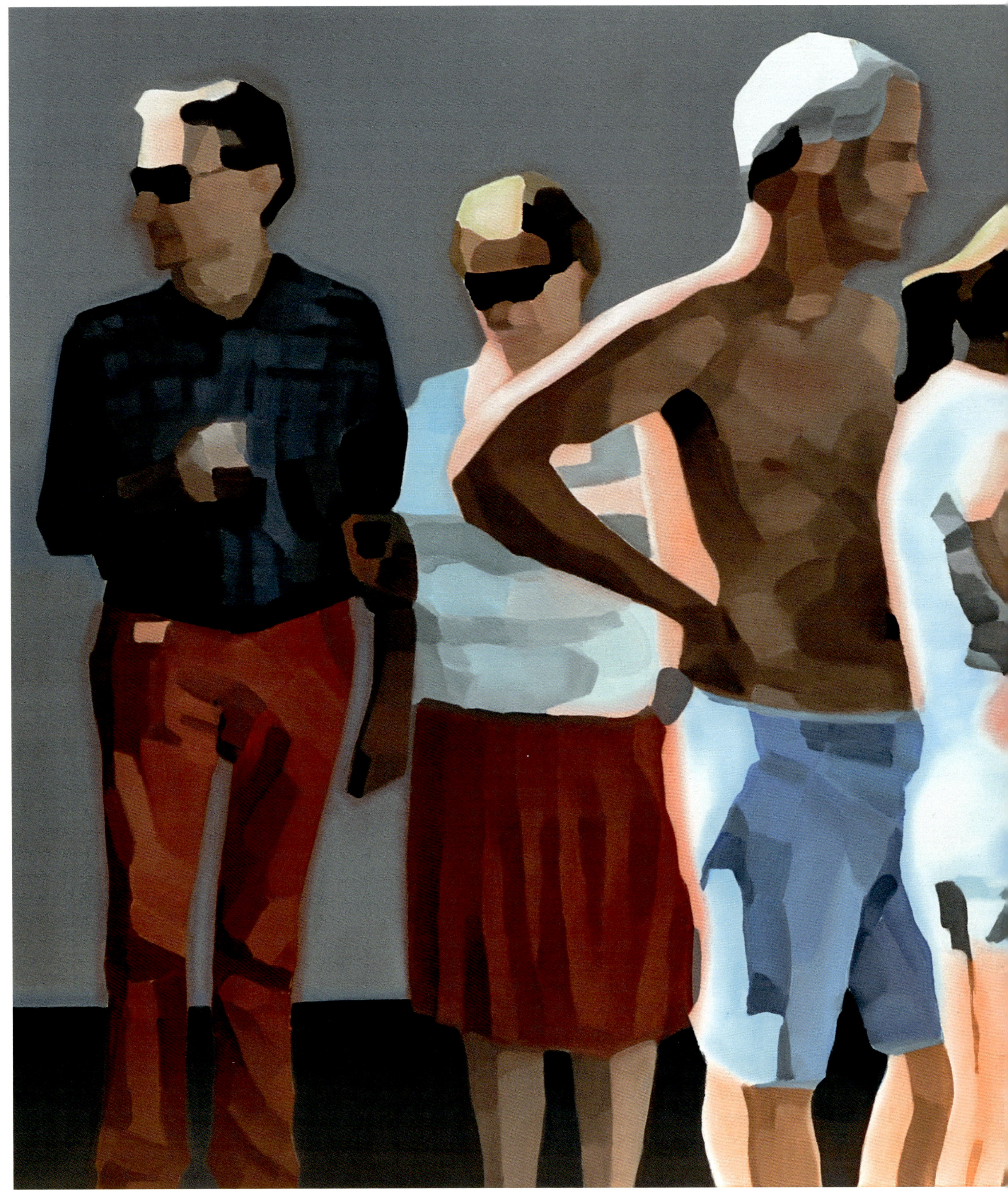

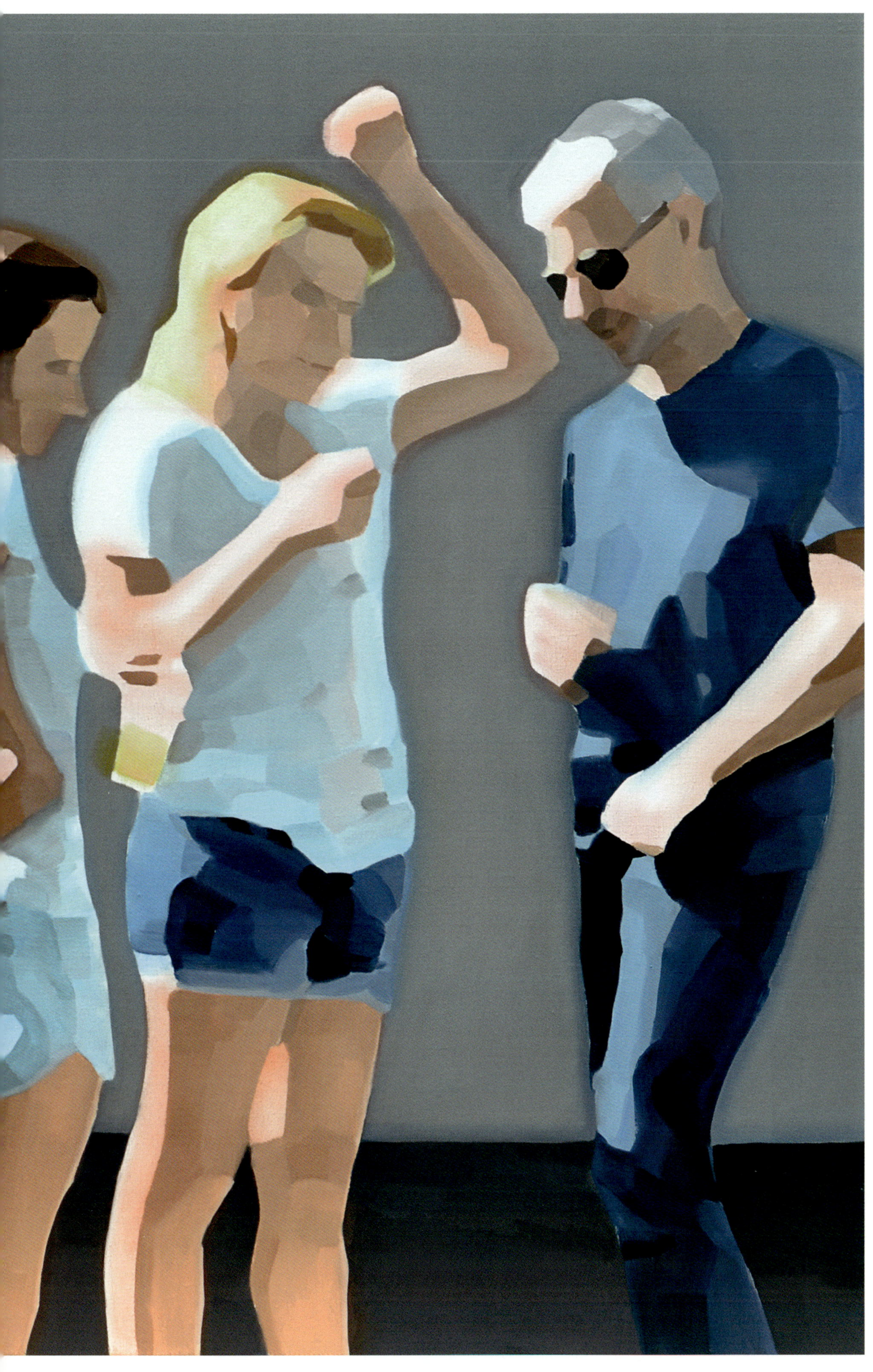

Ailleurs N° 1, 2015-2016
Huile sur toile / Oil on canvas
130 × 195 cm / 51 ⅛ × 76 ¾ inches

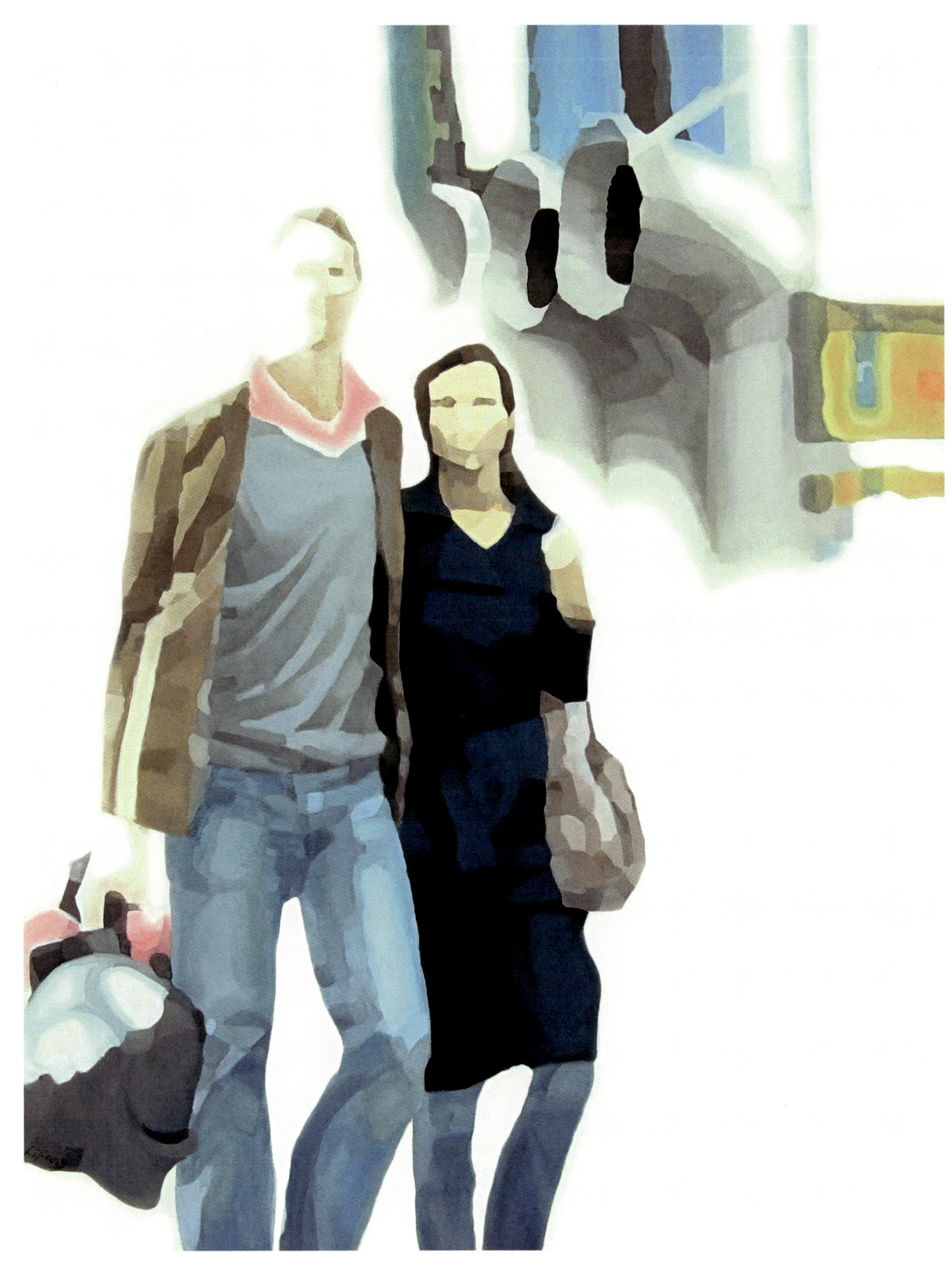

11.05.2006 Paris N° 5, 2006
Huile sur toile / Oil on canvas
130 × 97 cm / 51 ⅛ × 38 ¼ inches

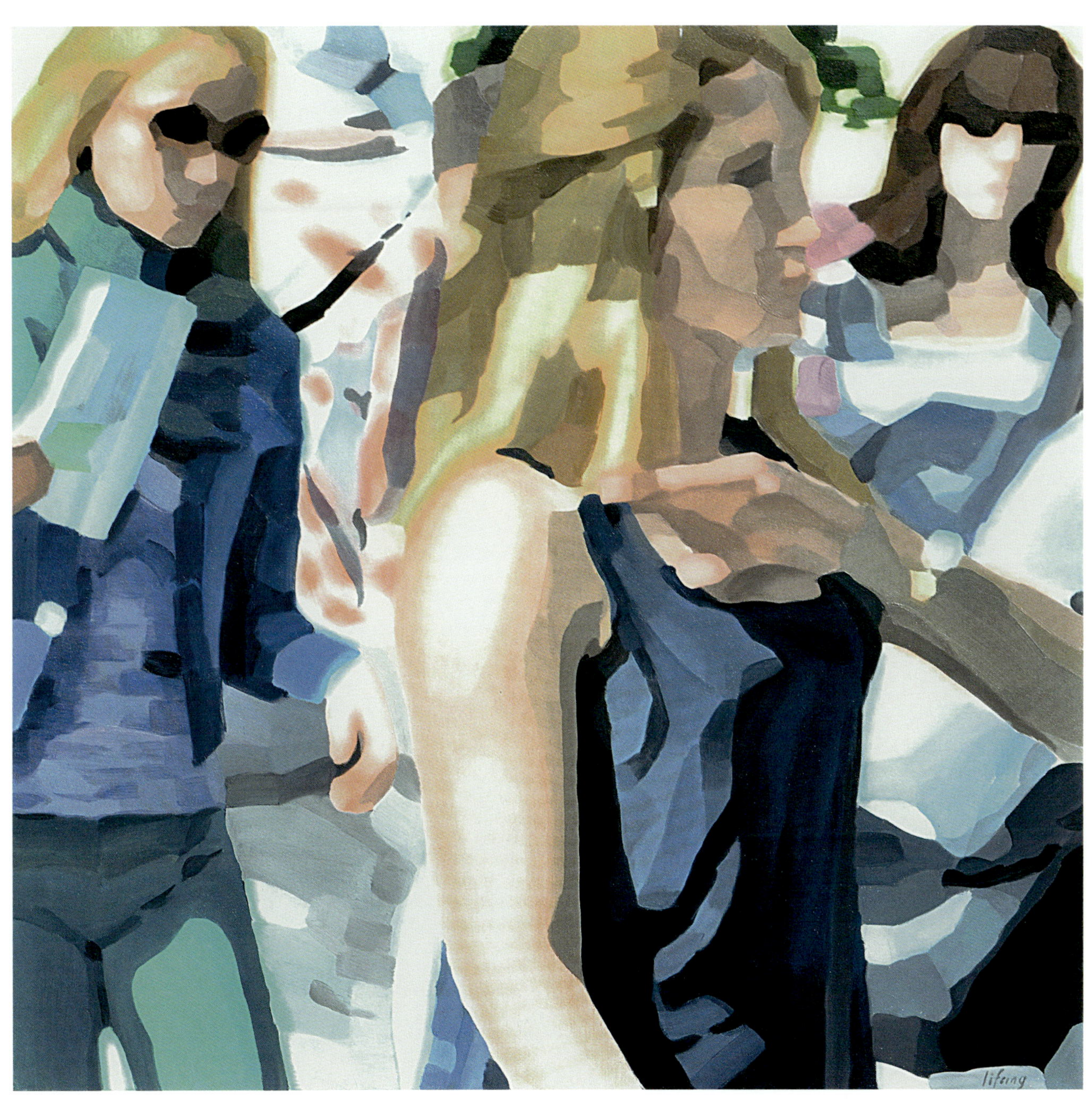

21.06.2013 Paris, 2014
Huile sur toile / Oil on canvas
100 × 100 cm / 39 ⅜ × 39 ⅜ inches

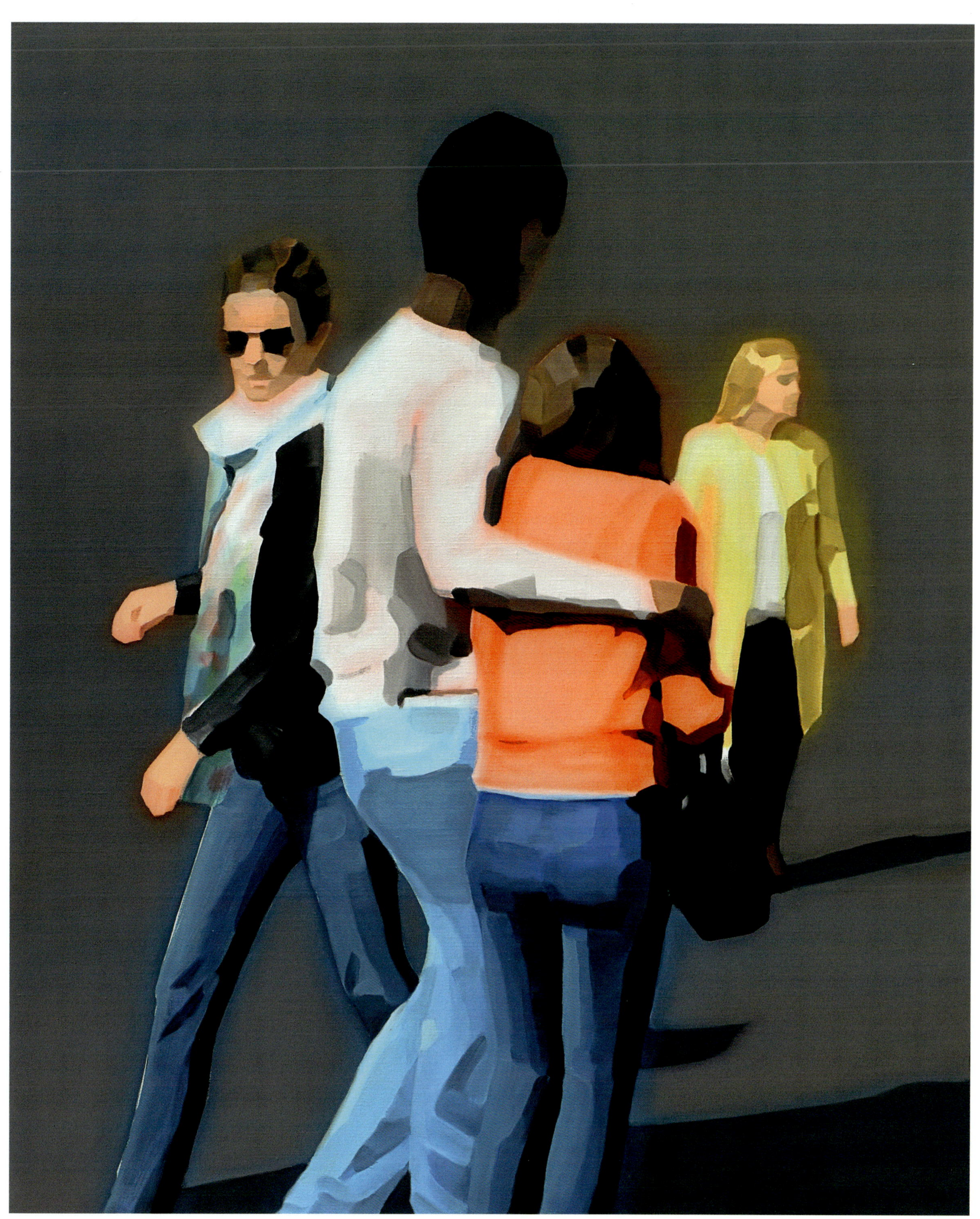

Où allons-nous ? N° 2, 2018
Huile sur toile / Oil on canvas
162 × 130 cm / 63 ¾ × 51 ⅛ inches

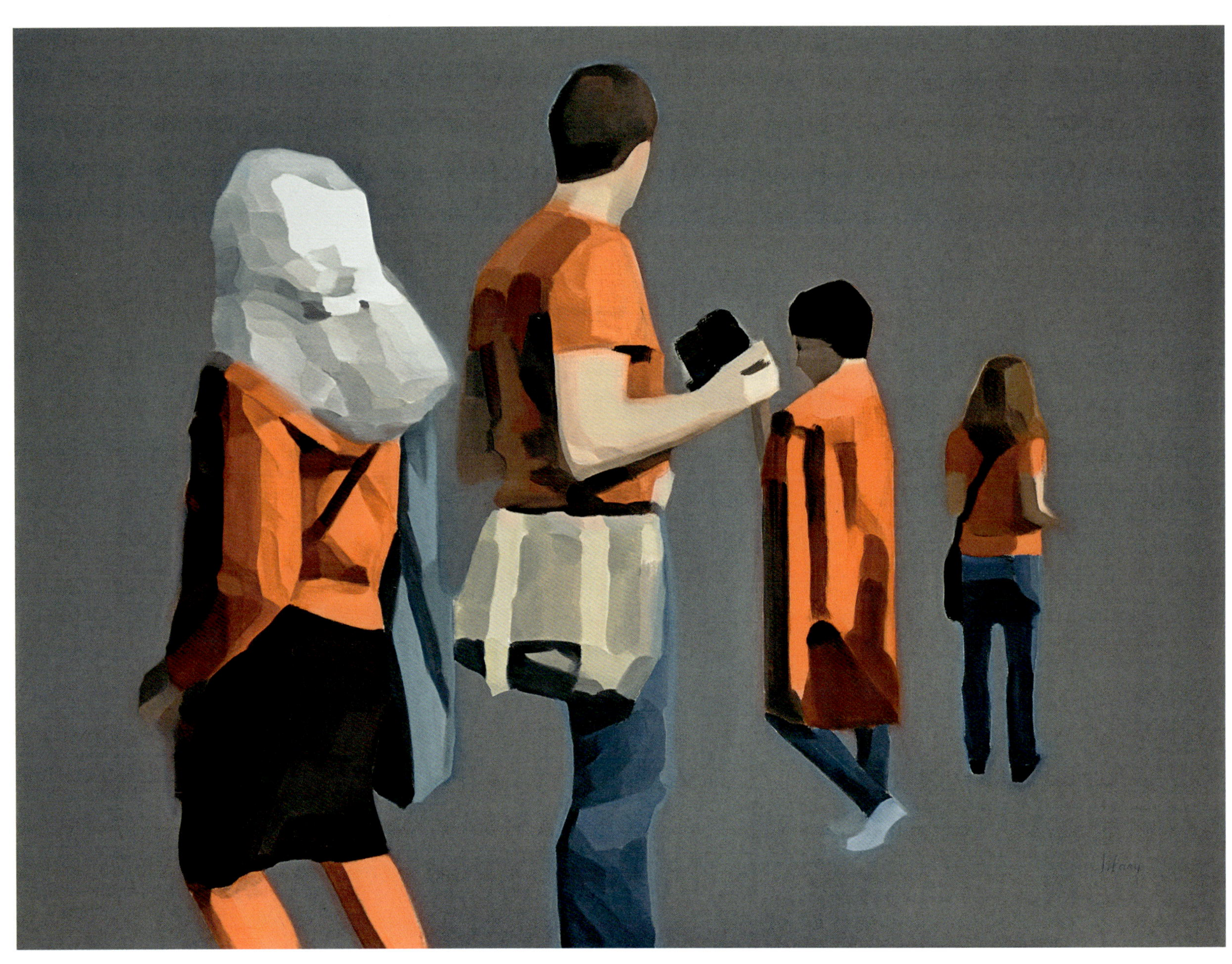

Où allons-nous ? N° 1, 2018
Huile sur toile / Oil on canvas
114 × 146 cm / 44 ⅞ × 57 ½ inches

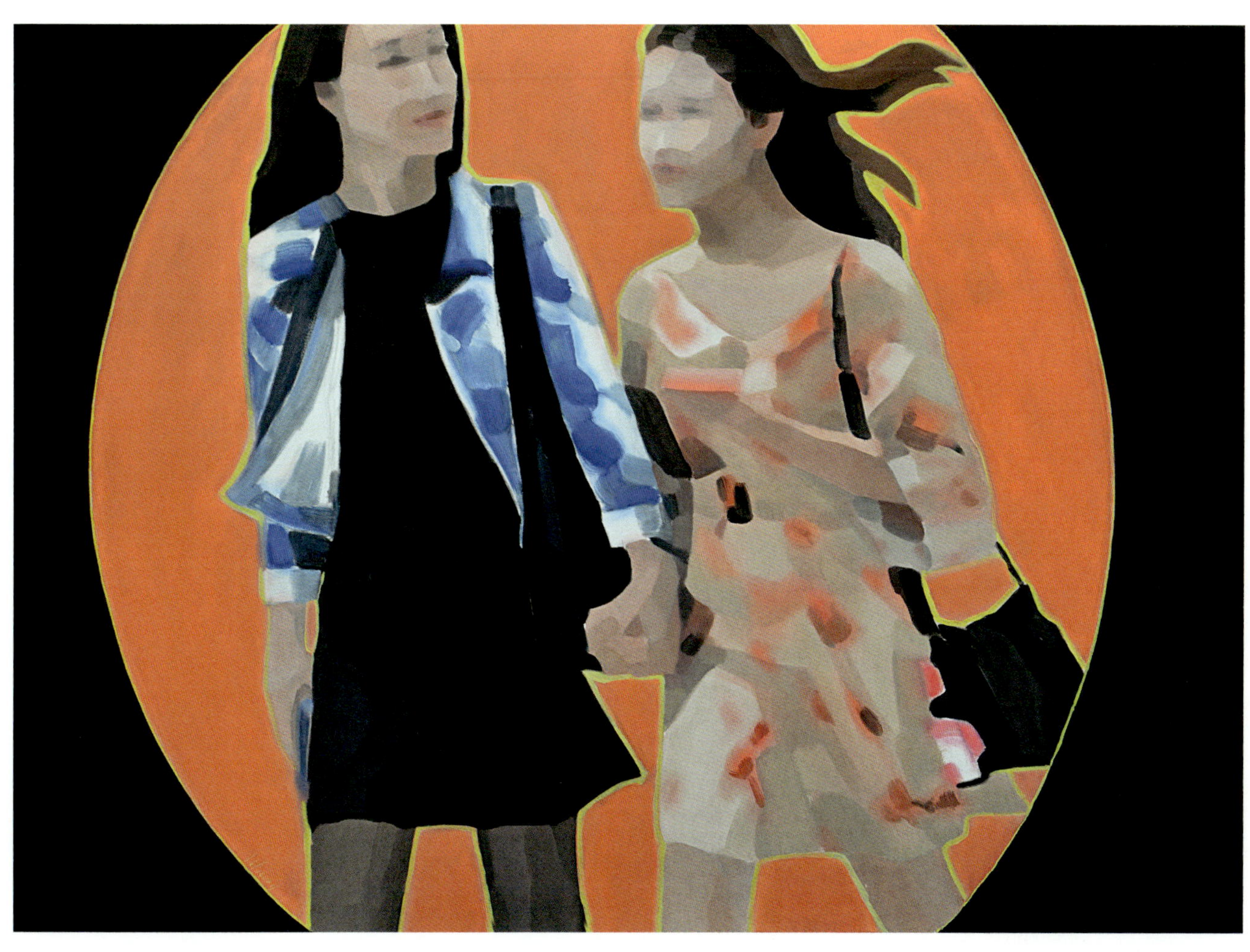

Perfect Citizens N° 1, 2018
Huile sur toile / Oil on canvas
97 × 130 cm / 38 ¼ × 51 ⅛ inches

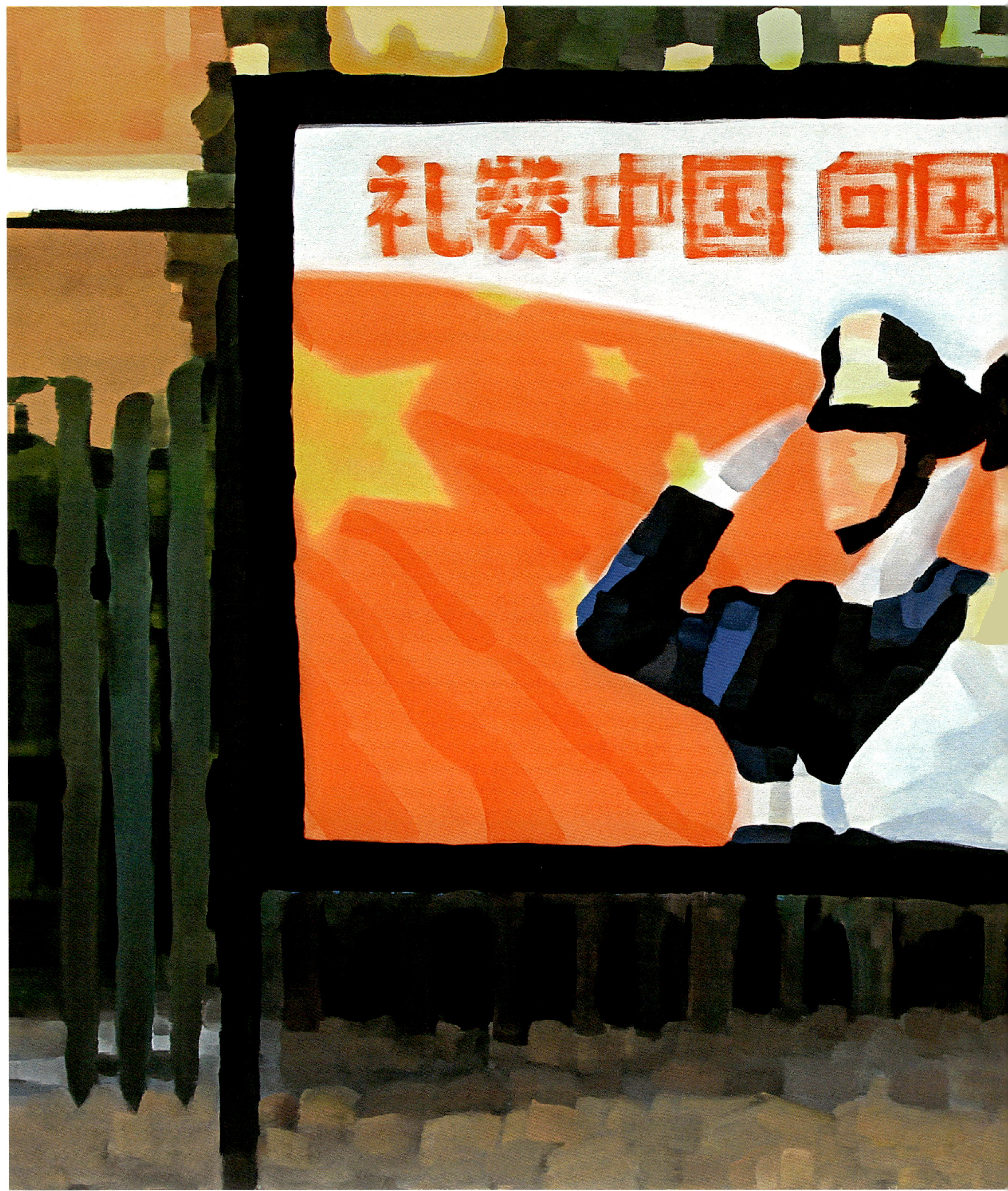

礼赞中国 向国

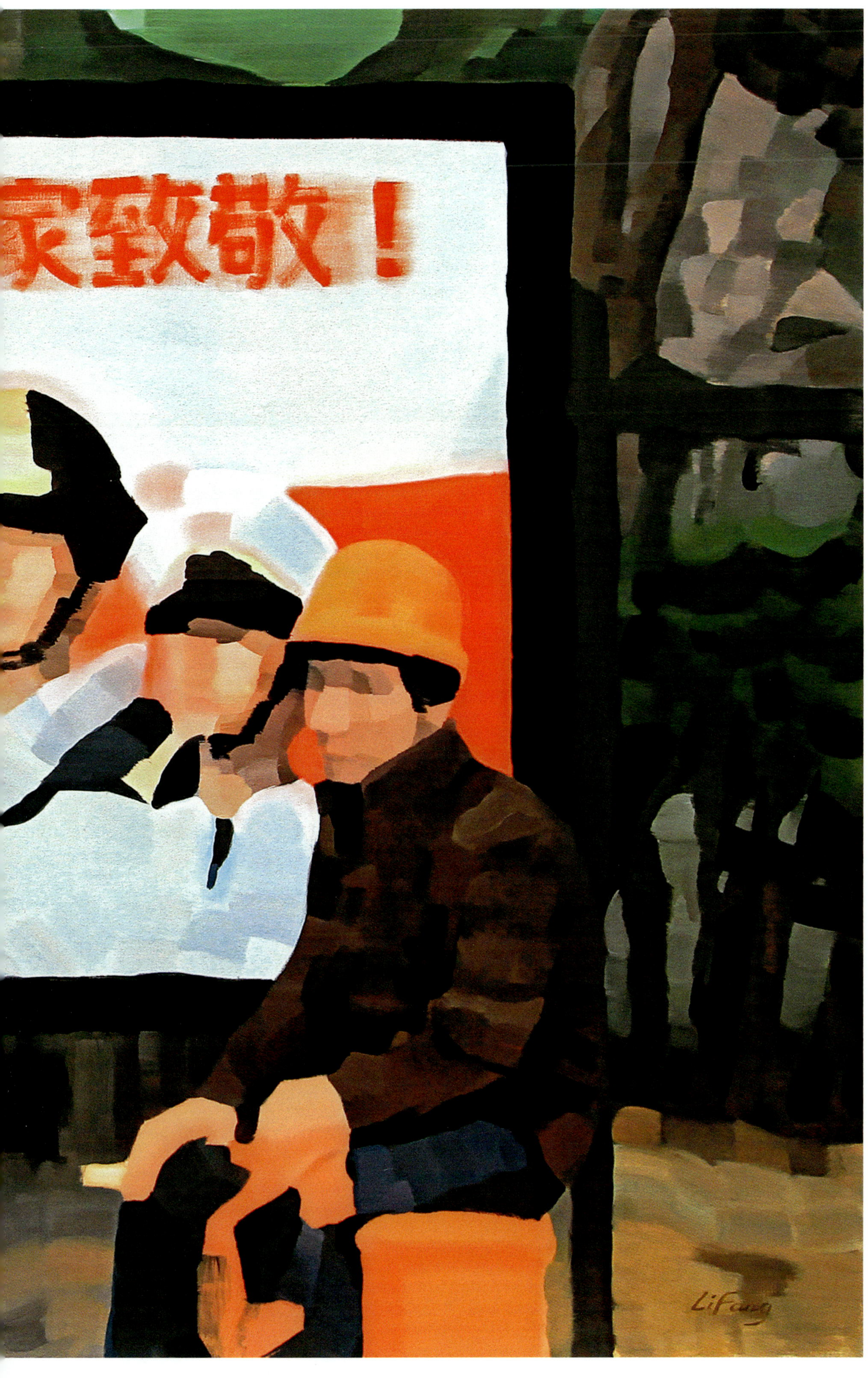

Beijing Beijing, 2008
Huile sur toile / Oil on canvas
130 × 195 cm / 51 ⅛ × 76 ¾ inches

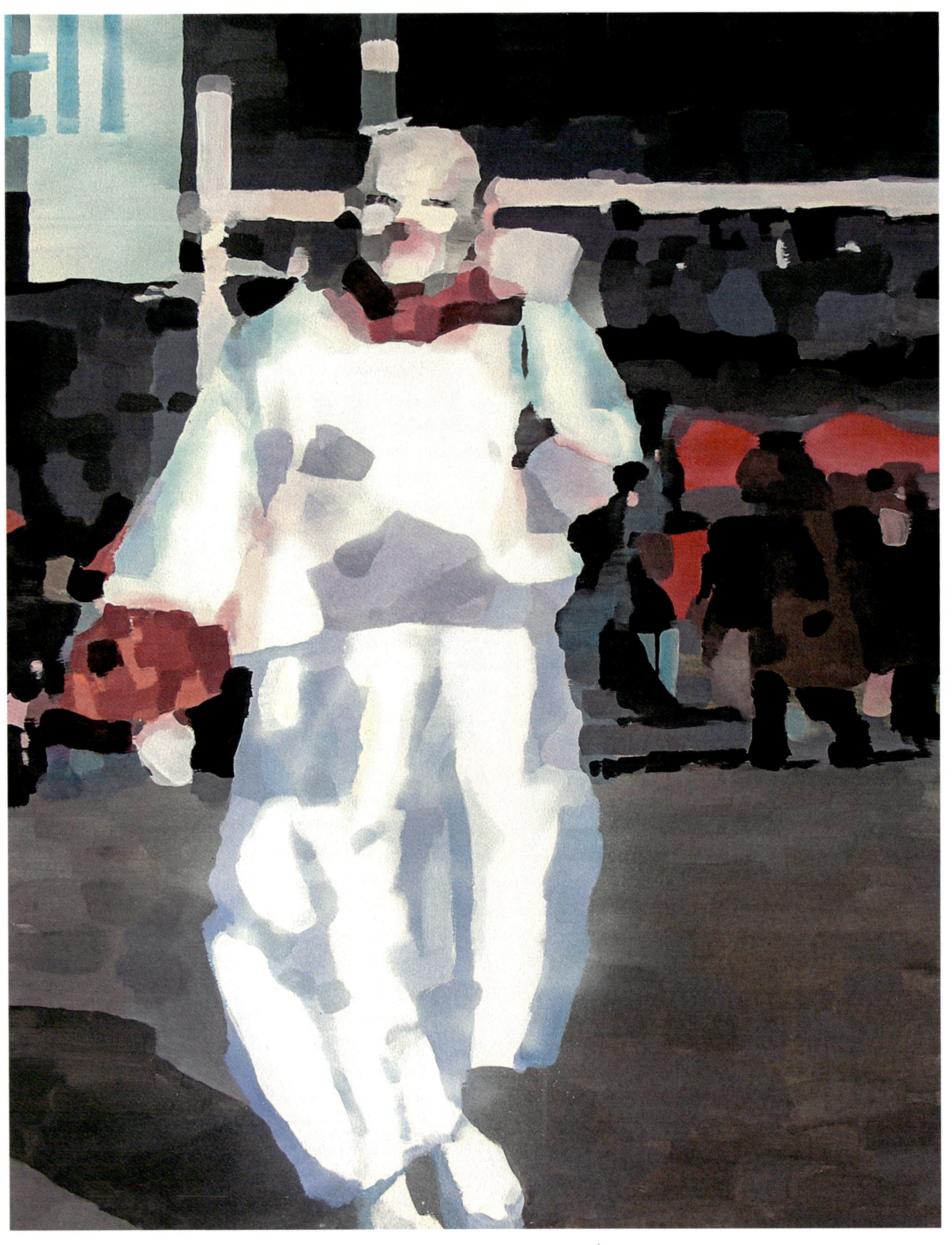

Clown N° 3, 2007
Acrylique sur toile / Acrylic on canvas
130 × 97 cm / 51 ⅛ × 38 ¼ inches

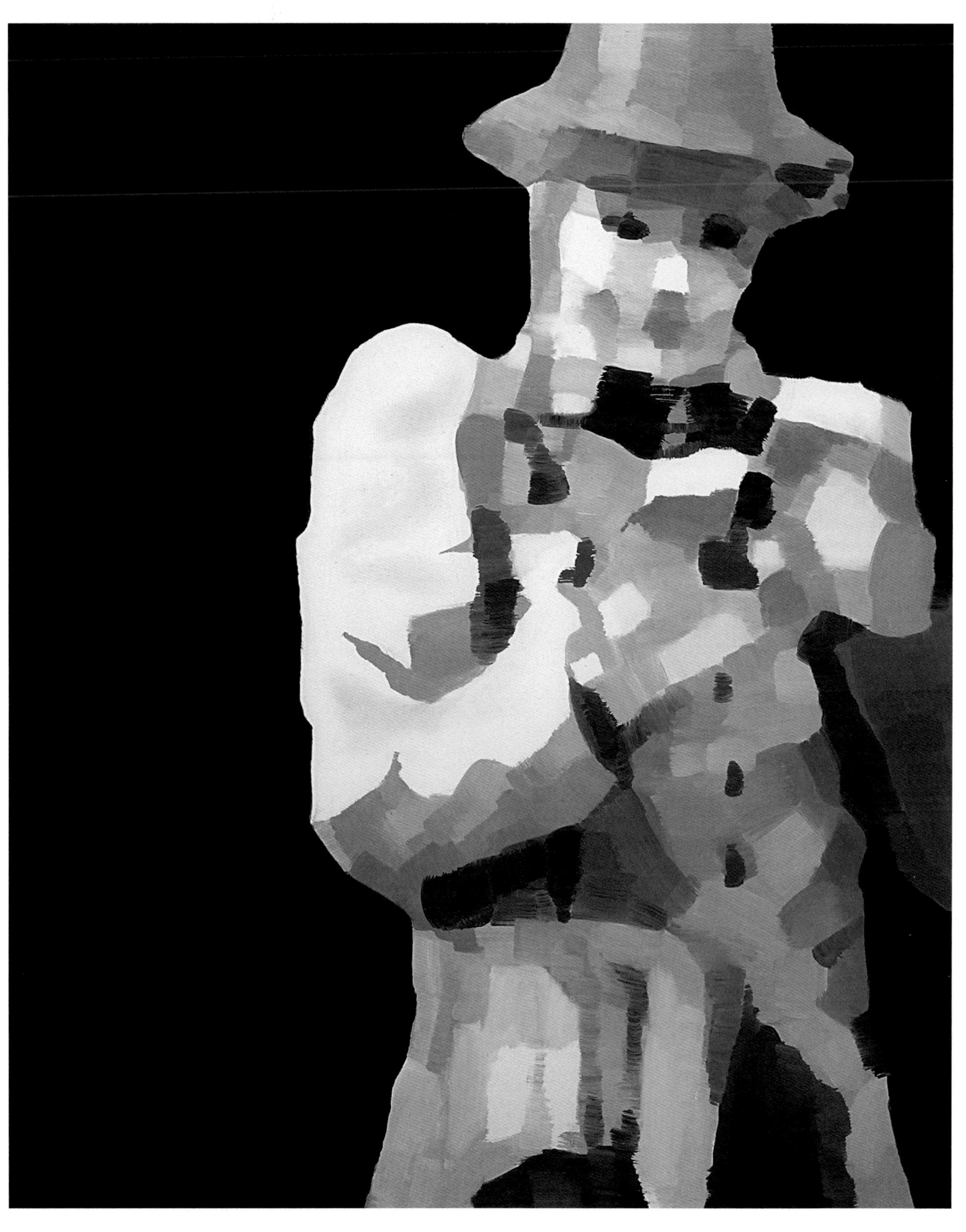

Clown N° 1, 2007
Huile sur toile / Oil on canvas
92 × 73 cm / 36 ¼ × 28 ¾ inches

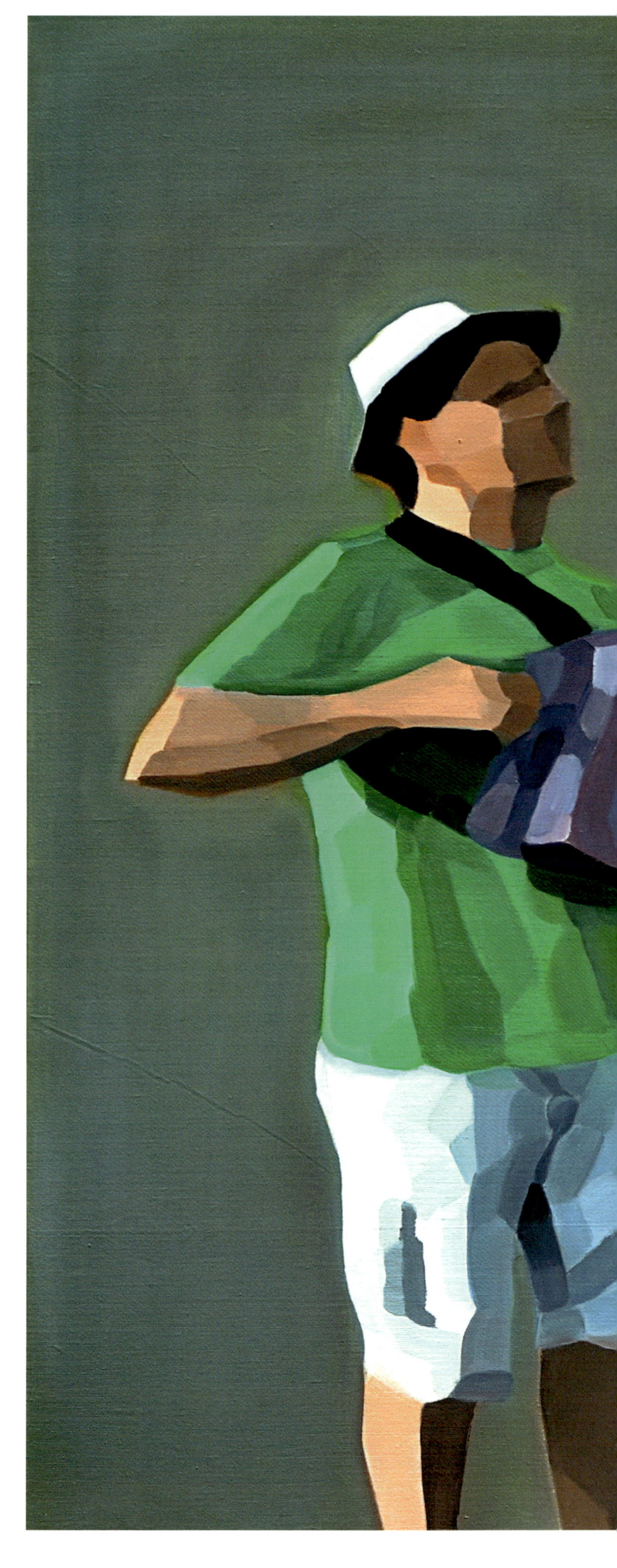

Musiciens N° 2, 2018
Huile sur toile / Oil on canvas
130 × 162 cm / 51 ⅛ × 63 ¾ inches

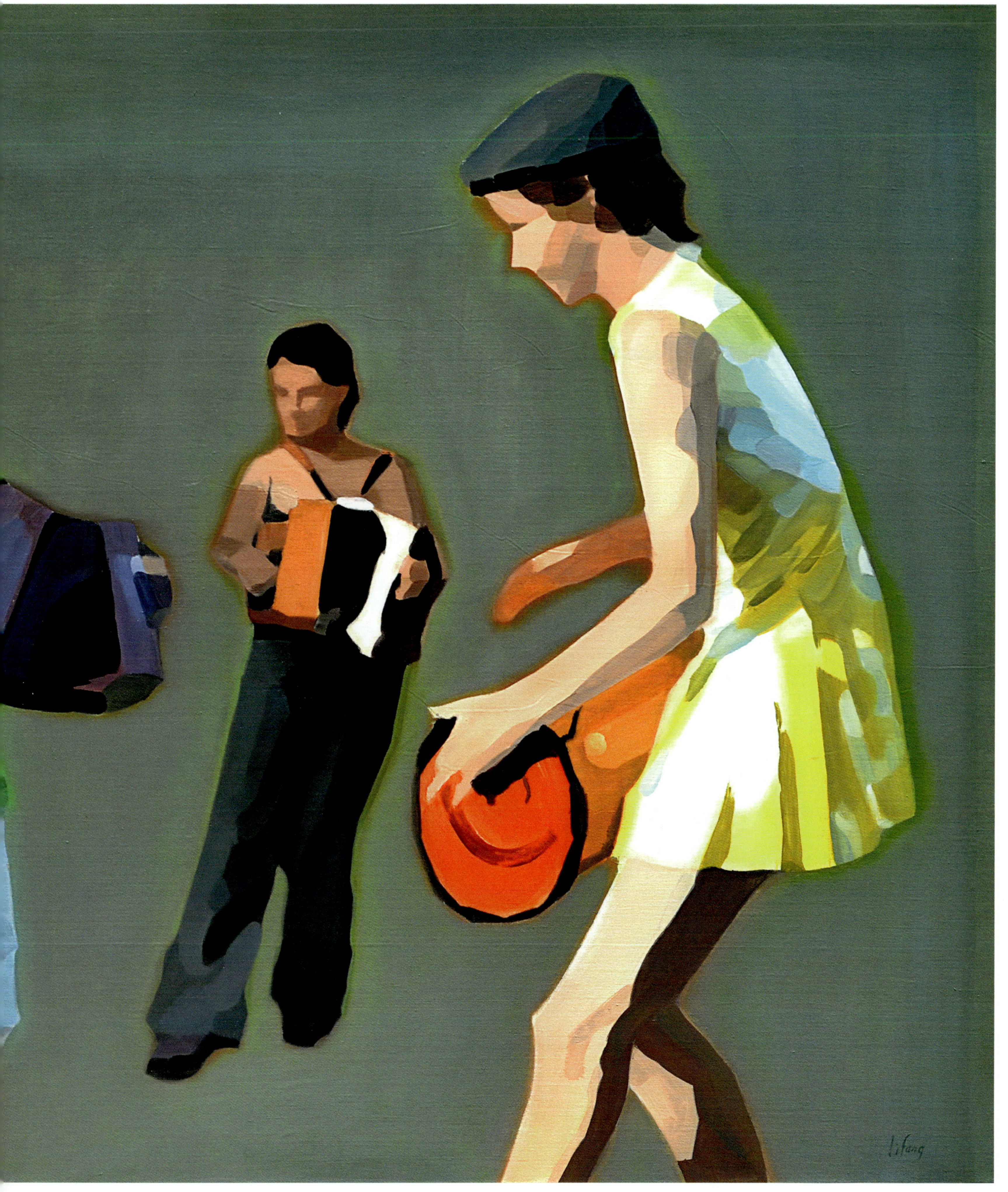

Lifang

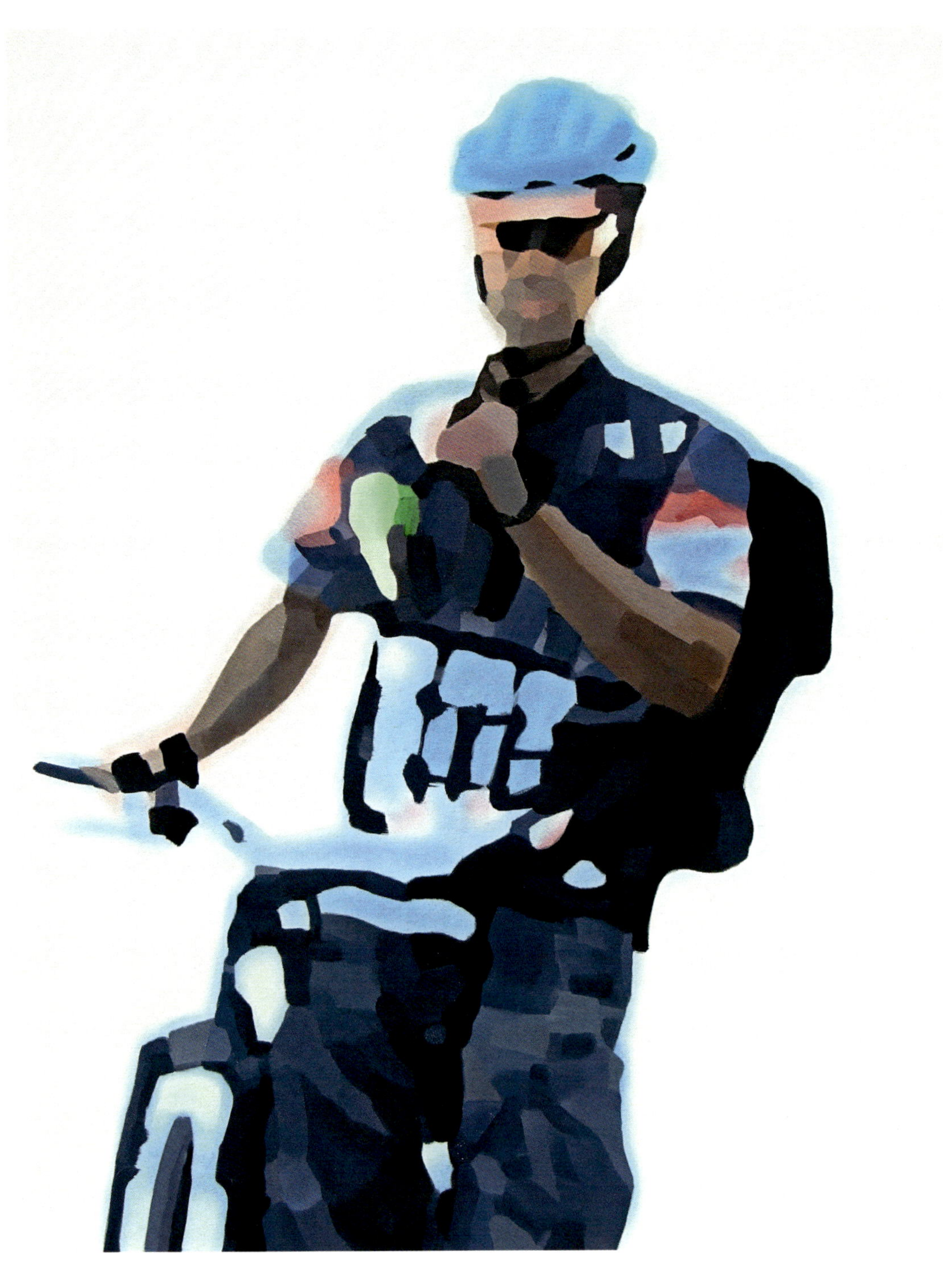

12.10.2008 New York, 2009
Huile sur toile / Oil on canvas
116 × 89 cm / 45 ⅝ × 35 inches

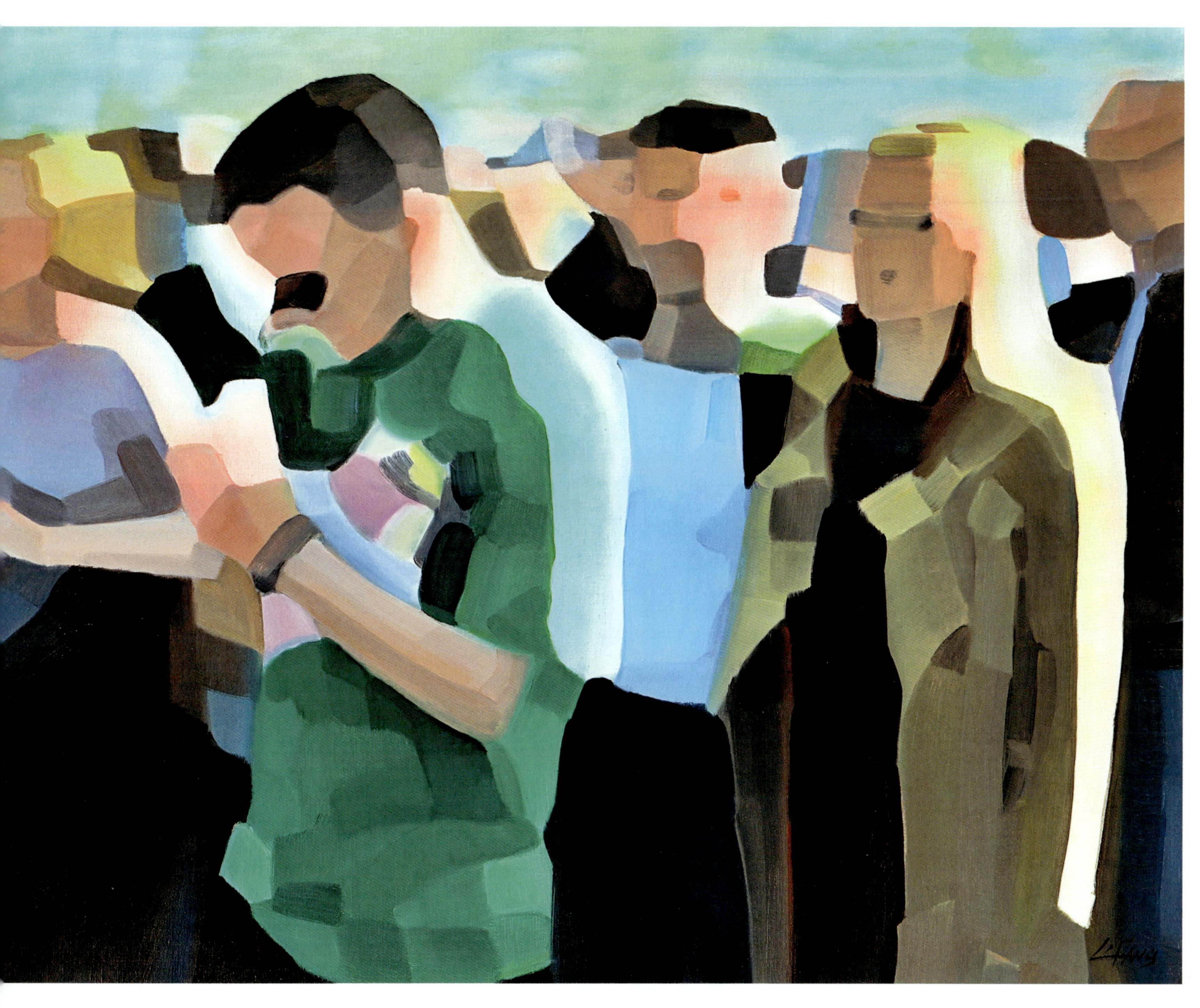

Printemps Paris, 2020
Huile sur toile / Oil on canvas
81 × 100 cm / 31 ⅞ × 39 ⅜ inches

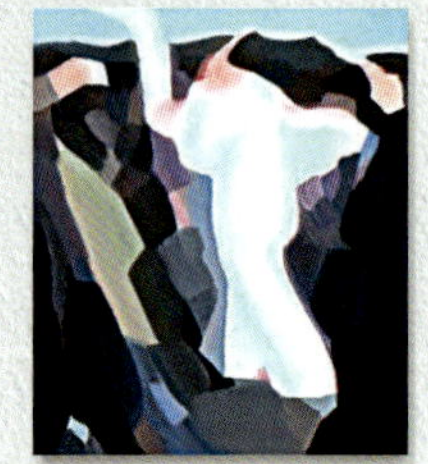
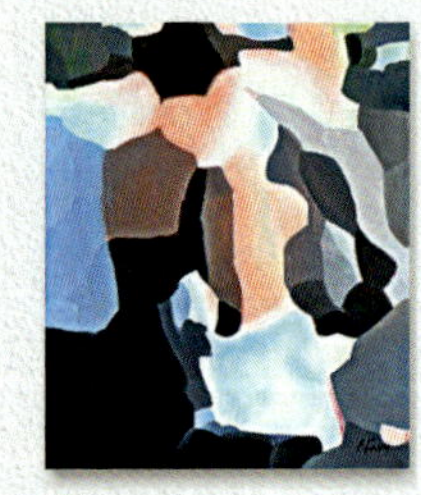
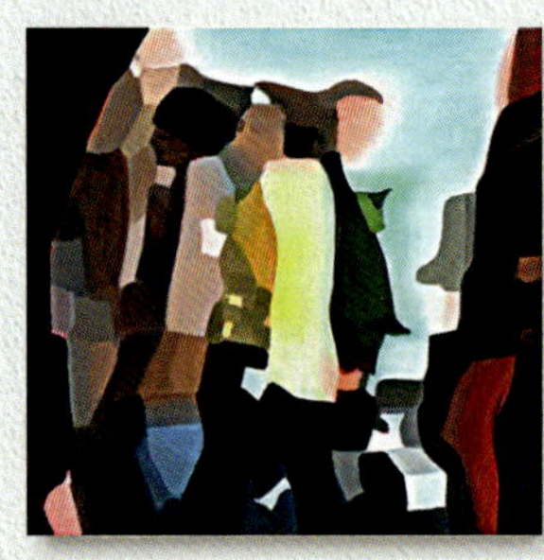
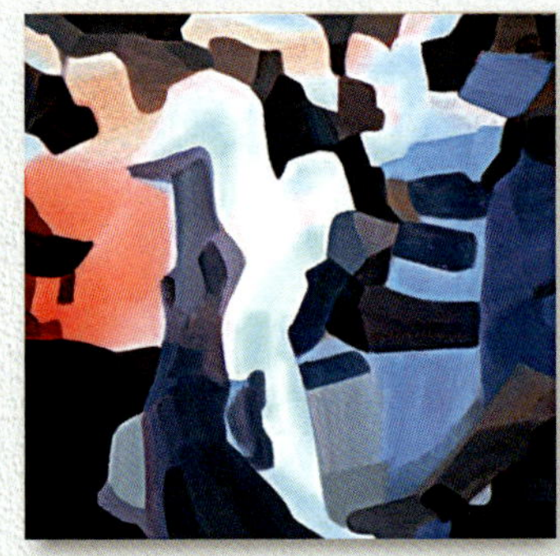
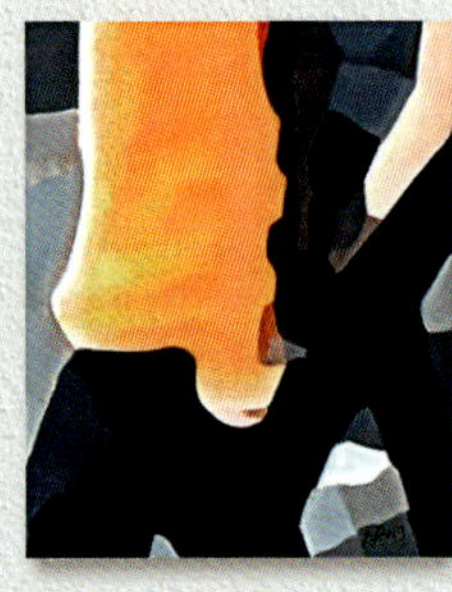
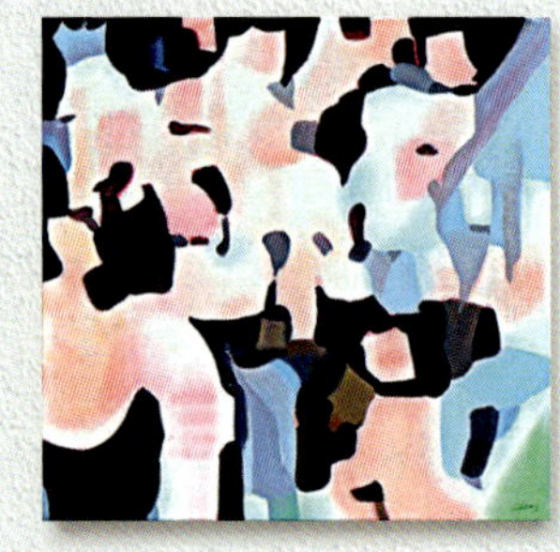
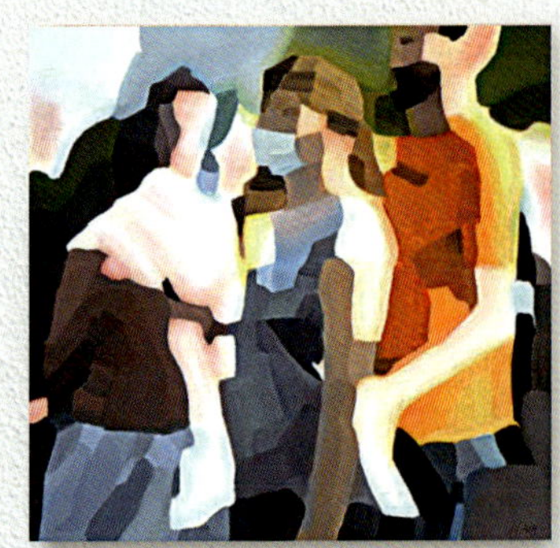
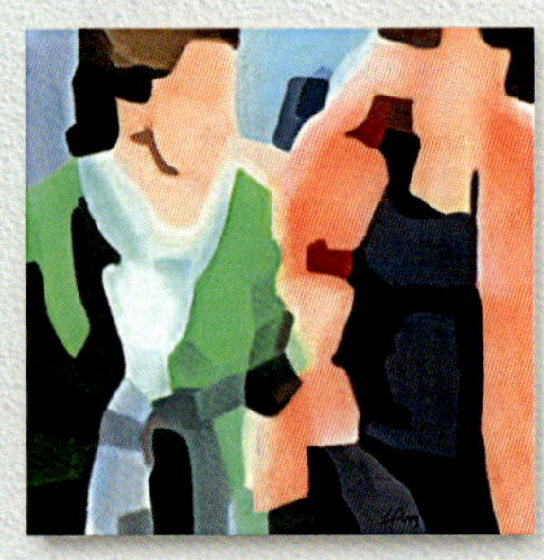
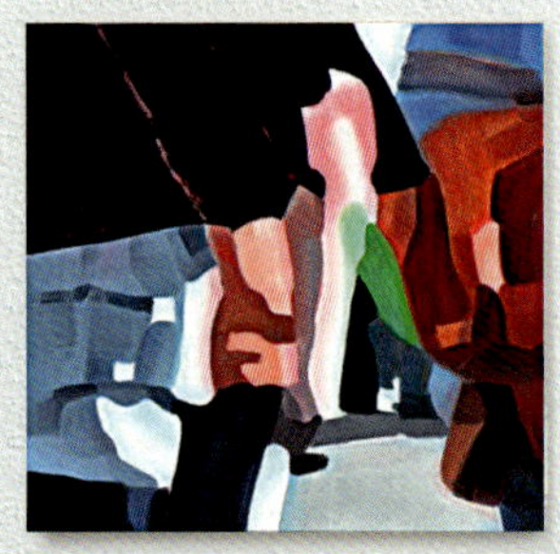
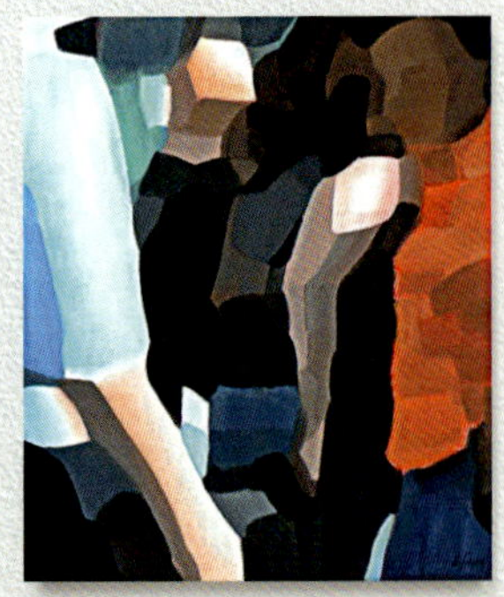

La série a été réalisée pendant le confinement du printemps 2020 à Paris.
Series produced during the spring lockdown in Paris.
Première ligne, de gauche à droite / First row, left to right: N° 12, 10, 11, 9
Deuxième ligne, de gauche à droite / Second row, left to right: N° 5, 18, 17, 3
Troisième ligne, de gauche à droite / Third row, left to right: N° 8, 6, 20, 19, 7, 16
Quatrième ligne, de gauche à droite / Fourth row, left to right: N° 2, 4, 13, 14, 15, 1

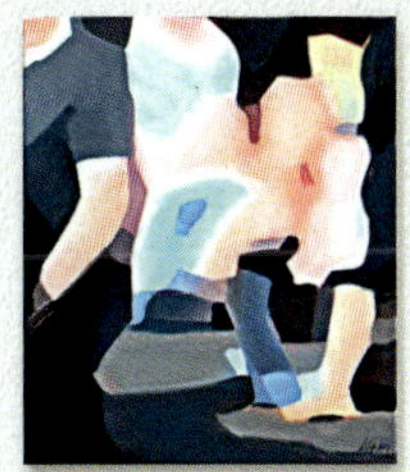
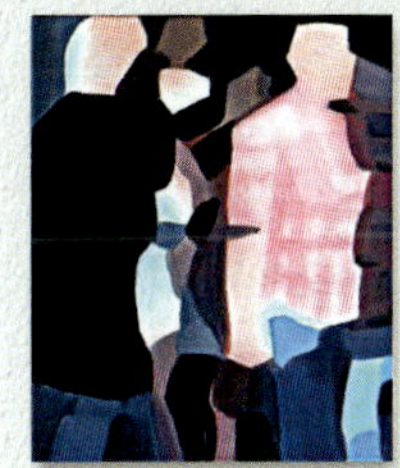
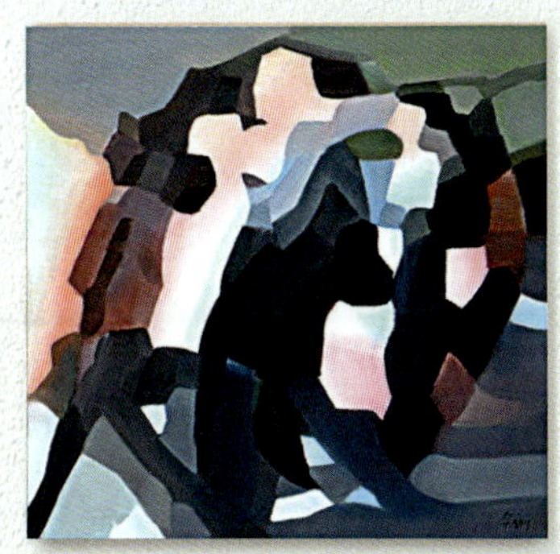
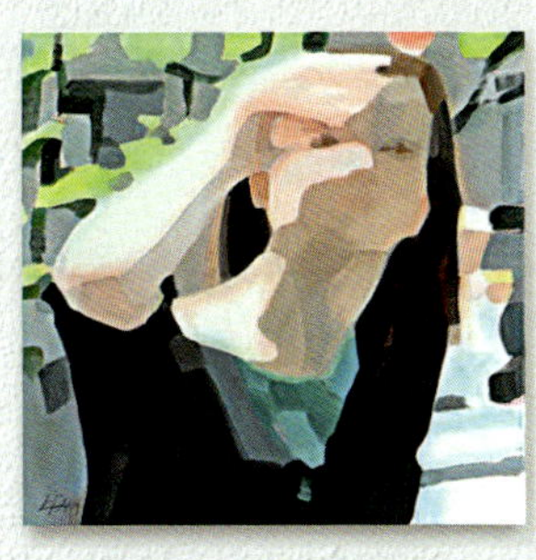
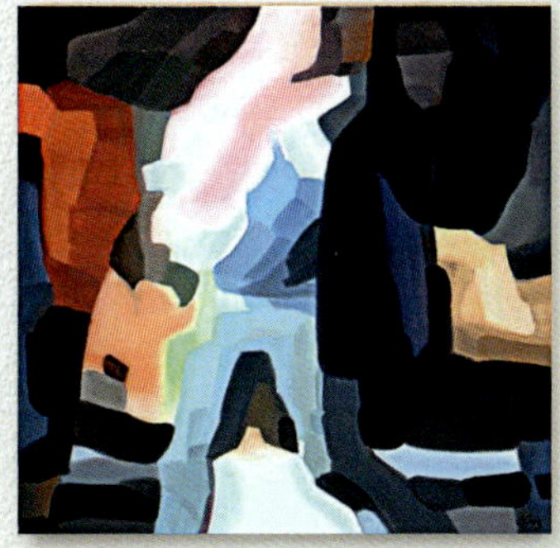
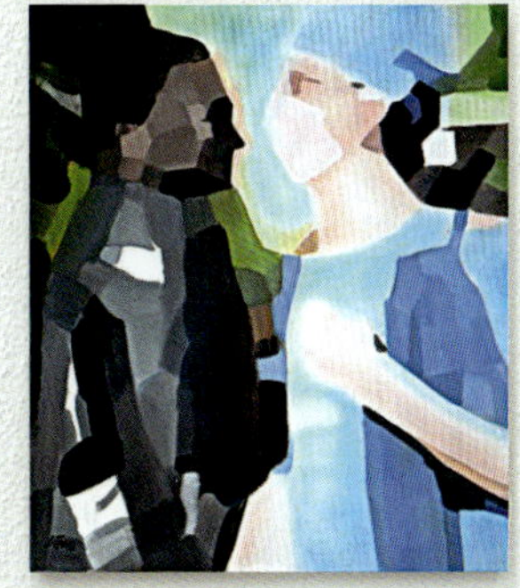
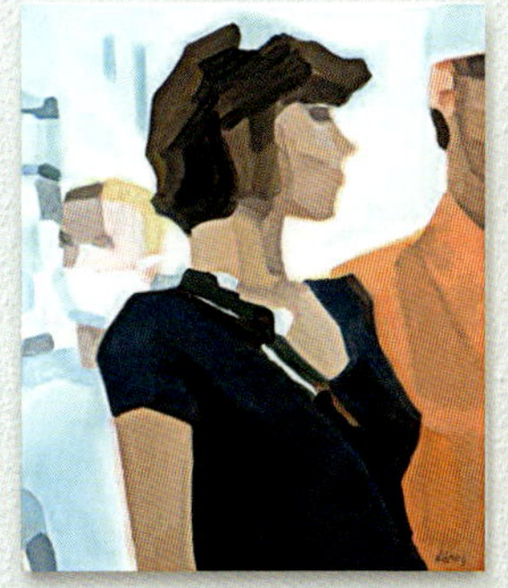
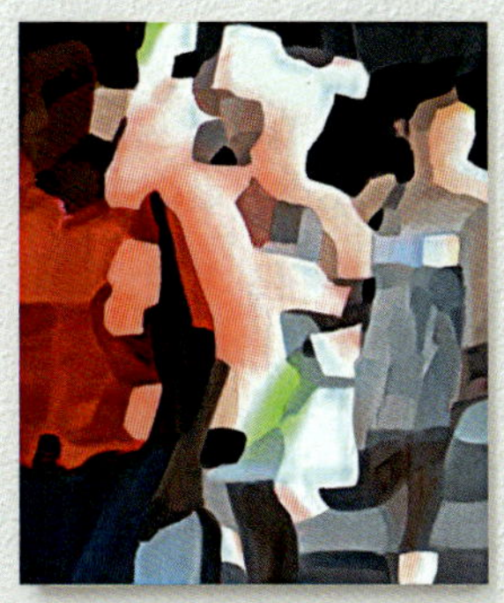
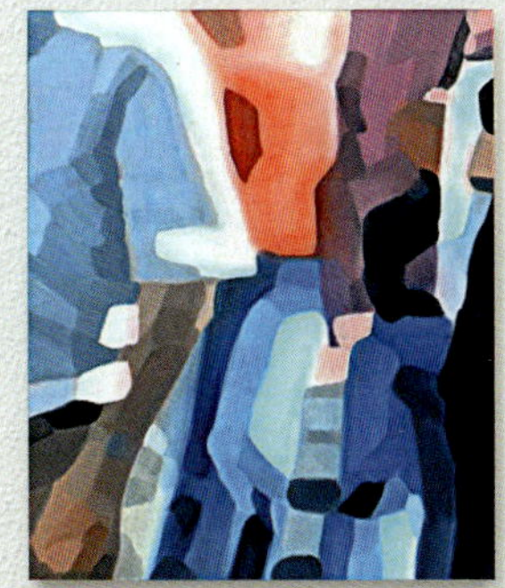
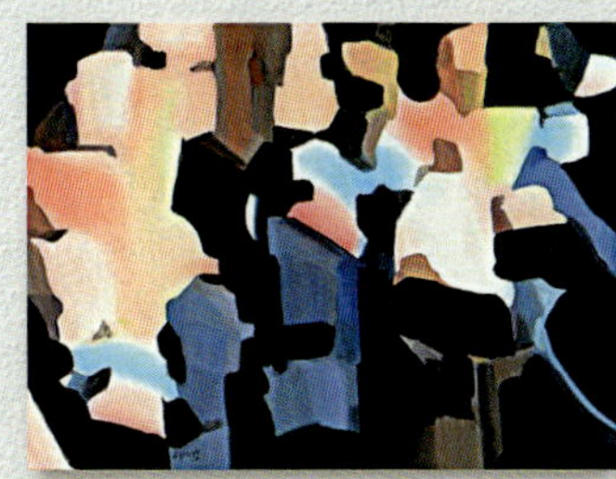

Fragments printaniers / Spring Fragments, Paris, 2020
Installation

Portraits
Portraits

2008-2015

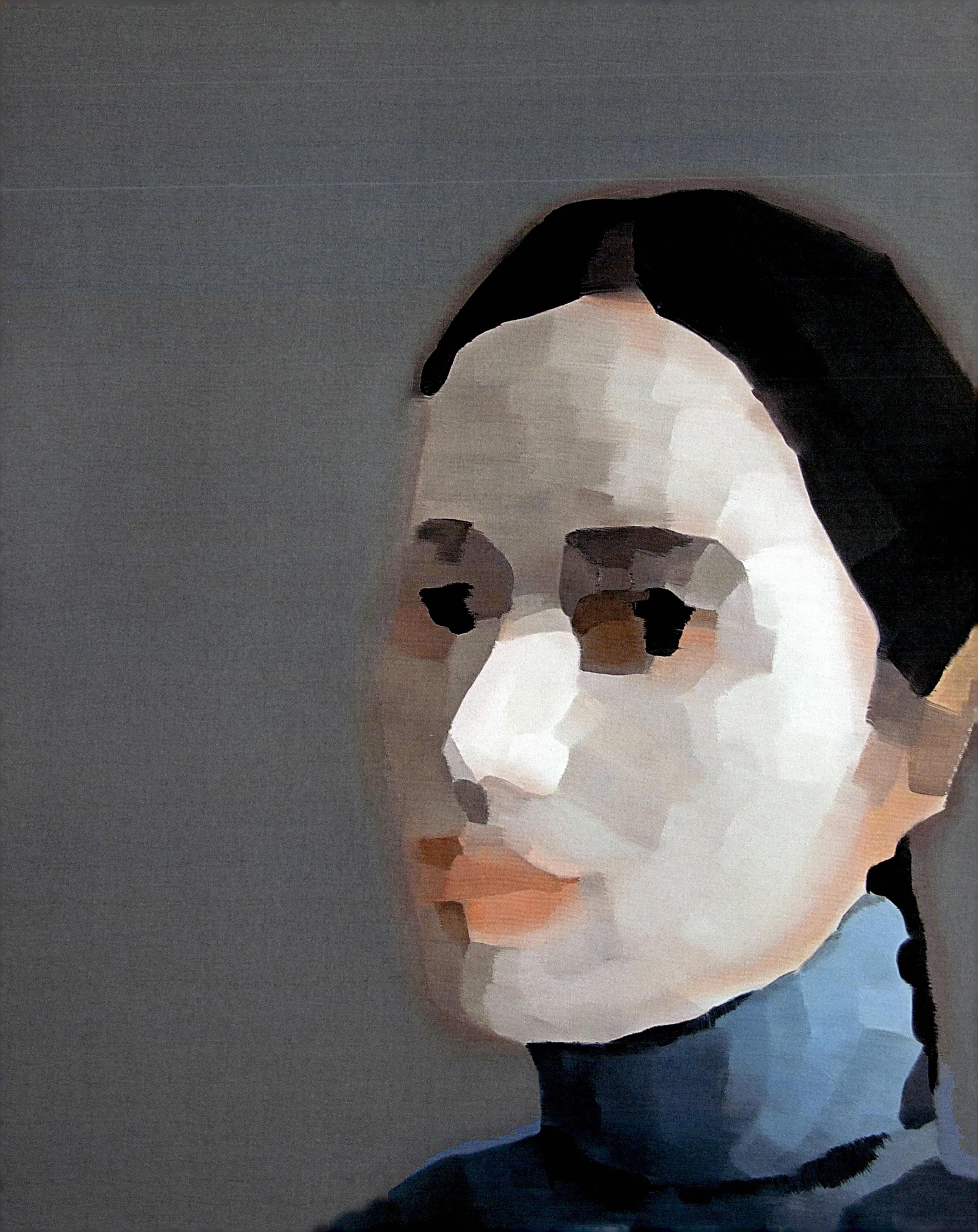

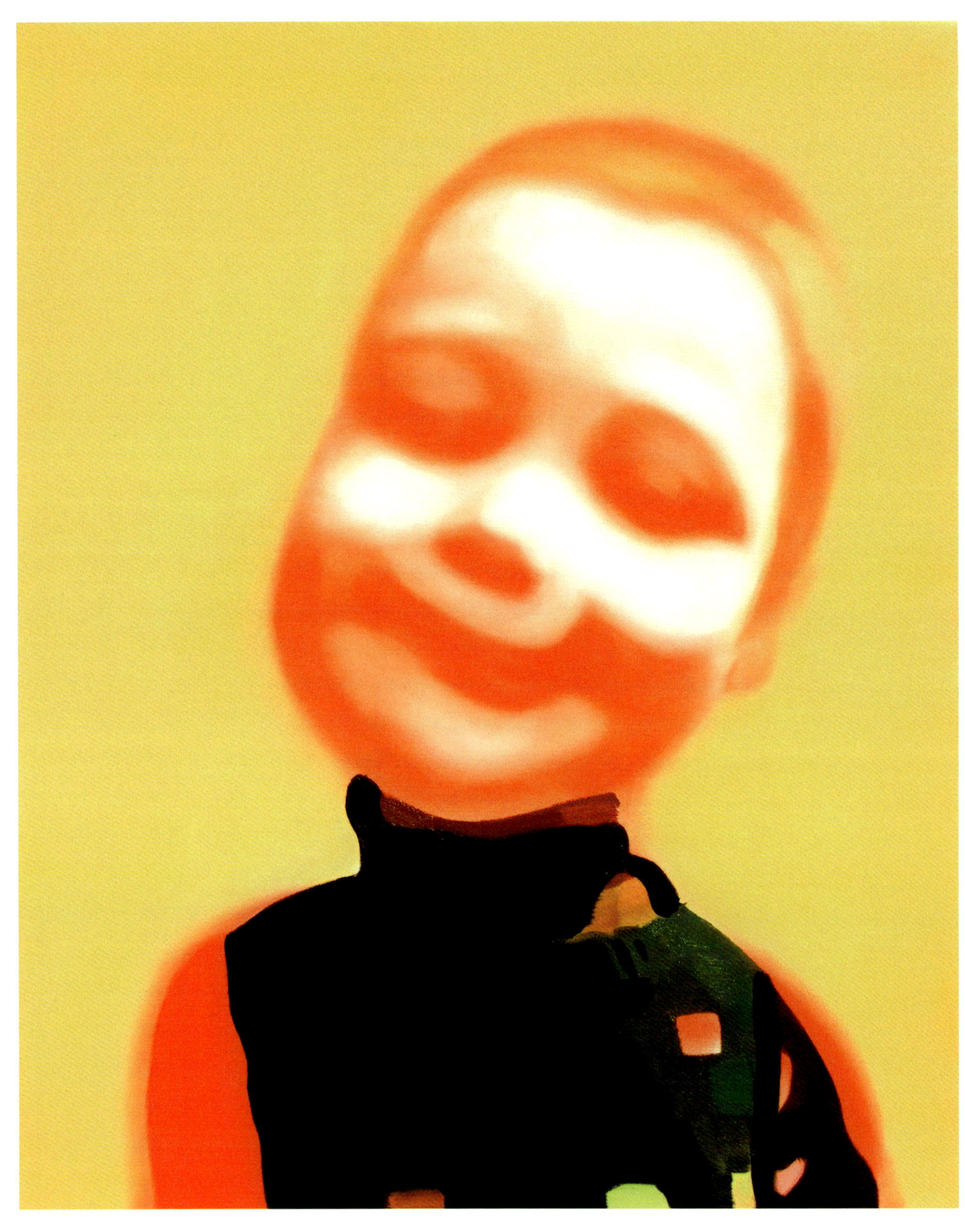

Page précédente / Previous page

Autoportrait N° 1, 2008
Huile sur toile / Oil on canvas
116 × 89 cm / 45 ⅝ × 35 inches

Petit Bonheur, 2010
Huile sur toile / Oil on canvas
81 × 65 cm / 31 ⅞ × 25 ⅝ inches

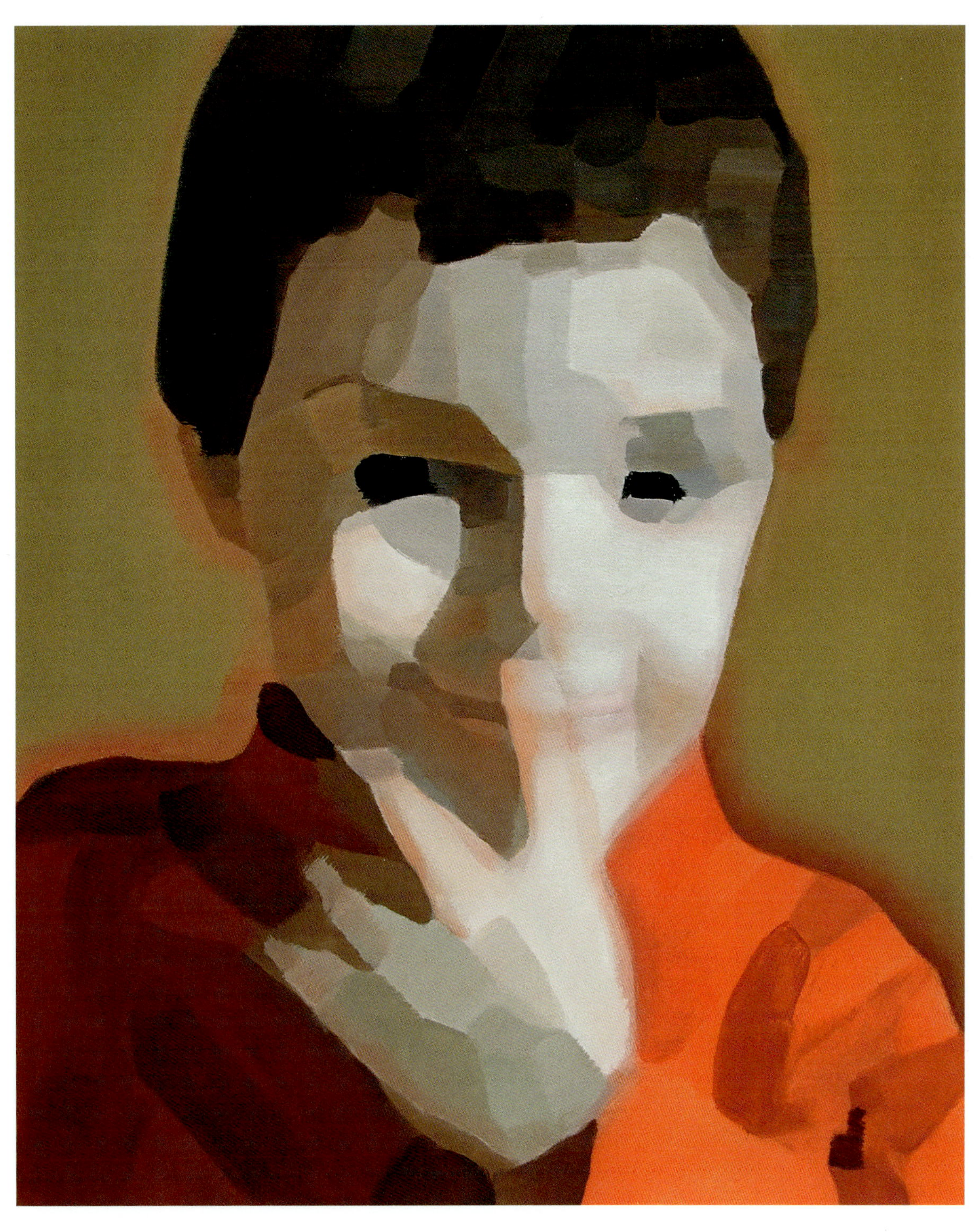

Petit Louis, 2009
Huile sur toile / Oil on canvas
65 × 54 cm / 25 ⅝ × 21 ¼ inches

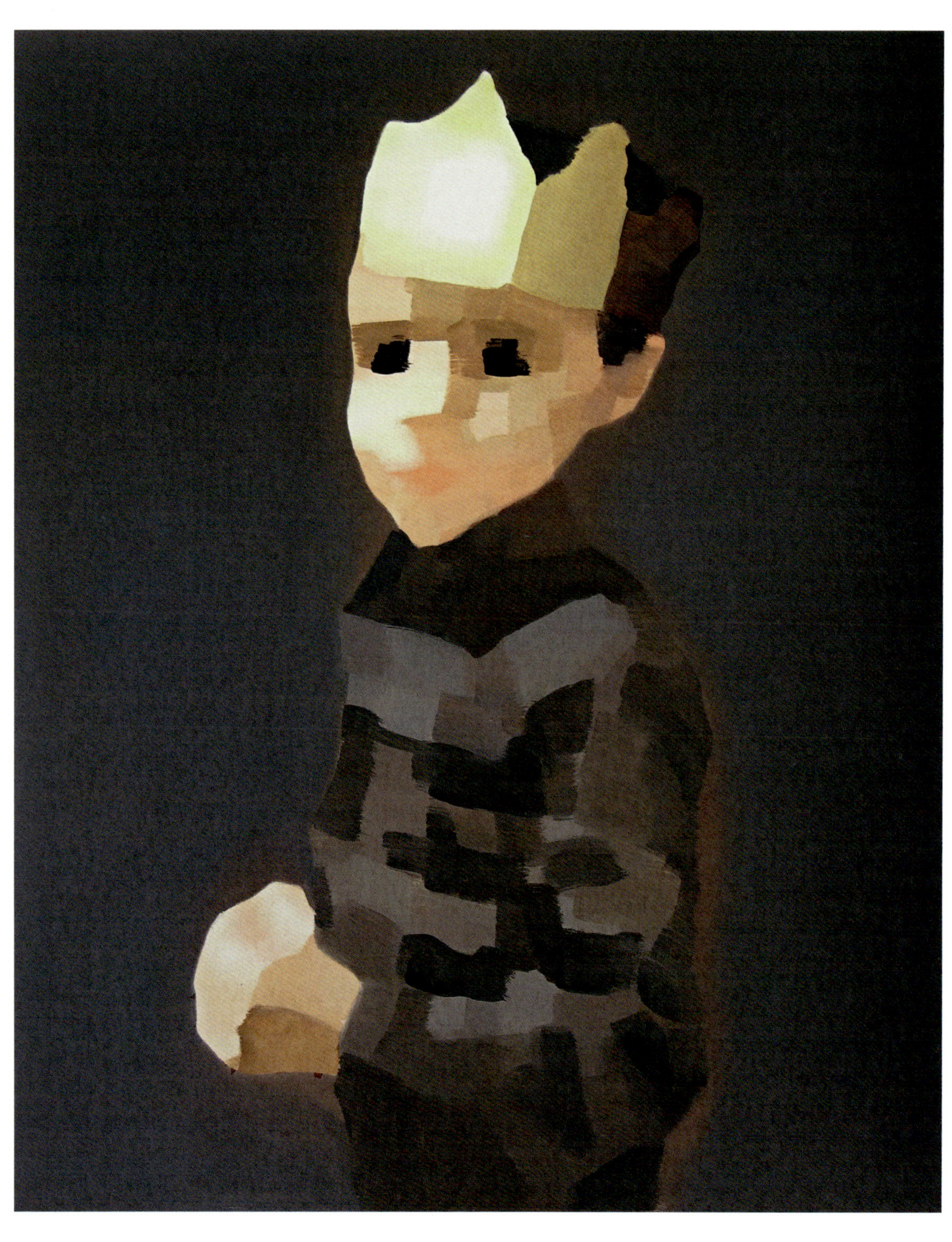

Petit Prince N° 2, 2008
Huile sur toile / Oil on canvas
92 × 73 cm / 36 ¼ × 28 ¾ inches

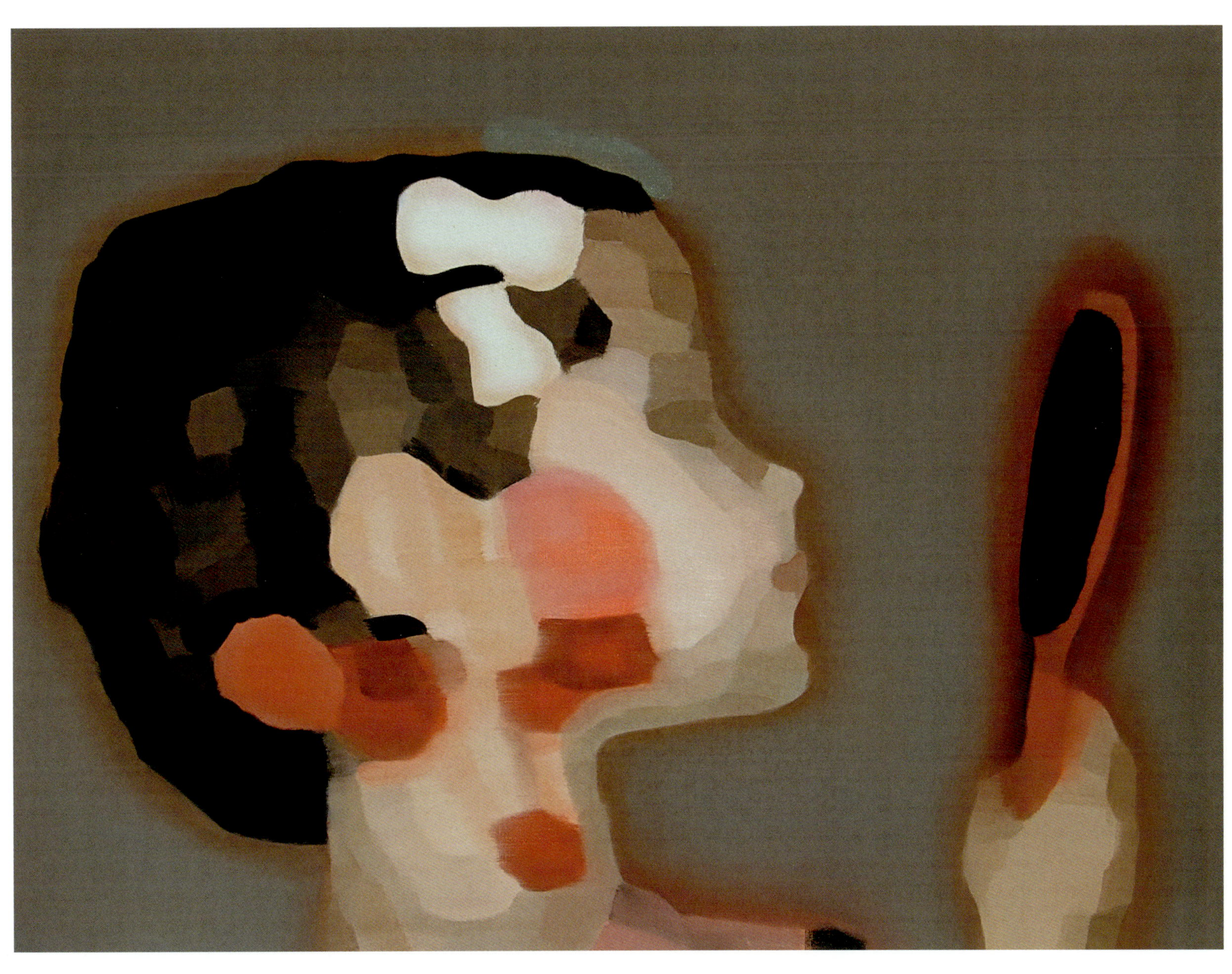

Petite Jade, 2009
Huile sur toile / Oil on canvas
65 × 81 cm / 25 ⅝ × 31 ⅞ inches

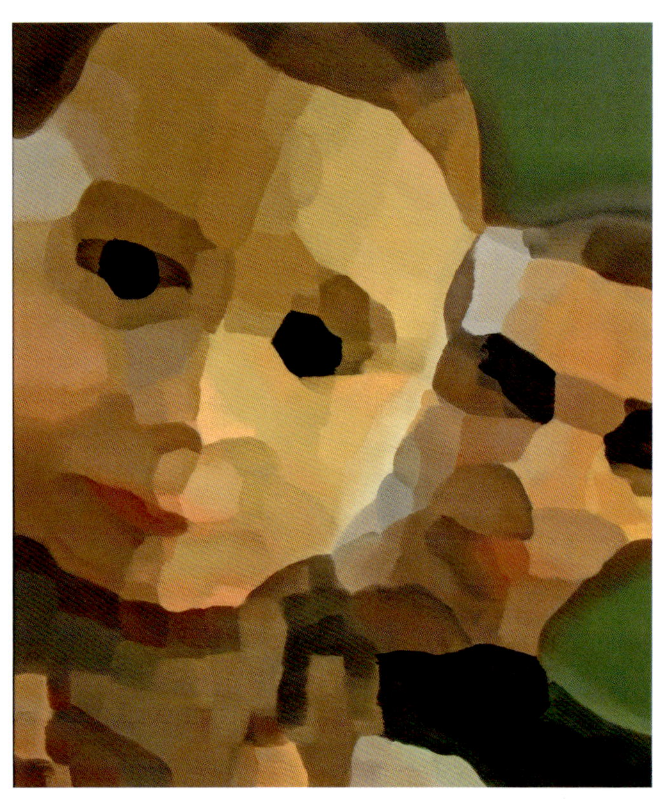

Jules et son parrain, 2009
Huile sur toile / Oil on canvas
73 × 62 cm / 28 ¾ × 24 ⅜ inches

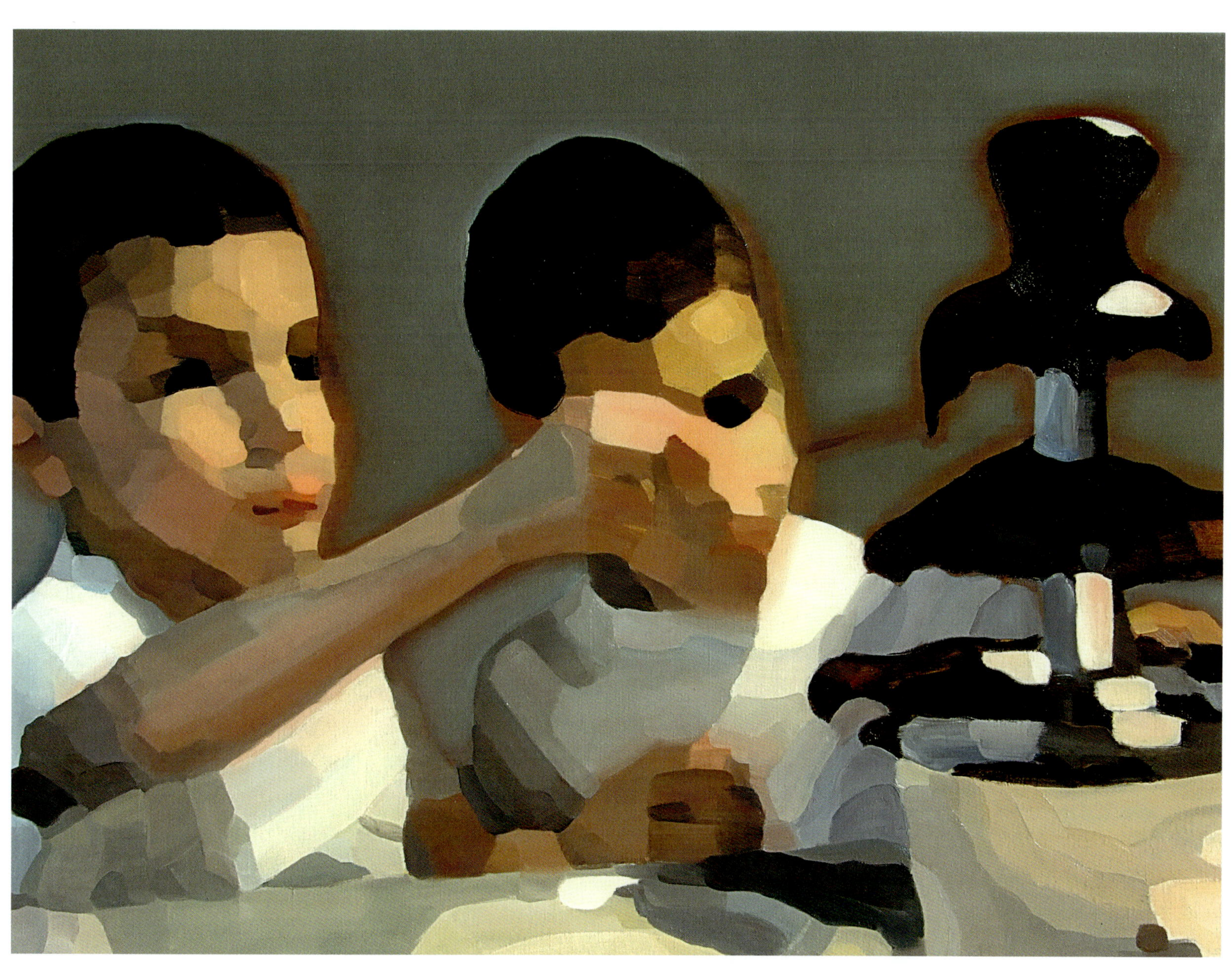

Fontaine à chocolat N° 2, 2010
Huile sur toile / Oil on canvas
89 × 116 cm / 35 × 45 ⅝ inches

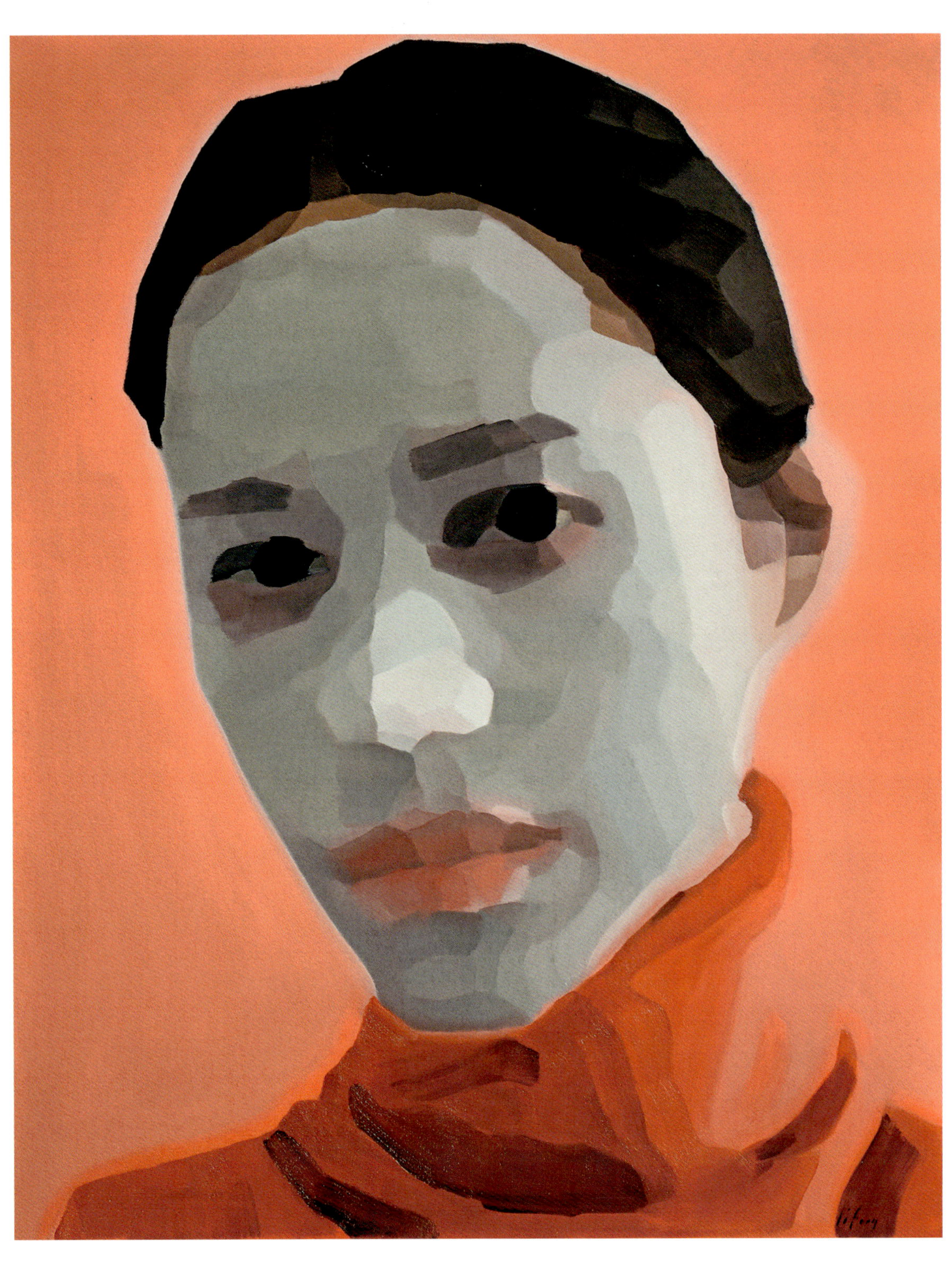

Autoportrait rouge N° 1, 2014-2015
Huile sur toile / Oil on canvas
116 × 89 cm / 45 ⅝ × 35 inches

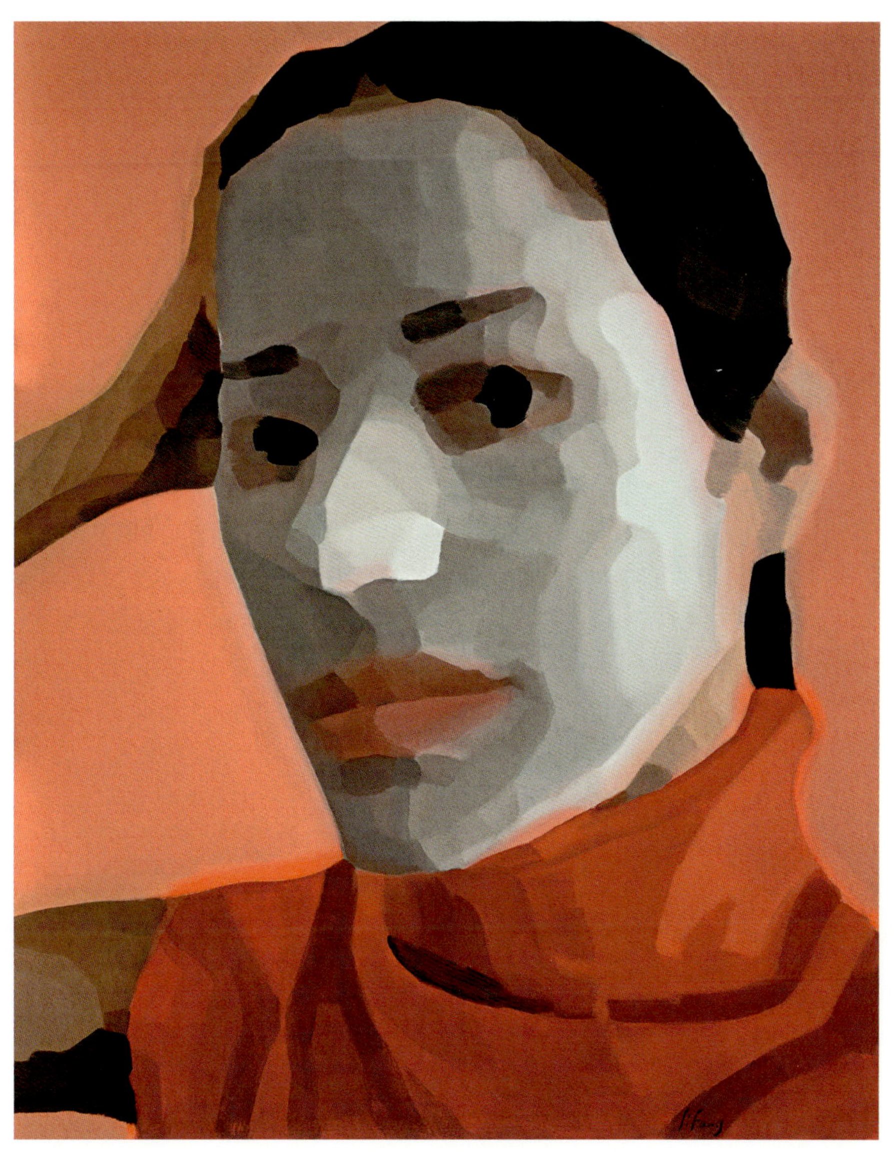

Autoportrait rouge N° 2, 2014-2015
Huile sur toile / Oil on canvas
116 × 89 cm / 45 ⅝ × 35 inches

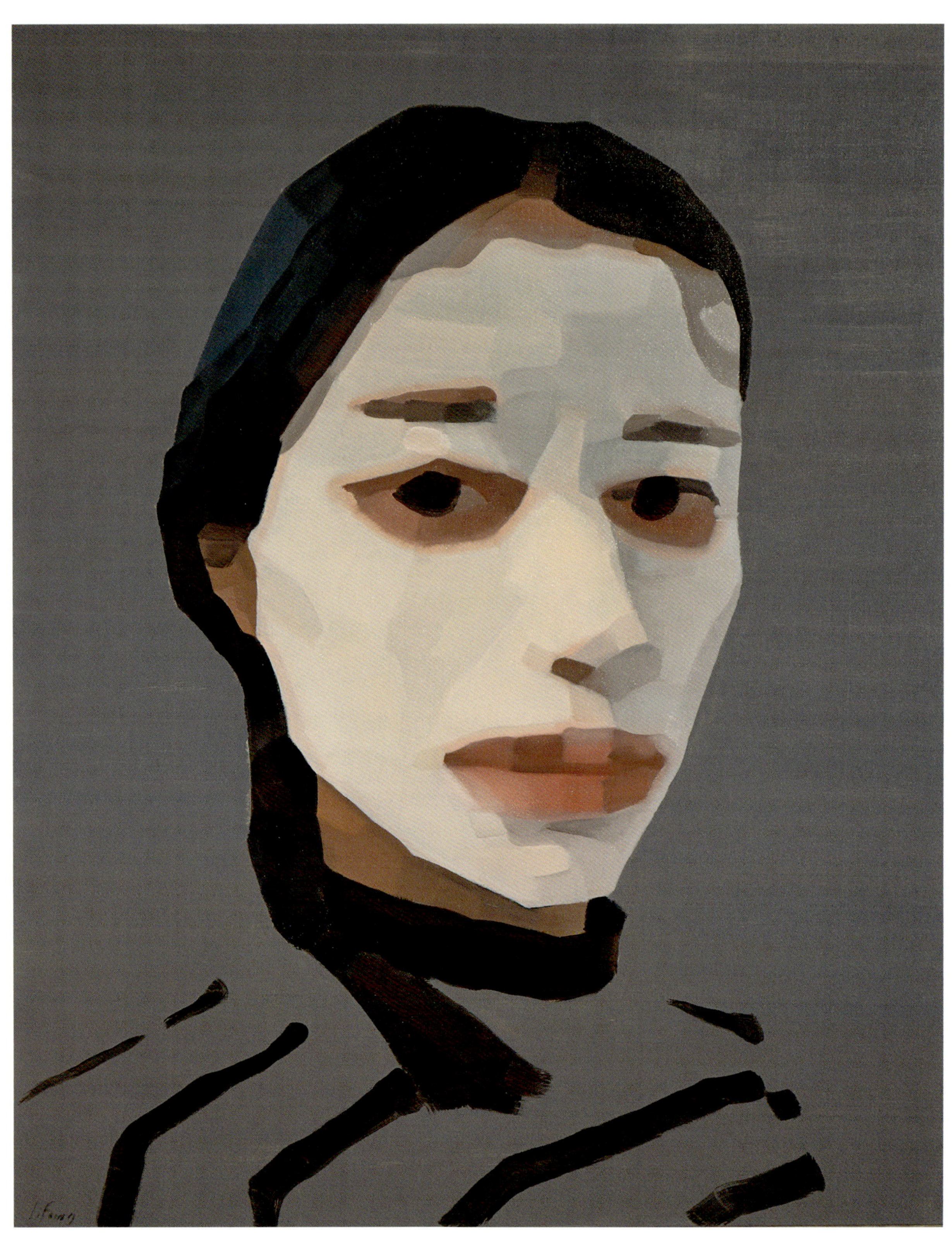

Twins N° 1, 2015
Huile sur toile / Oil on canvas
116 × 89 cm / 45 ⅝ × 35 inches

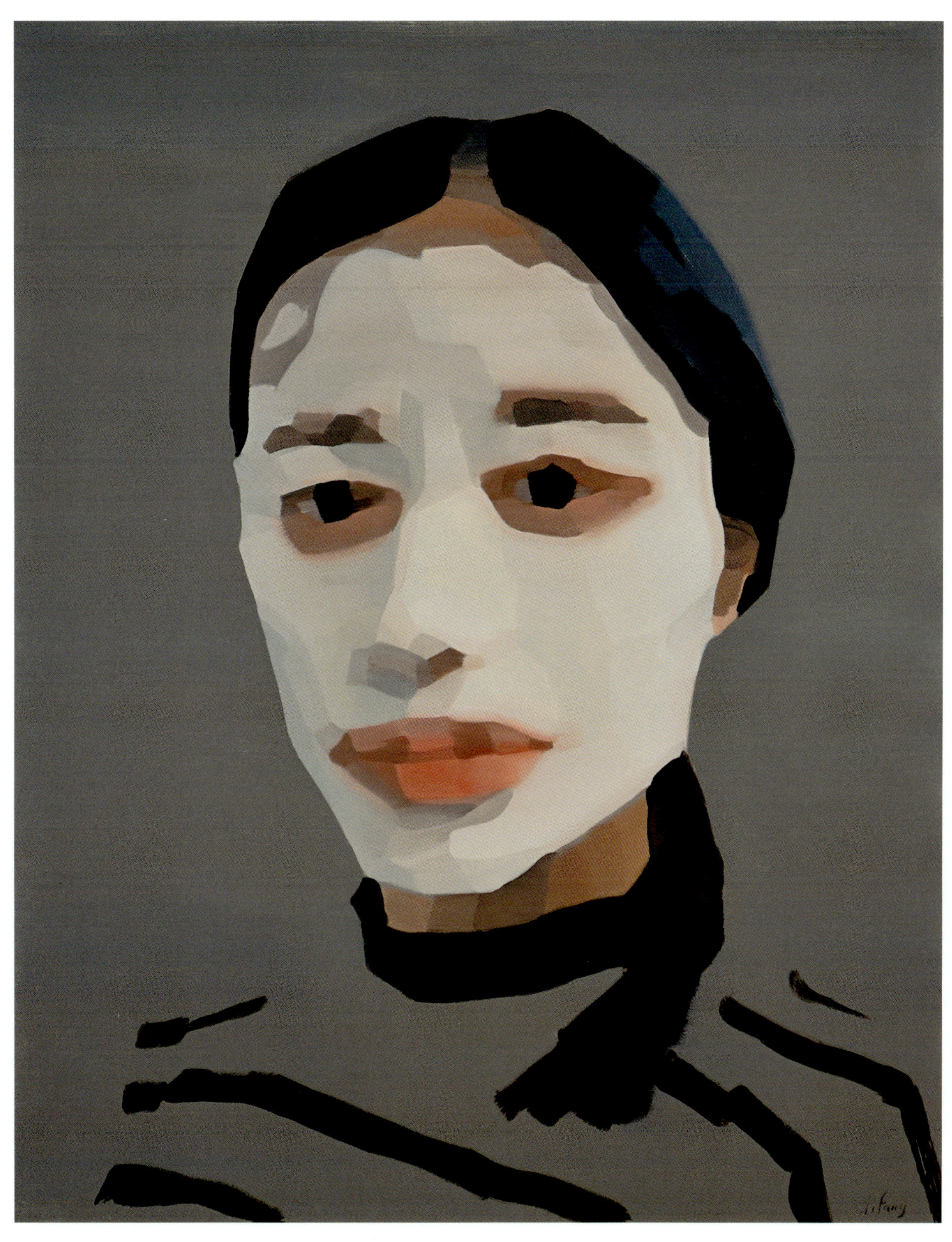

Twins N° 2, 2015
Huile sur toile / Oil on canvas
116 × 89 cm / 45 ⅝ × 35 inches

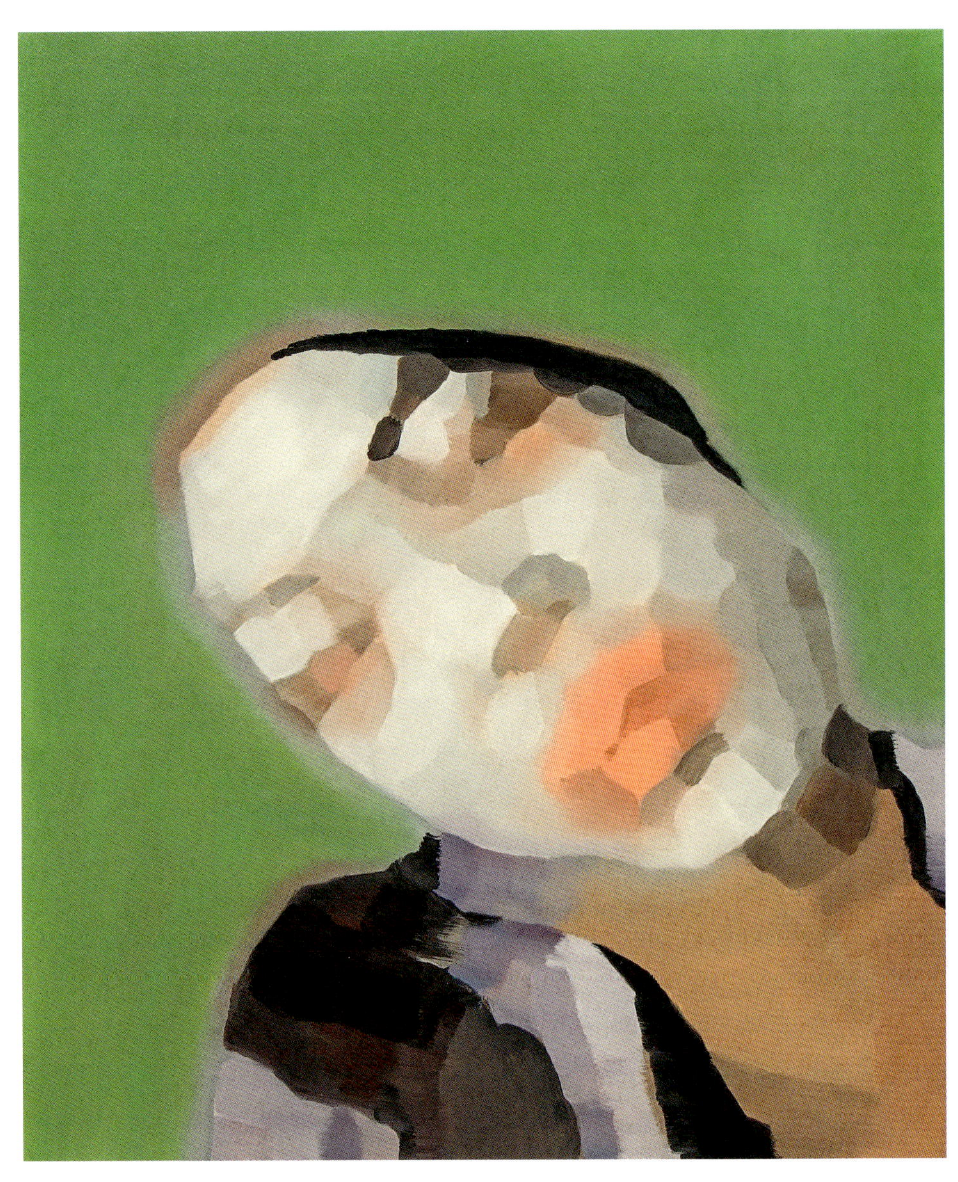

Portrait N° 4, 2008
Huile sur toile / Oil on canvas
81 × 65 cm / 31 ⅞ × 25 ⅝ inches

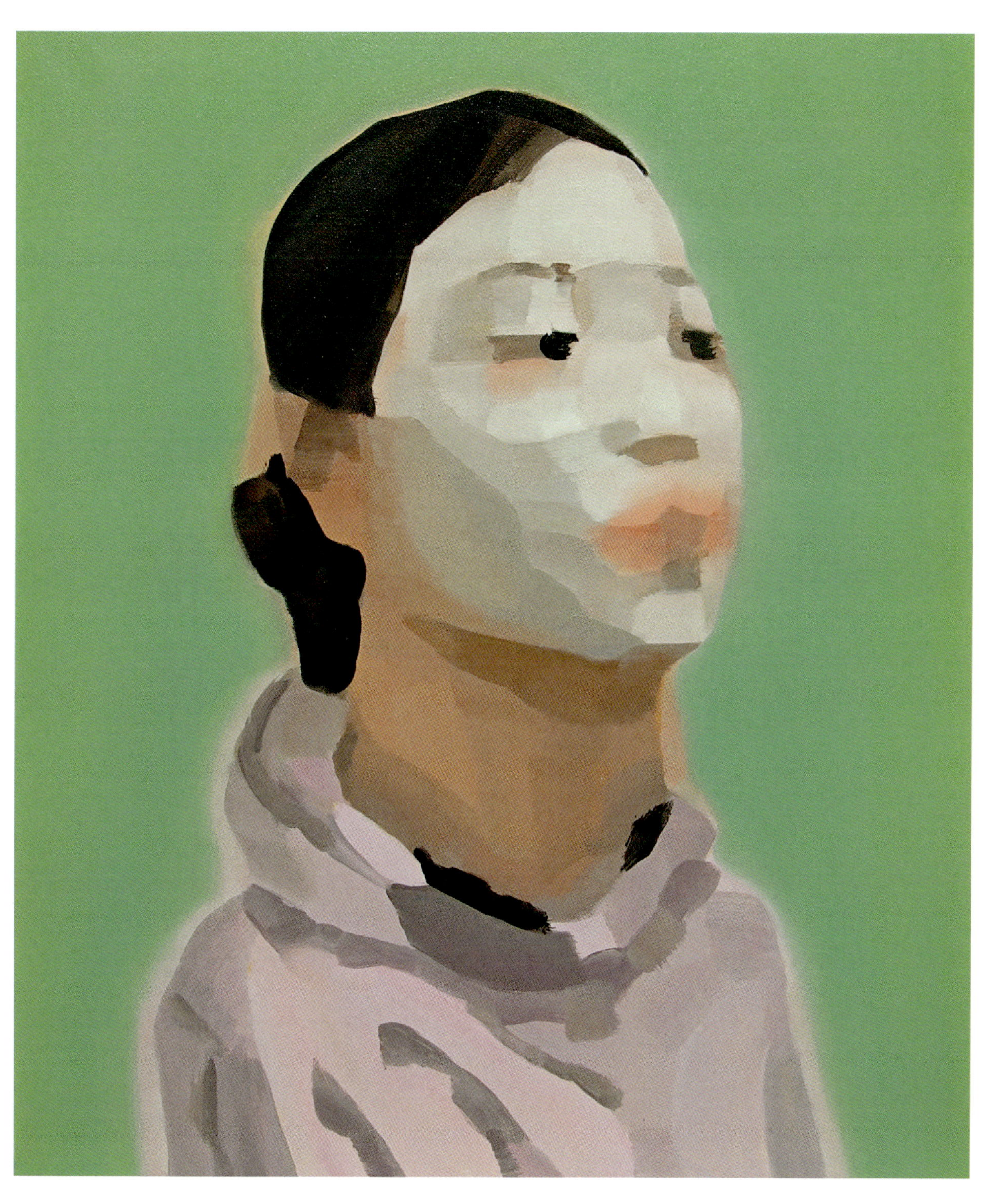

Portrait N° 6, 2008
Huile sur toile / Oil on canvas
81 × 65 cm / 31 ⅞ × 25 ⅝ inches

Chinese nudes
Chinese nudes

2011-2014

Critique de nus

Bare critique

Wang Keping

La peinture de nu semble être un tabou dans les dictatures. Bien que les puissants jouissent de leur sexualité en toute impunité, le peuple n'a pas le droit de l'exprimer dans l'art du nu. Ai Weiwei ose appuyer là où le bât blesse, et déclare la guerre à l'ignorance en se montrant nu, entouré de quatre courageuses femmes également dénudées. Cette action a inspiré une quête de liberté en Chine. En particulier, certains jeunes, en dépit de tous les obstacles, ont rejoint Ai Weiwei en montrant leur photo de nus sur Internet.

En tant que peintre chinoise vivant à Paris, LiFang a immortalisé cet événement historique avec son pinceau. Avec ses couleurs uniques, un langage qui lui est propre, et sa peinture à l'huile, LiFang s'approprie et donne un nouvel éclat aux images d'Ai Weiwei et de ceux qui le soutiennent. Elle participe à cette vague de lutte des artistes chinois pour la liberté. Elle possède, donc, à la fois le sens de la modernité et celui de l'Histoire.

The nude appears to be taboo in dictatorships. The rich and powerful can enjoy pleasures of the flesh in all impunity, yet do not allow people to depict the nude in art. Ai Weiwei hits where it hurts and declares war against idiocy with his and four courageous women's naked bodies, awakening people's desire and thirst for freedom. Especially the desire of people like certain brave Chinese youth who dare show their nude photos online in order to join Ai Weiwei's ranks.

As a Chinese painter living in Paris, LiFang immortalized this historic event with her brush. With her unique palette and truly singular visual language, LiFang captures and gives new lustre to the images of Ai Weiwei and the people who support him. With her work, she joins these Chinese artists' struggle for freedom with a sense of both modernity and history.

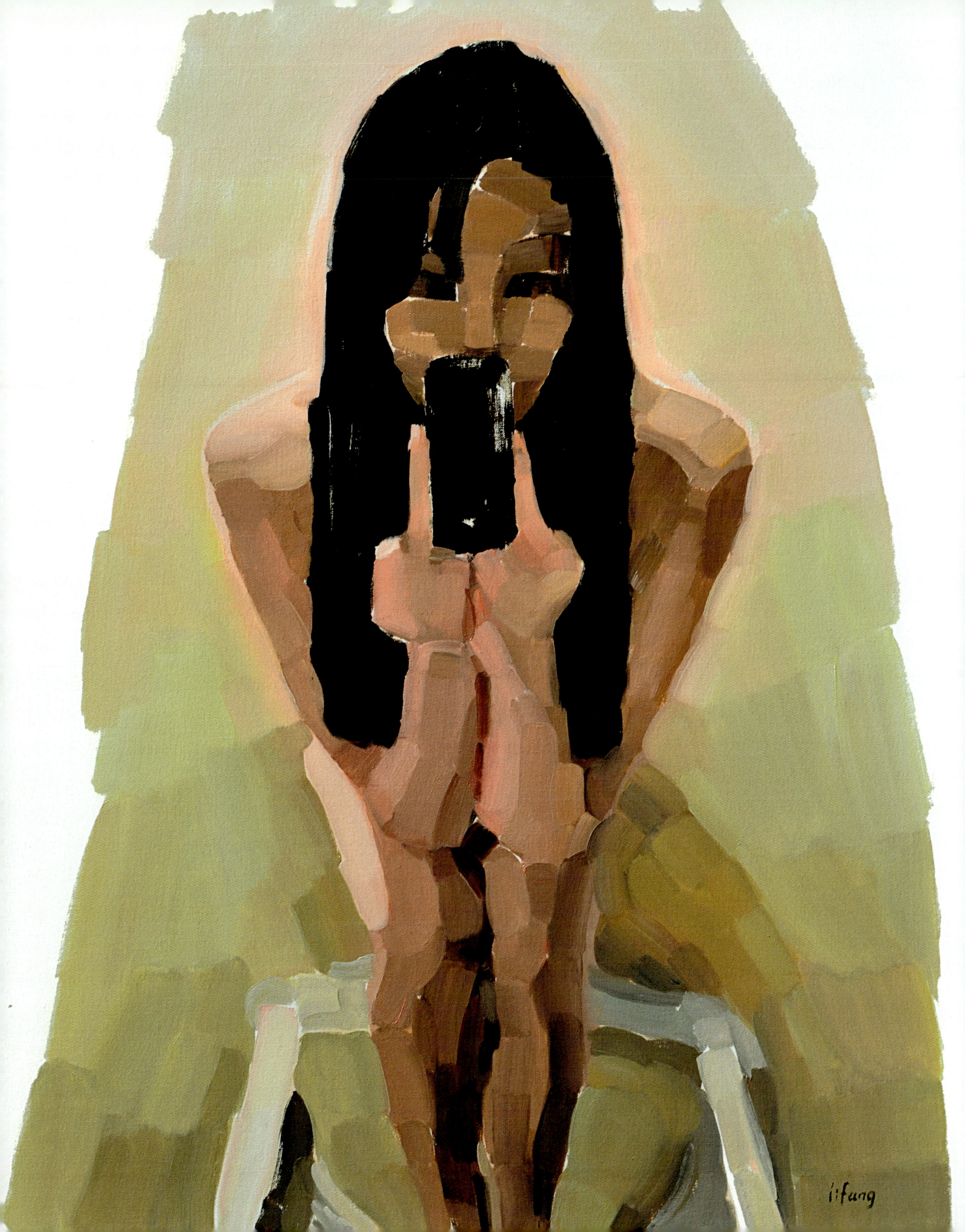

lifang

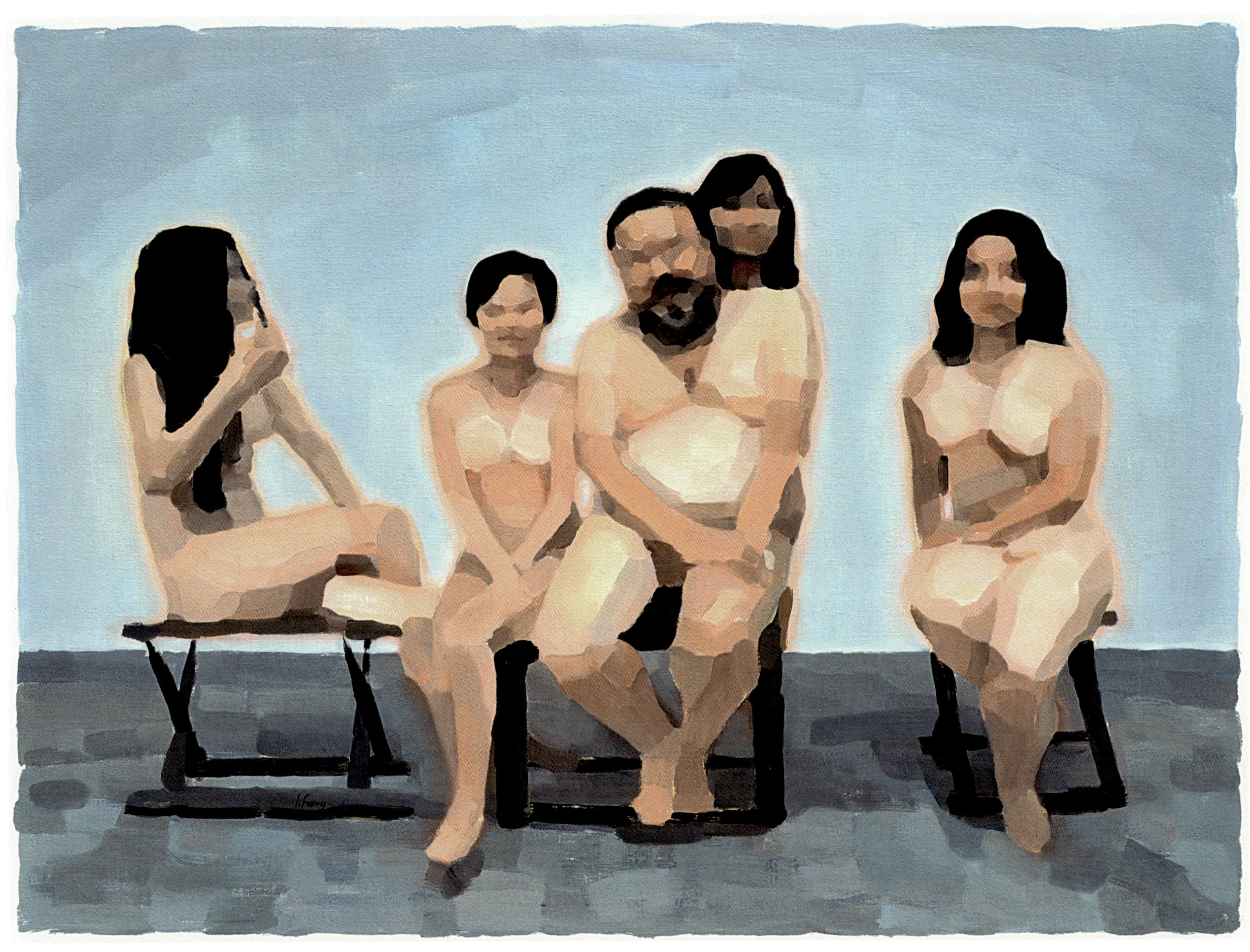

Page précédente / Previous page

Chinese nudes N° 7, 2011
Huile sur toile / Oil on canvas
92 × 73 cm / 36 ¼ × 28 ¾ inches
Collection du musée Cernuschi / Musée Cernuschi's collection

Ai Weiwei and four women N° 3, 2011
Huile sur toile / Oil on canvas
97 × 130 cm / 38 ¼ × 51 ⅛ inches

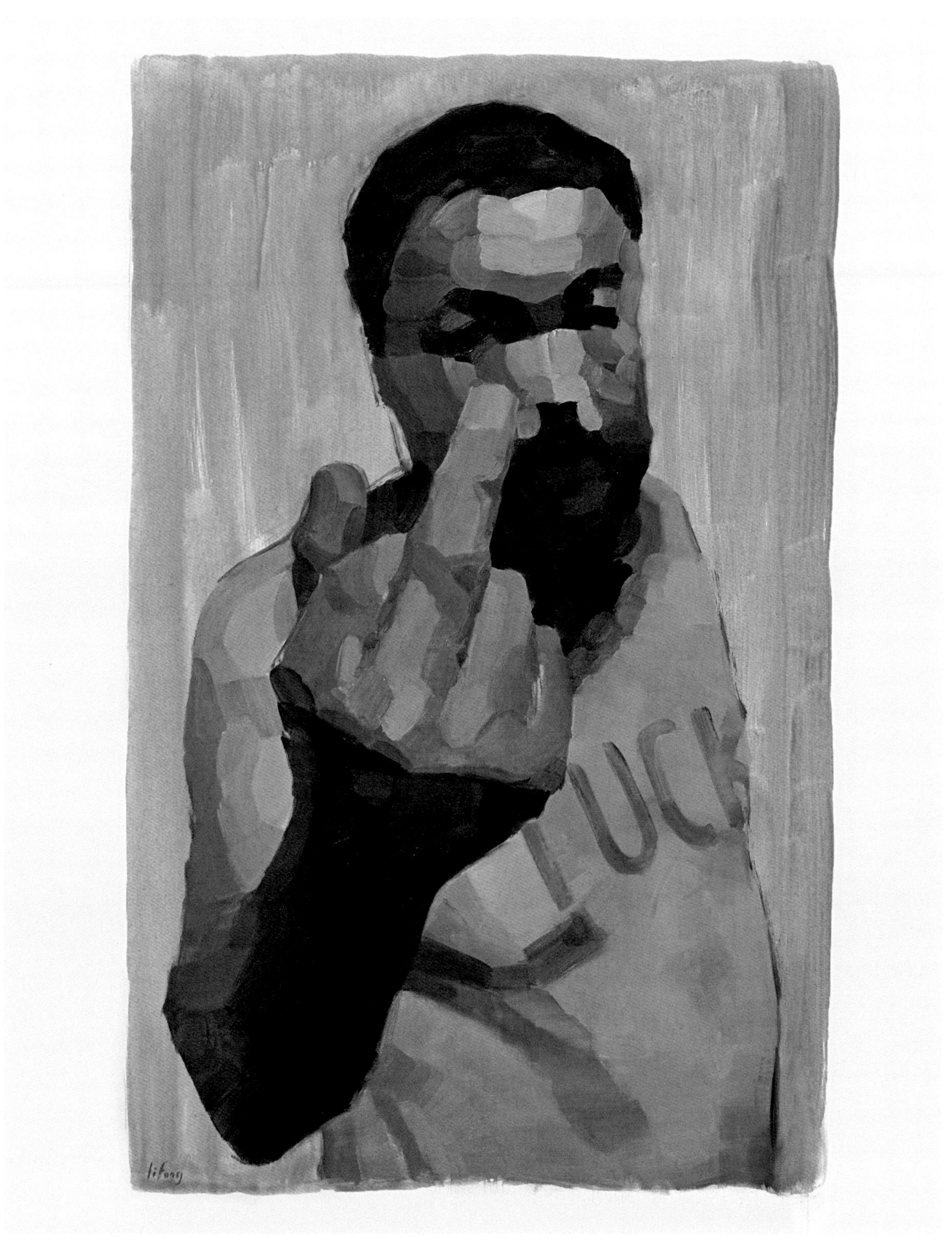

Ai Weiwei's salutations N° 1, 2013
Huile sur toile / Oil on canvas
116 × 89 cm / 45 ⅝ × 35 inches

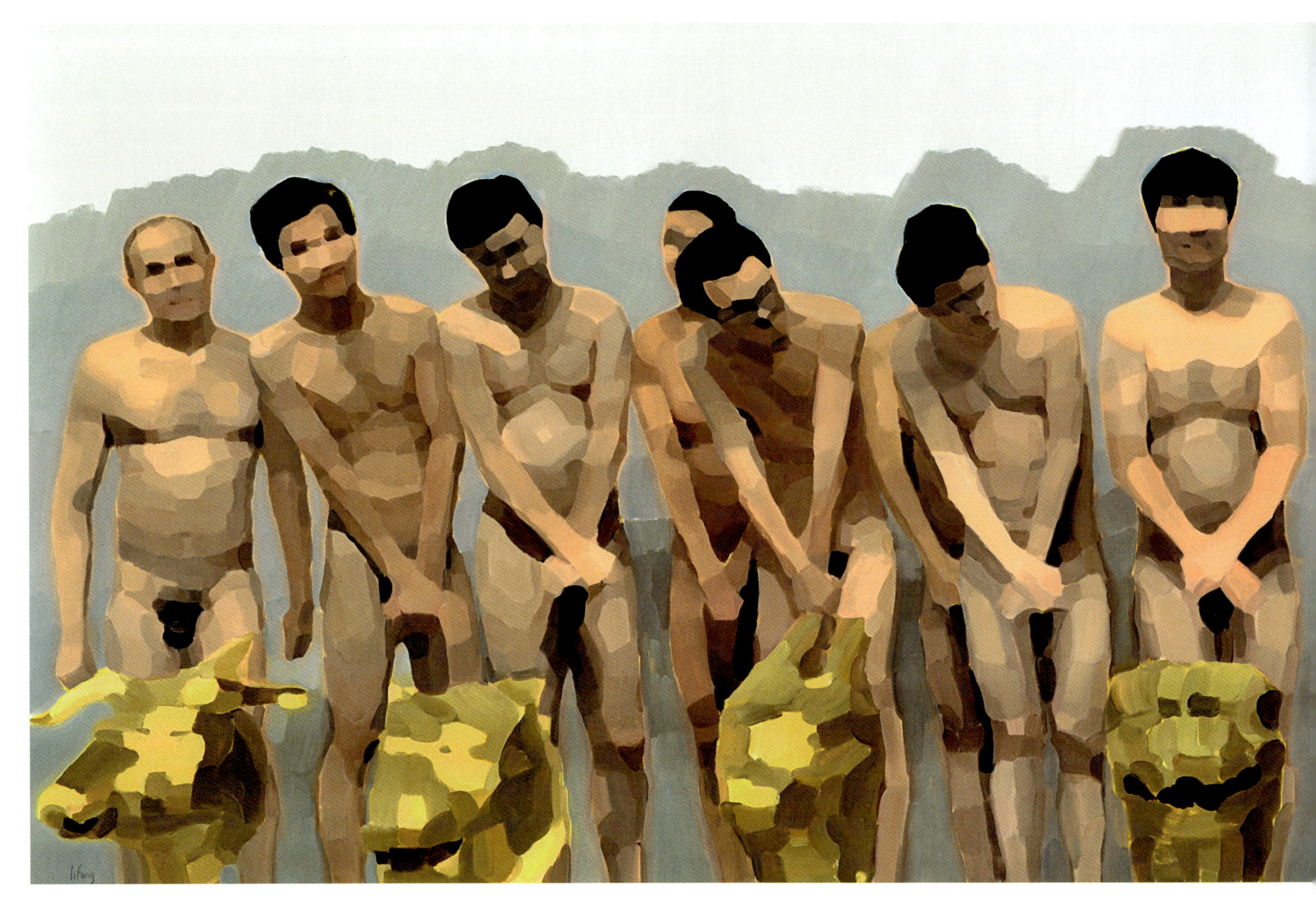

Ai Weiwei and the other fourteen men, 2014
Huile sur toile / Oil on canvas
Diptyque 130 × 390 cm / Diptych 51 ⅛ × 153 ½ inches

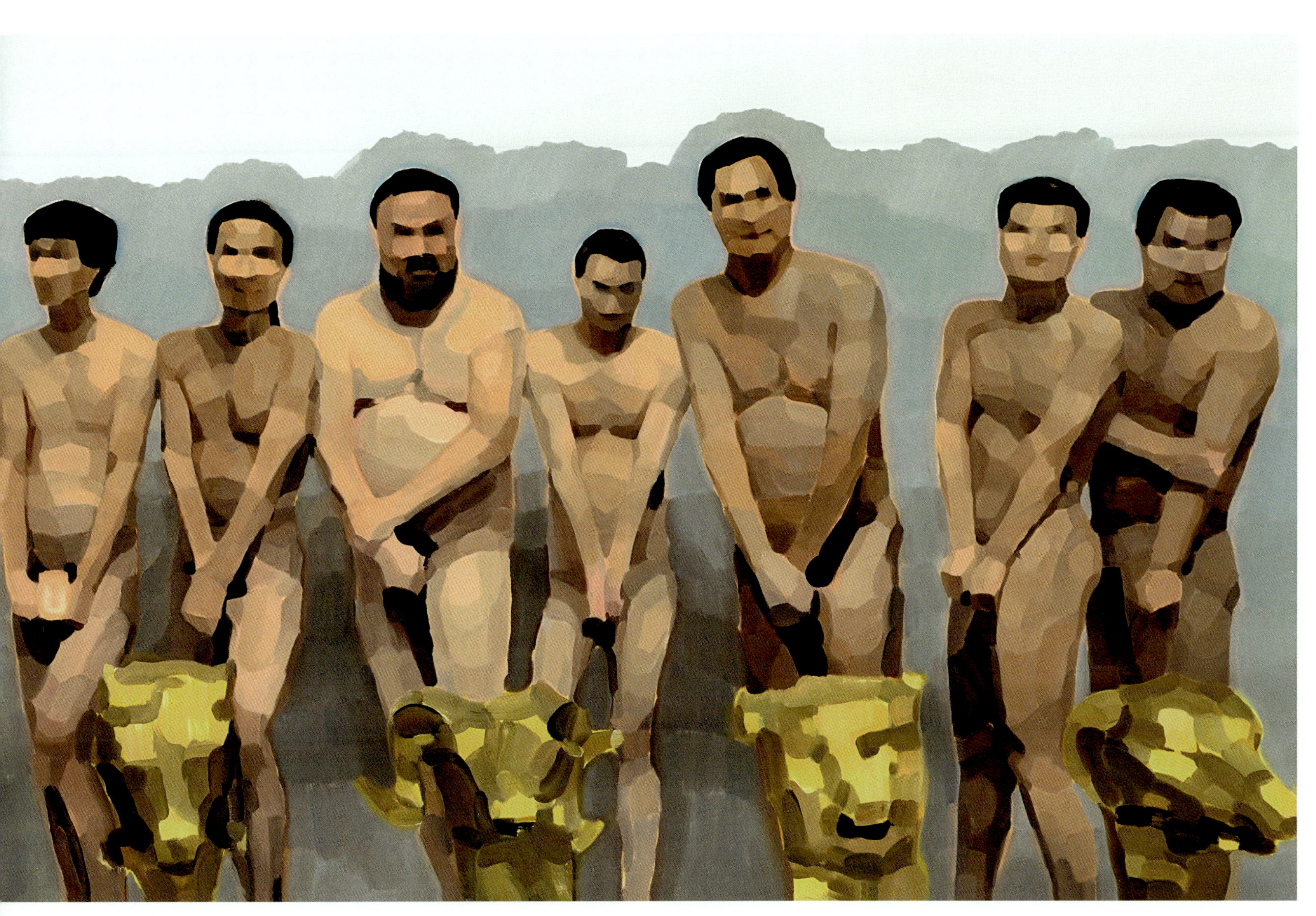

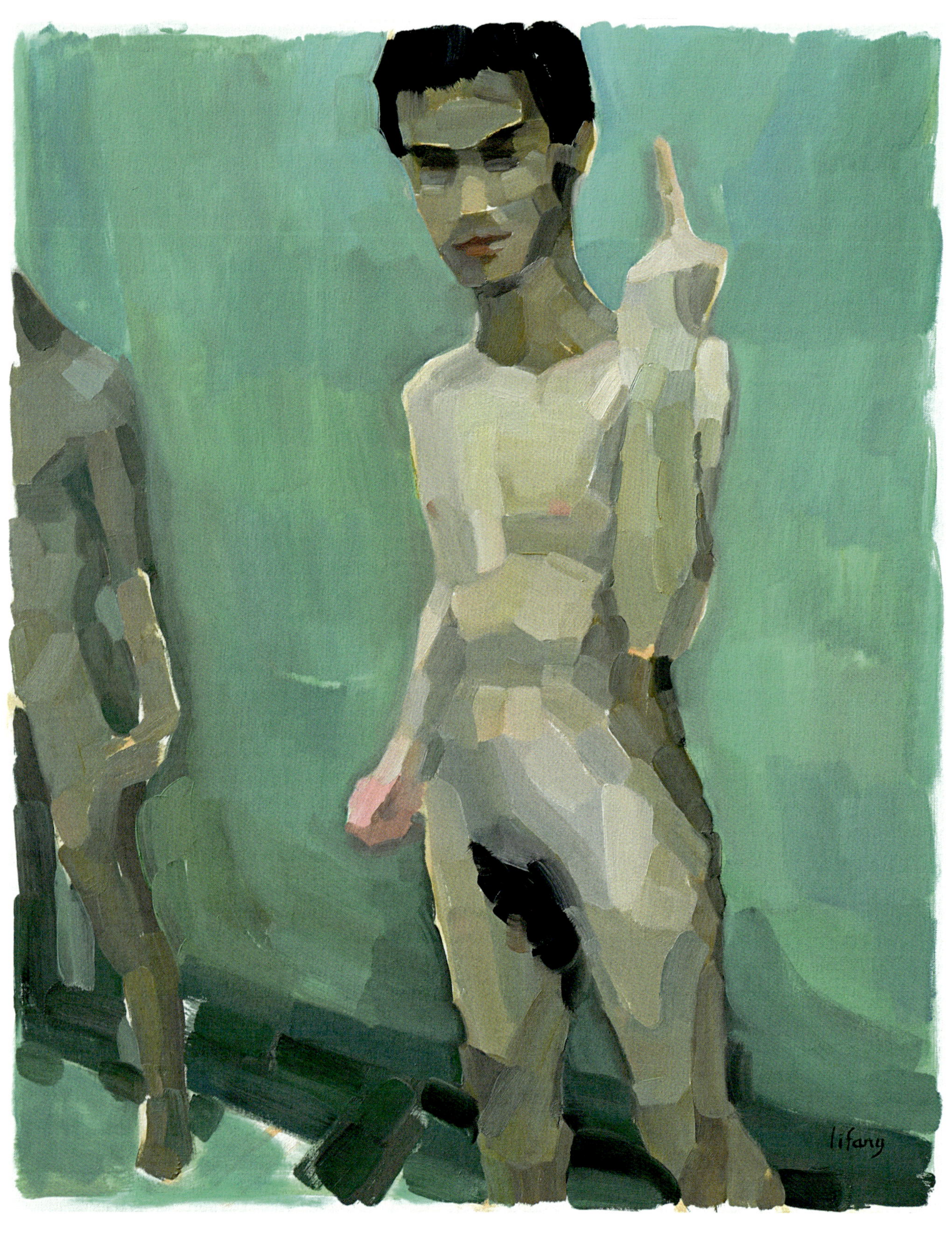

Chinese nudes N° 5, 2012
Huile sur toile / Oil on canvas
92 × 73 cm / 36 ¼ × 28 ¾ inches

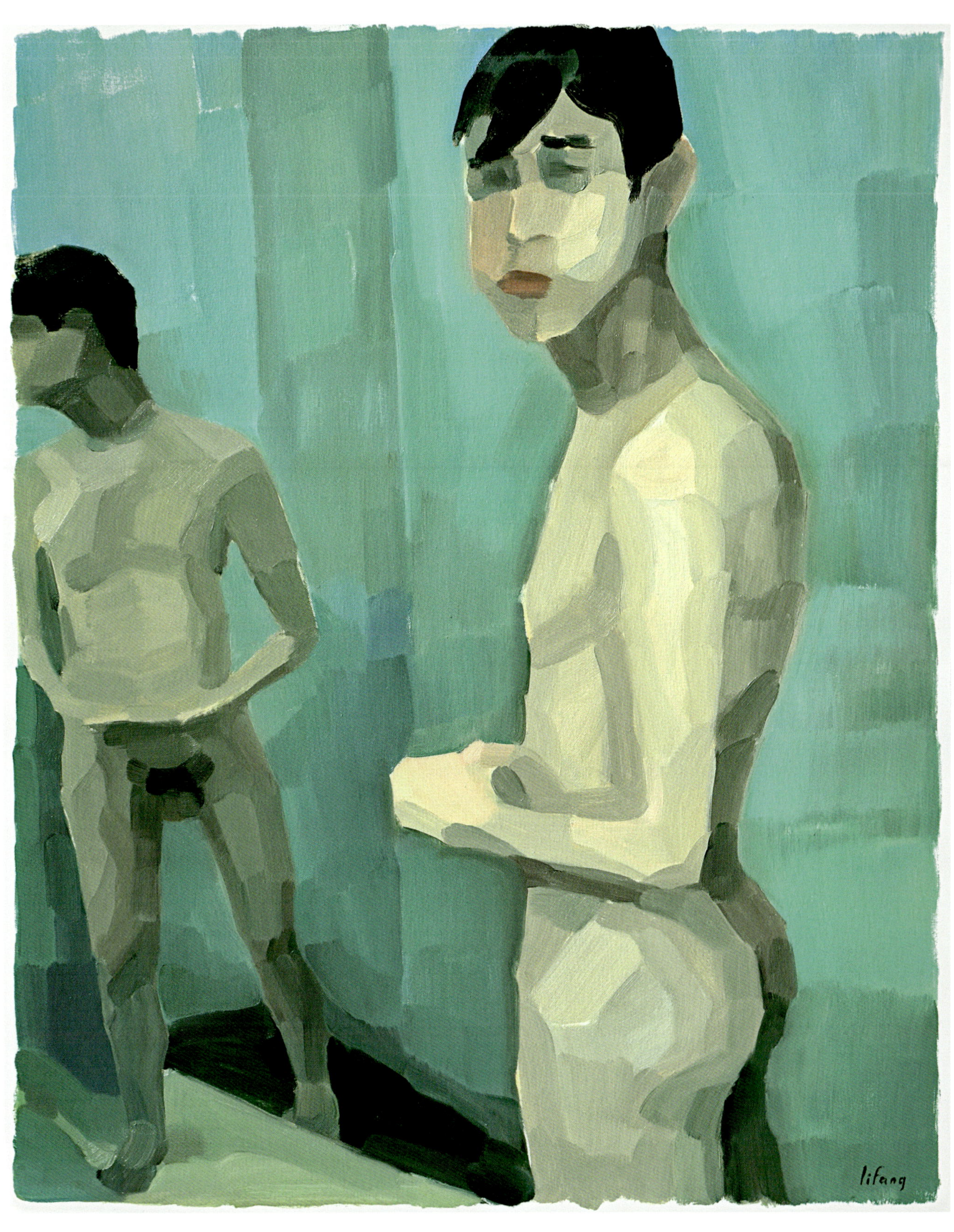

Chinese nudes N° 21, 2012
Huile sur toile / Oil on canvas
92 × 73 cm / 36 ¼ × 28 ¾ inches

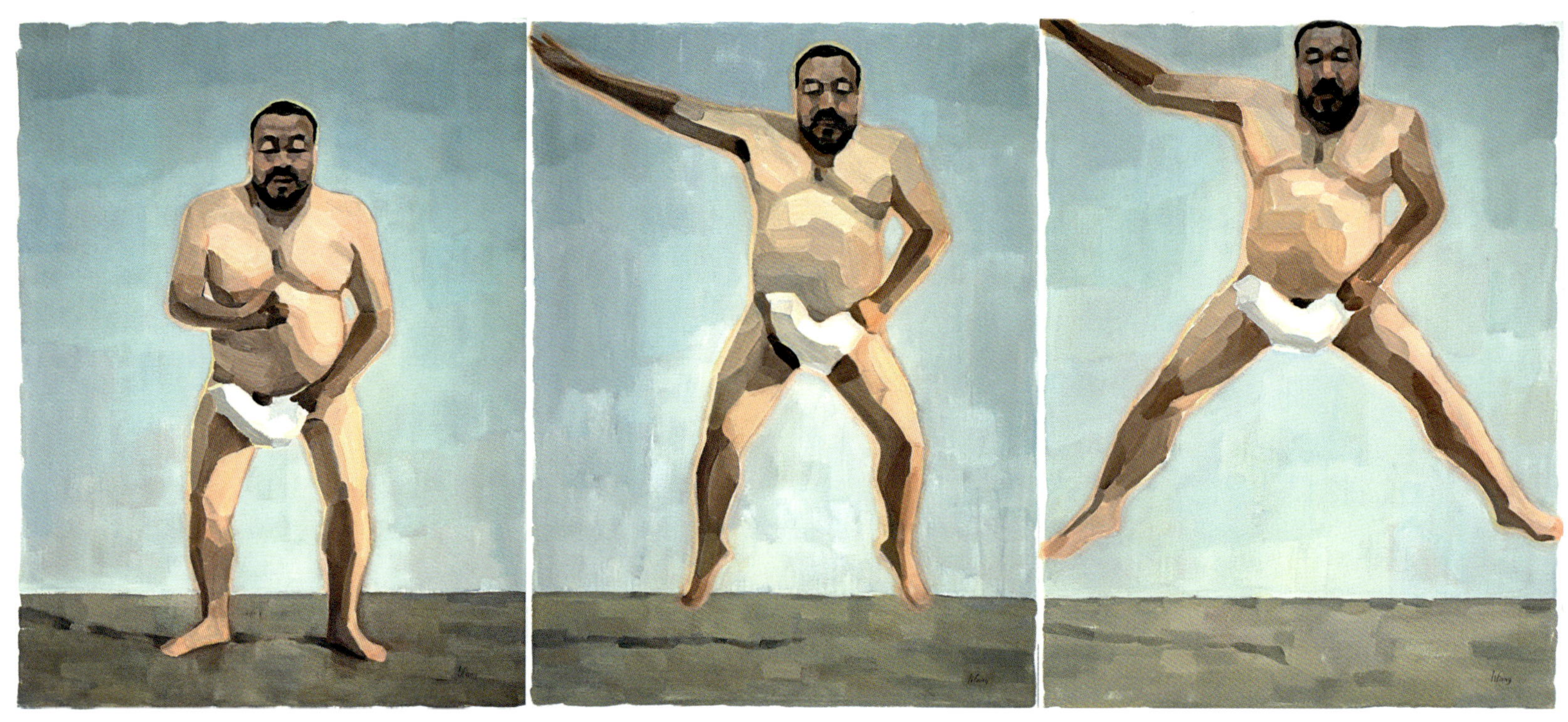

Ai Weiwei flying, 2014
Huile sur toile / Oil on canvas
Triptyque 130 × 300 cm / Triptych 51 ⅛ × 118 ⅛ inches

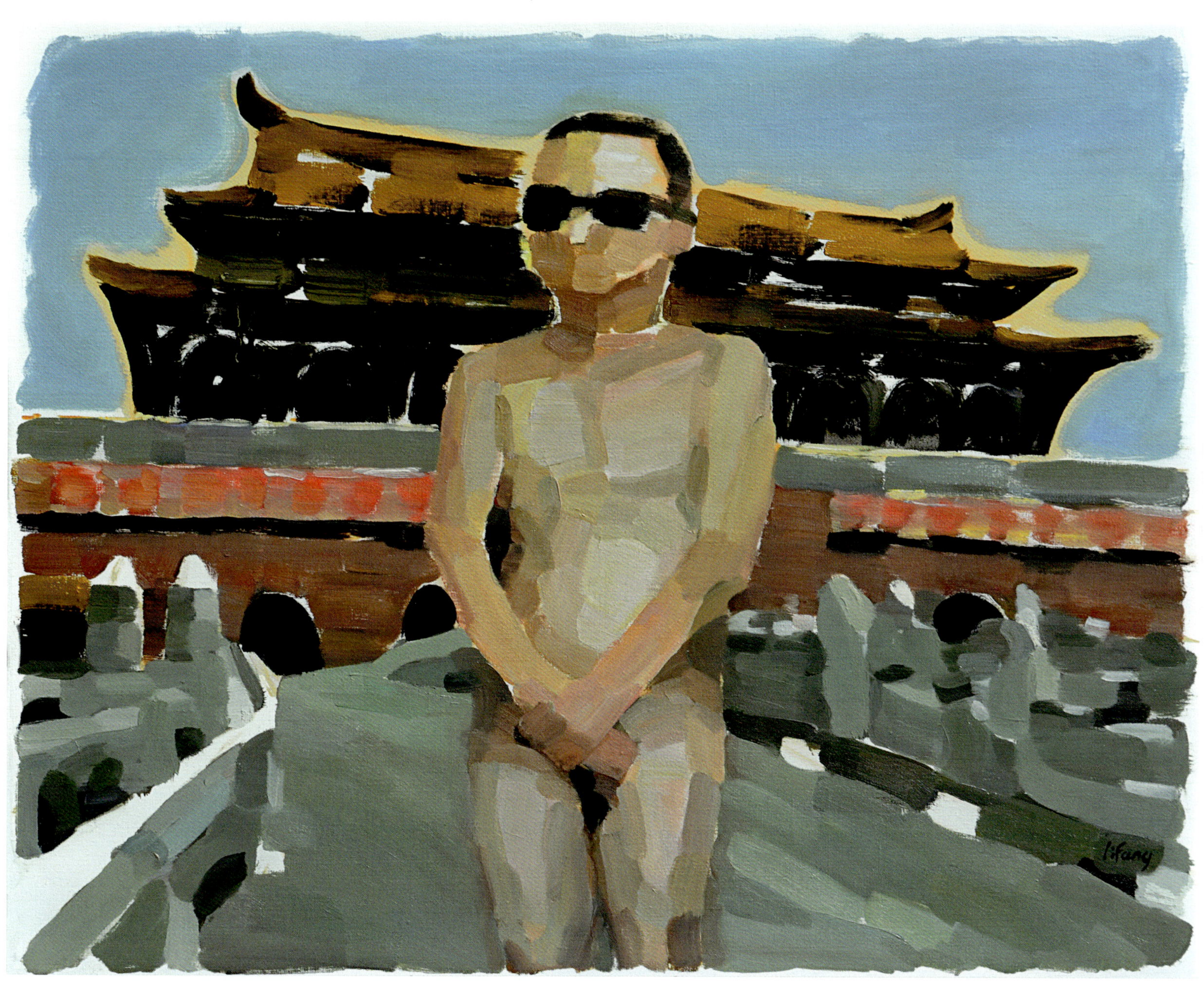

Chinese nudes N° 2, 2011
Huile sur toile / Oil on canvas
65 × 81 cm / 25 ⅝ × 31 ⅞ inches
Collection du musée Cernuschi / Musée Cernuschi's collection

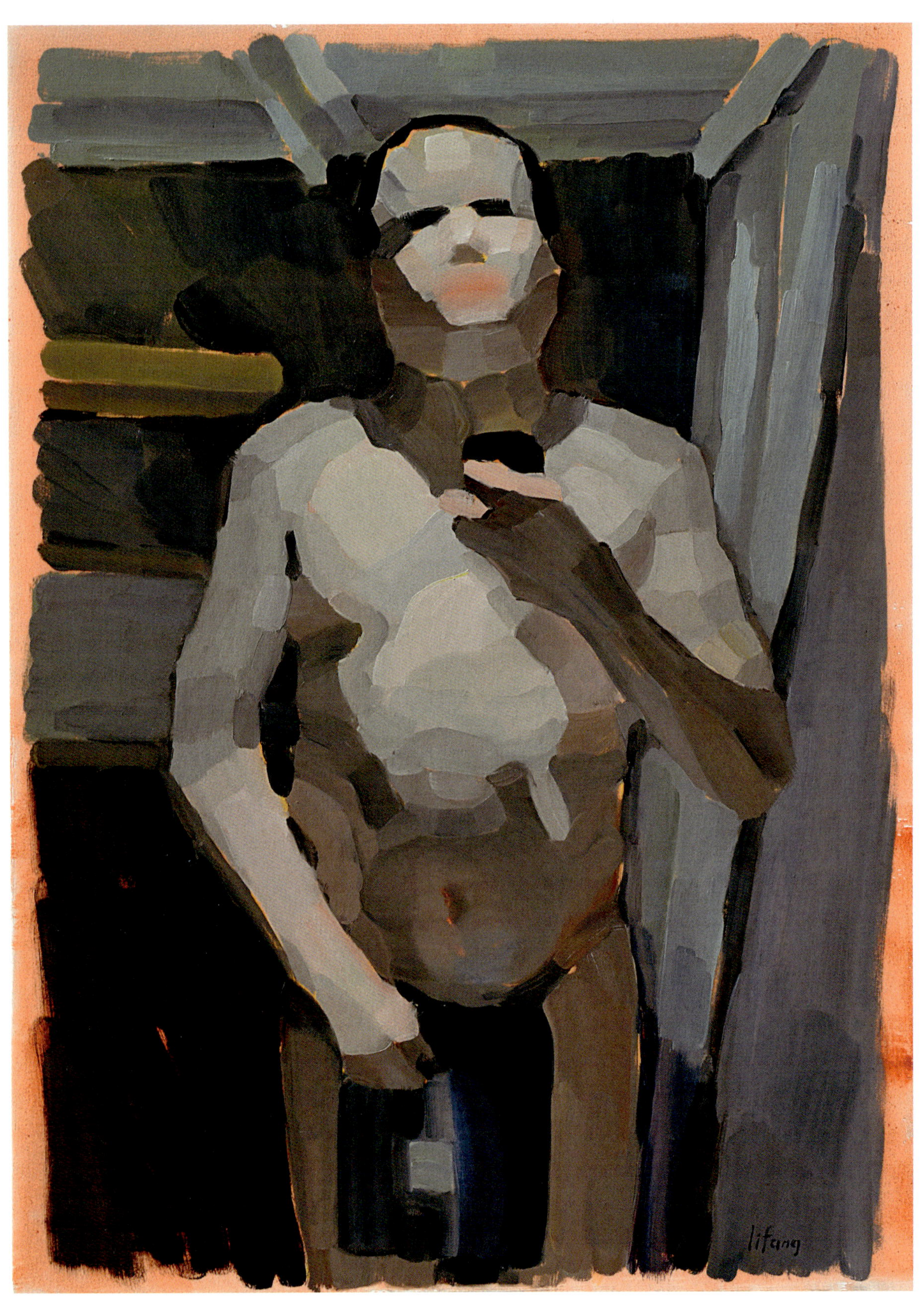

Chinese nudes N° 12, 2012
Huile sur toile / Oil on canvas
100 × 73 cm / 39 ⅜ × 28 ¾ inches

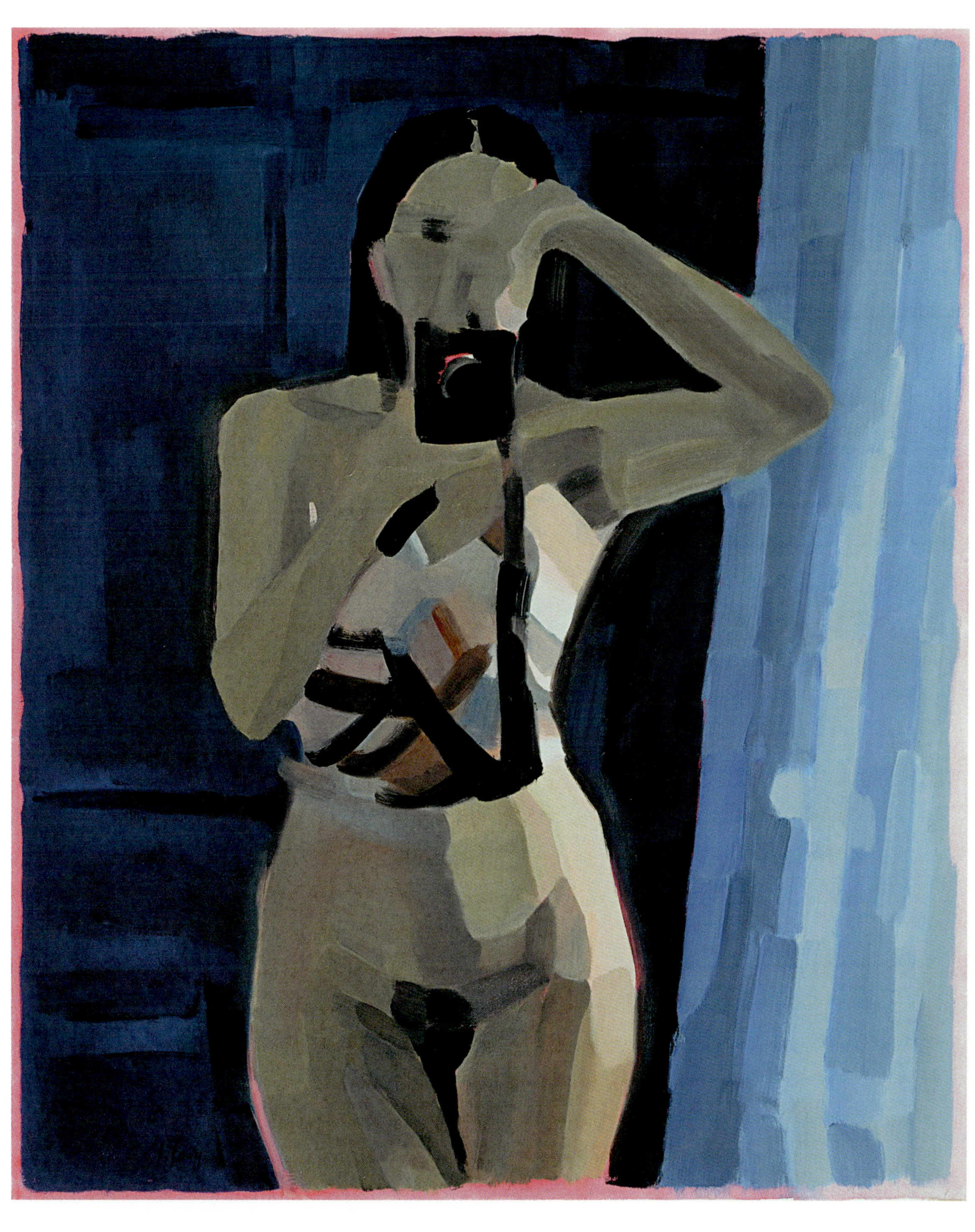

Chinese nudes N° 27, 2014
Huile sur toile / Oil on canvas
100 × 81 cm / 39 ⅜ × 31 ⅞ inches

Plages
Beaches

2008-2022

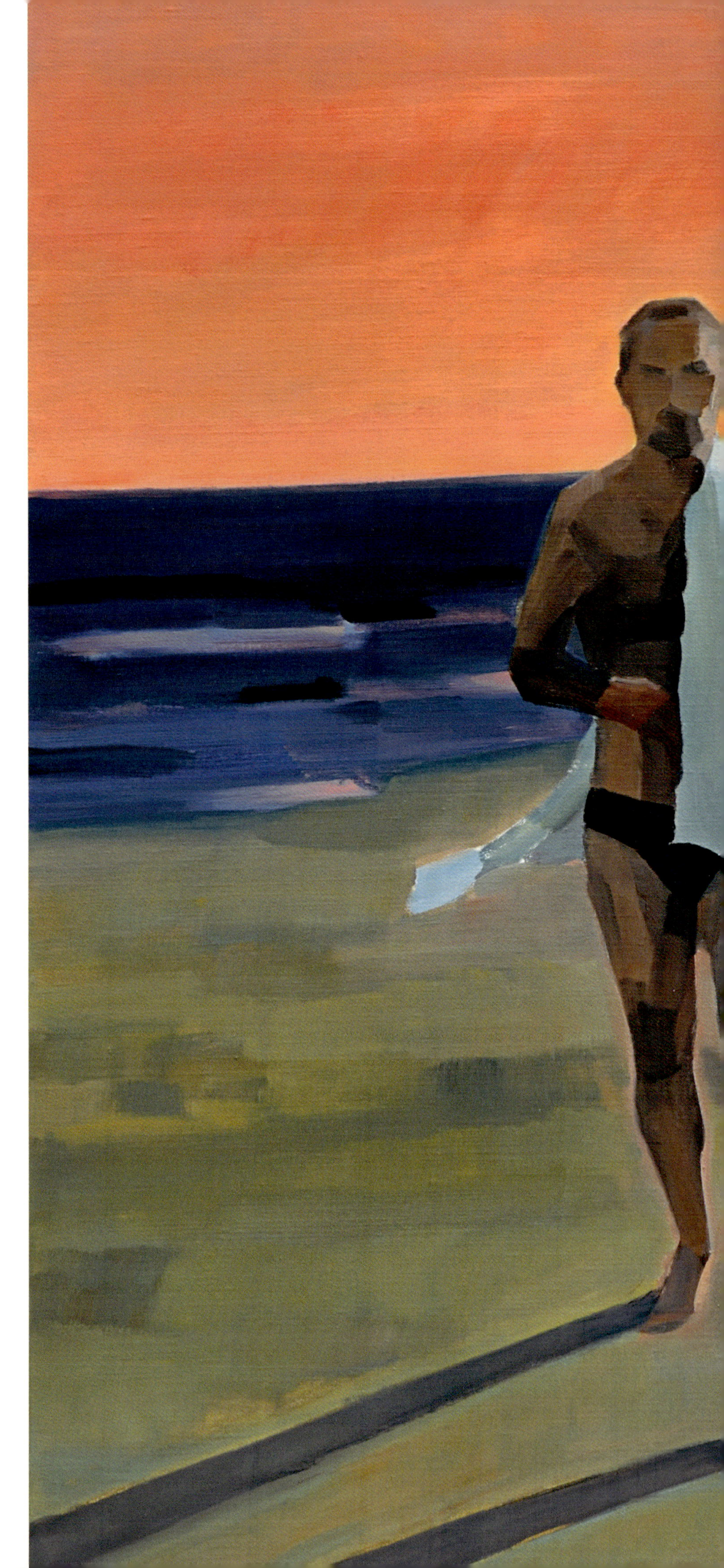

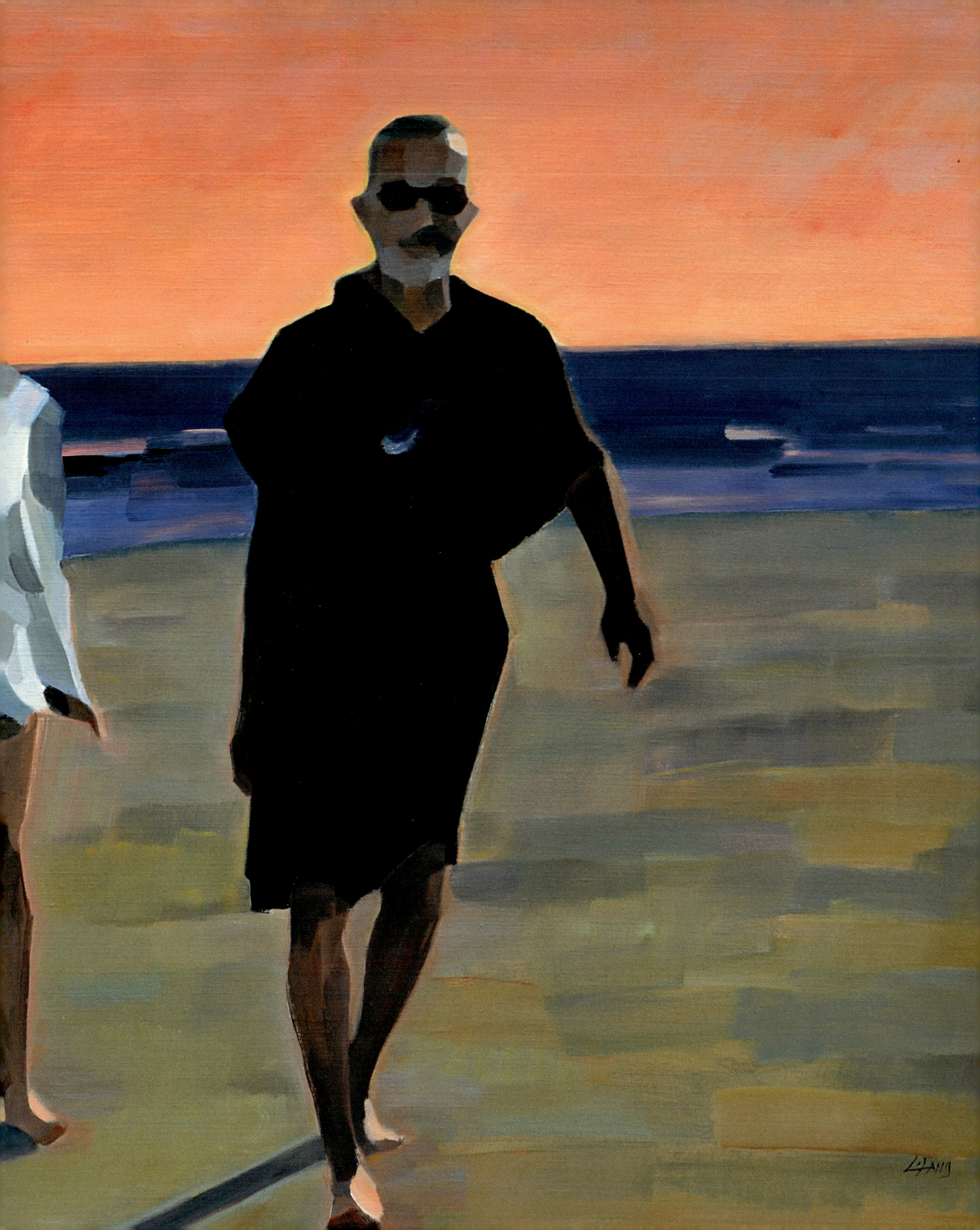

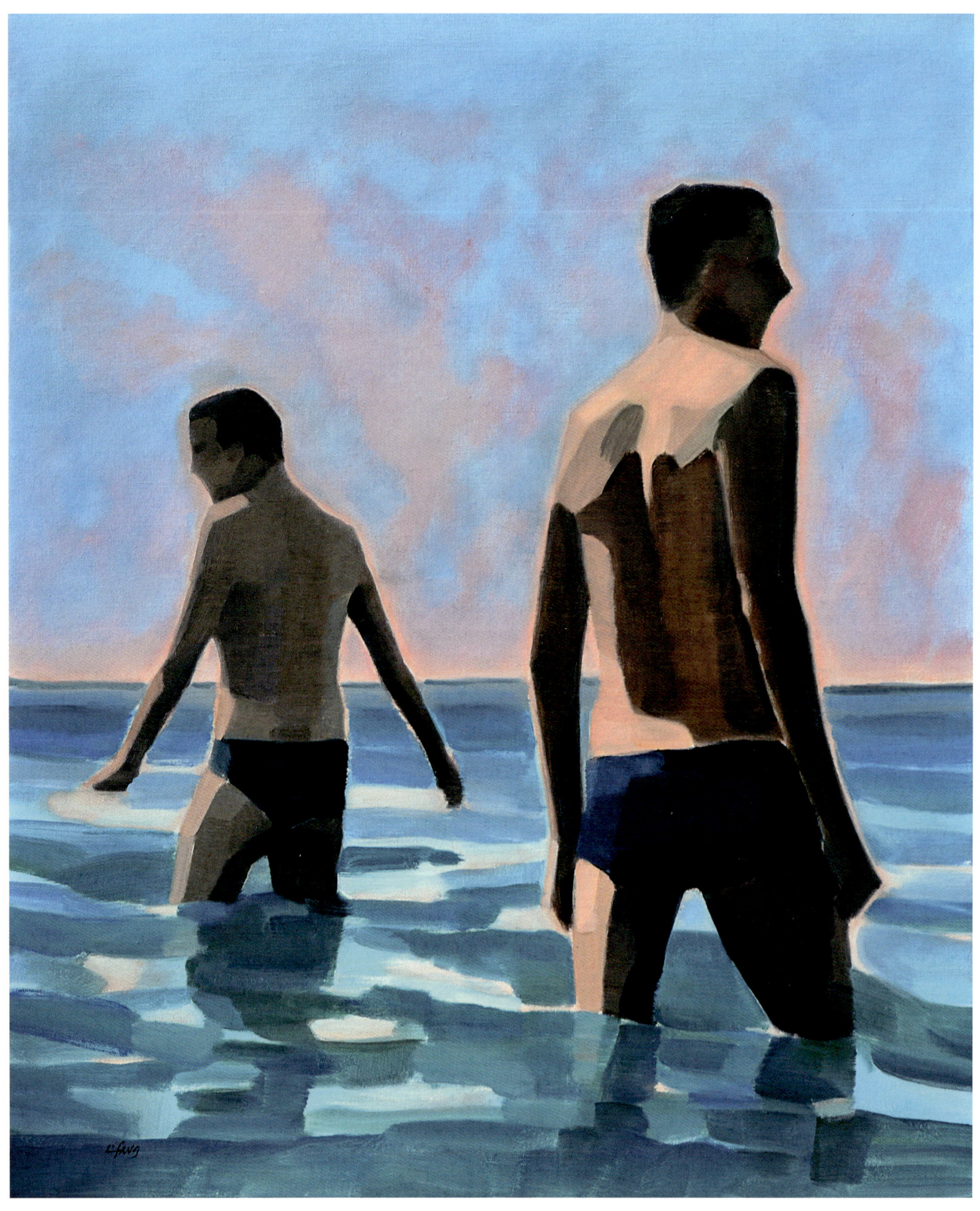

Pages précédentes / Previous pages

L'Homme et la mer N° 4, 2020
Huile sur toile / Oil on canvas
114 × 146 cm / 44 ⅞ × 57 ½ inches

L'Homme et la mer N° 2, 2019
Huile sur toile / Oil on canvas
100 × 81 cm / 39 ⅜ × 31 ⅞ inches

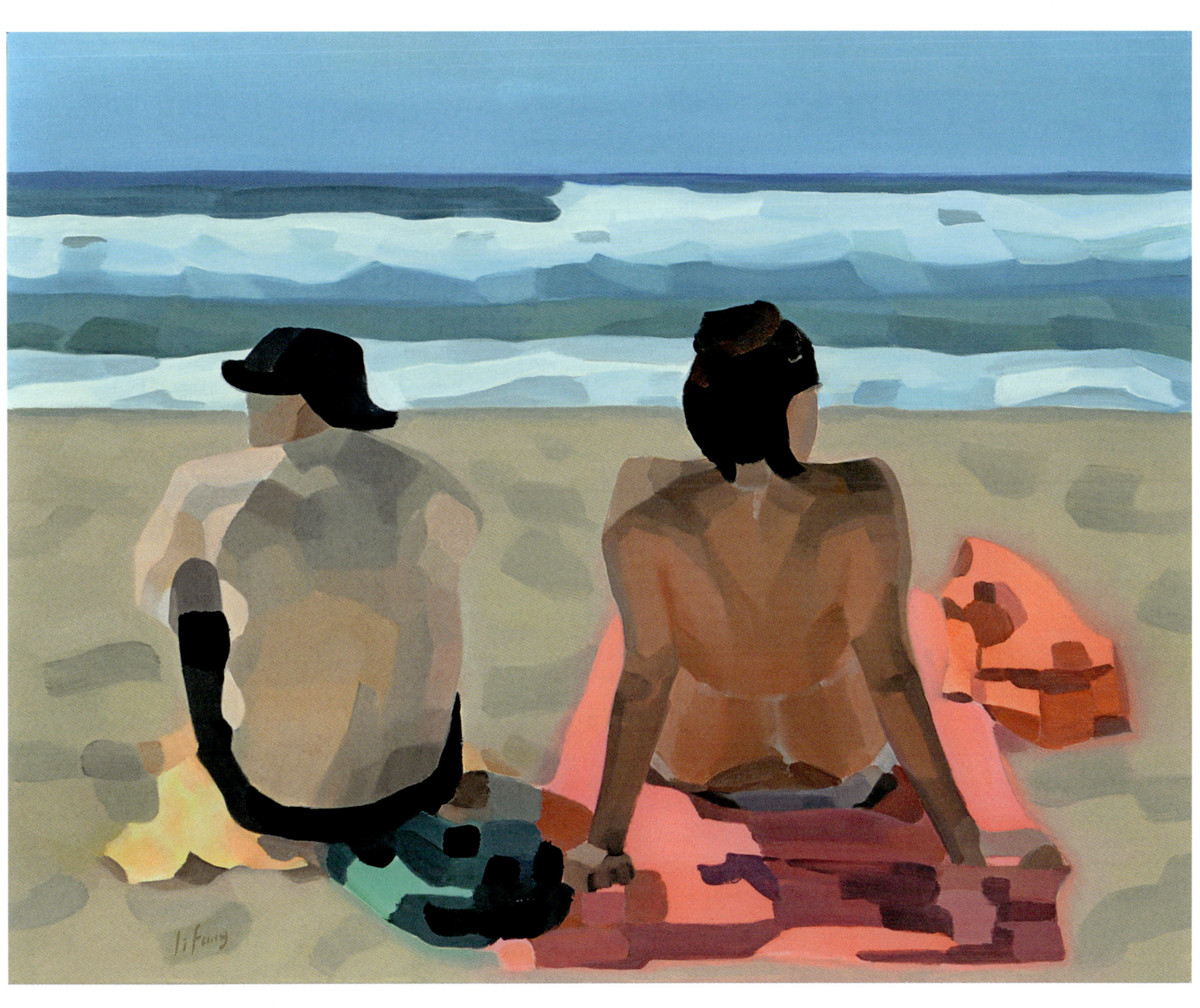

Plage N° 17, 2016
Huile sur toile / Oil on canvas
81 × 100 cm / 31 ⅞ × 39 ⅜ inches

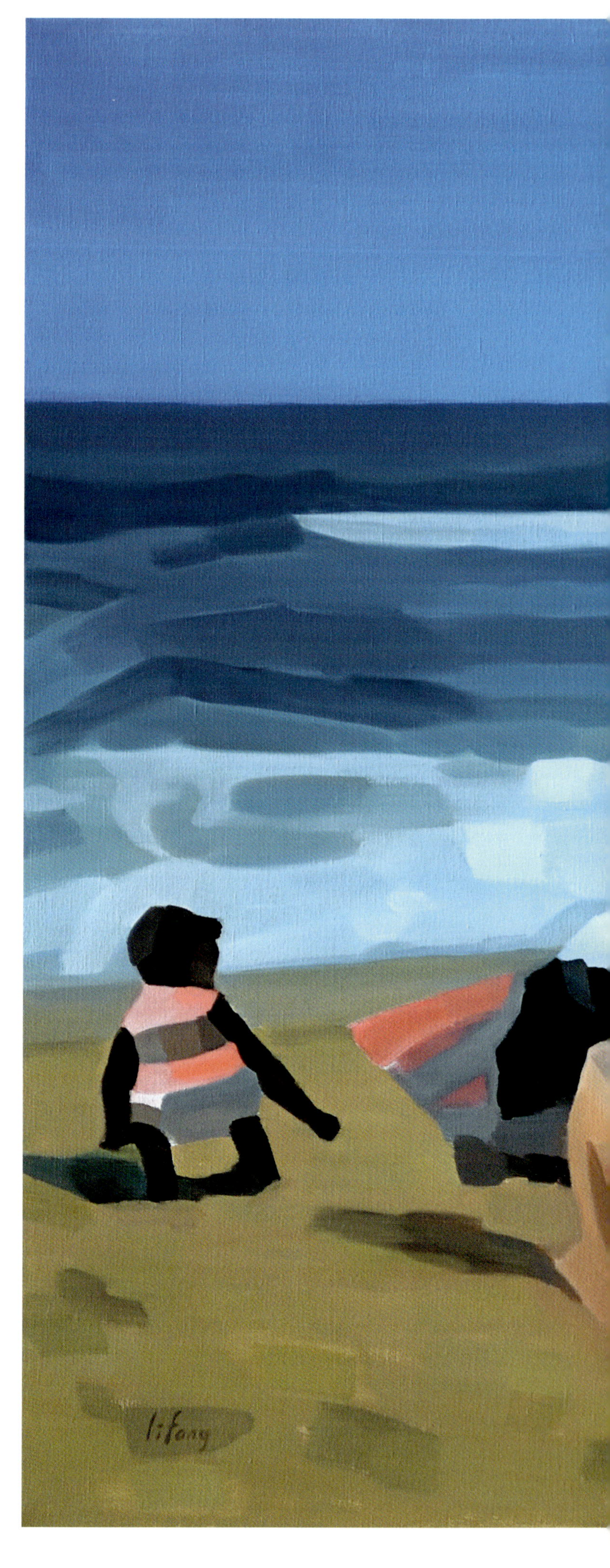

Plage N° 21, 2016
Huile sur toile / Oil on canvas
130 × 162 cm / 51 ⅛ × 63 ¾ inches

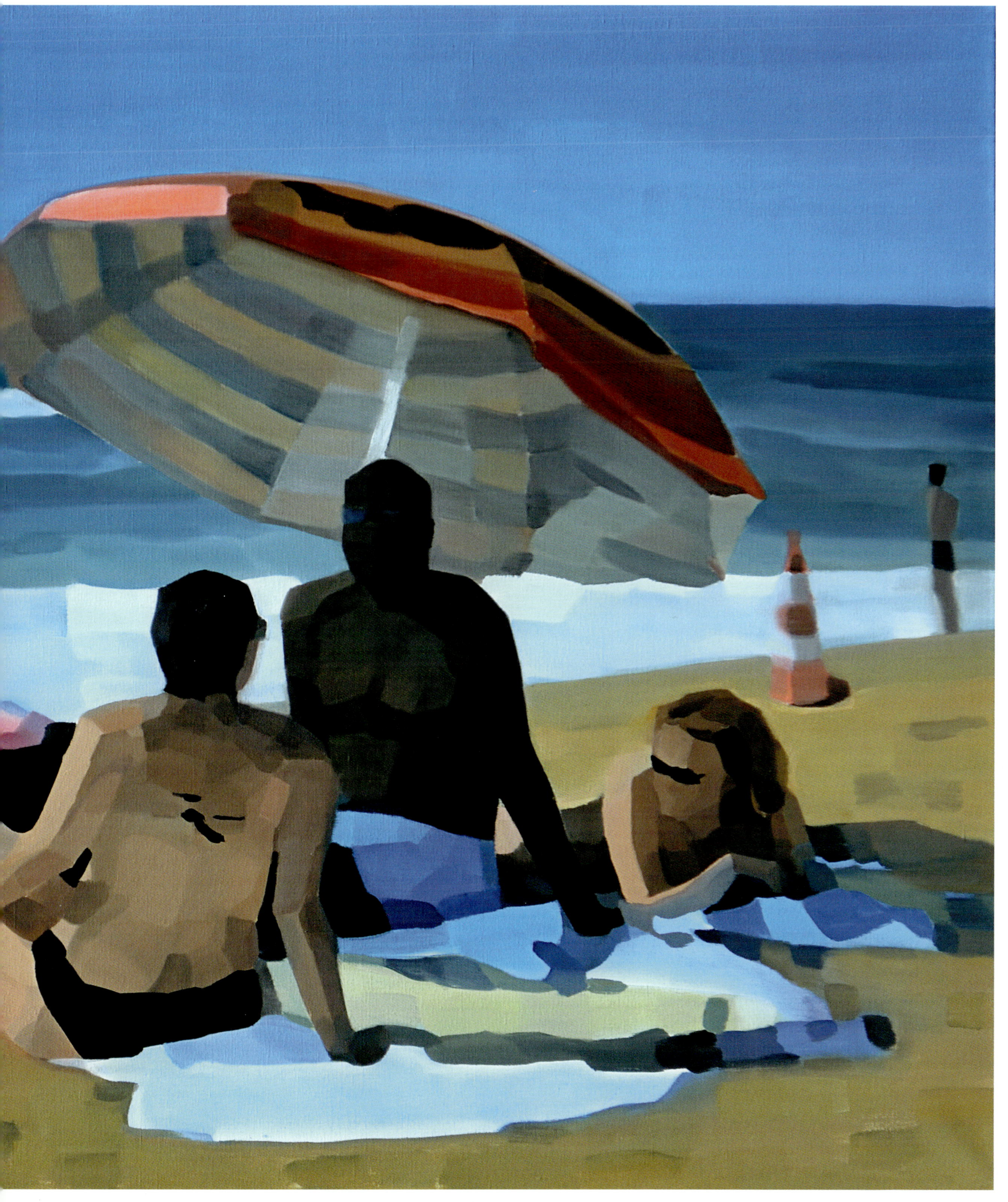

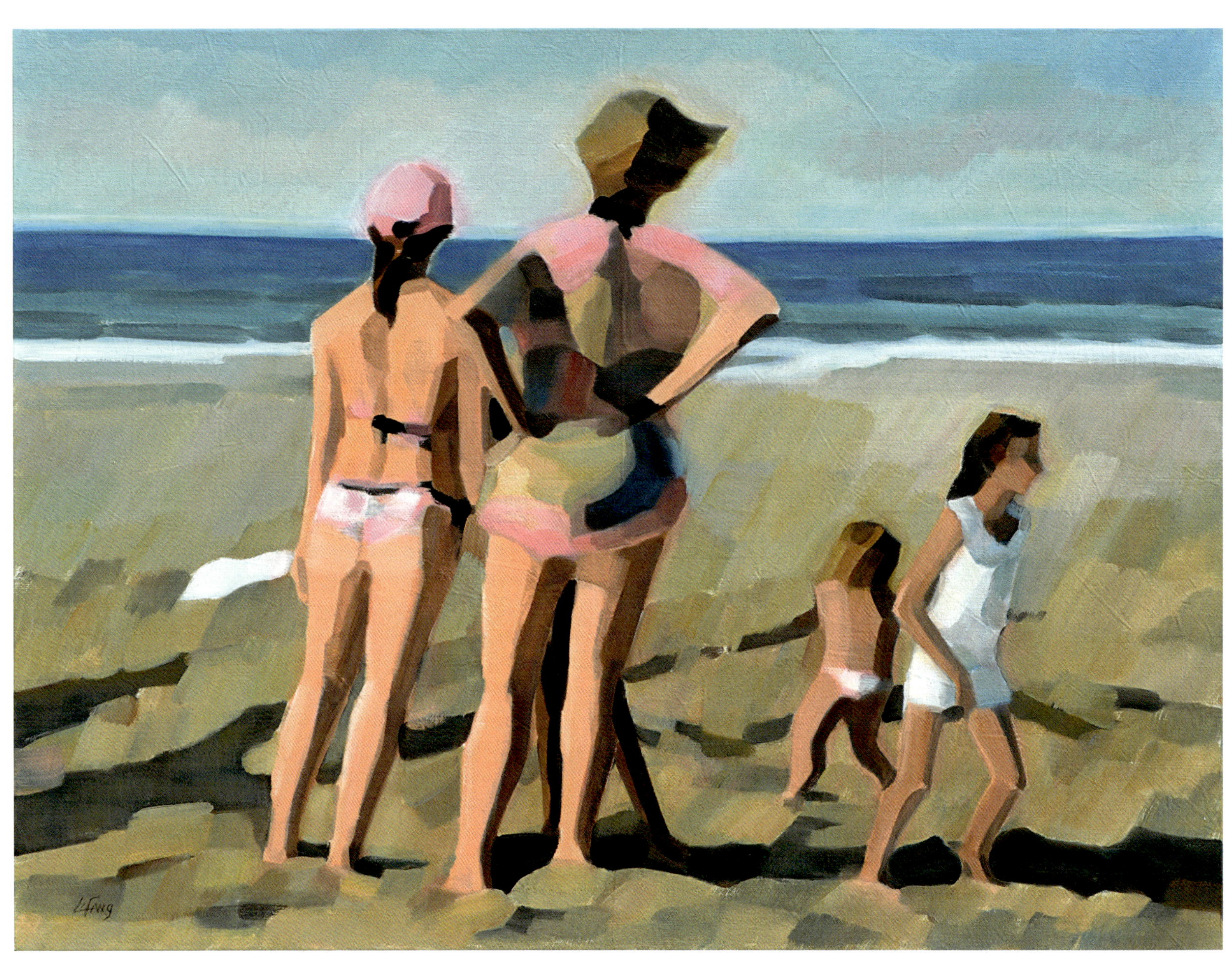

Plage N° 24, 2020
Huile sur toile / Oil on canvas
89 × 116 cm / 35 × 45 ⅝ inches

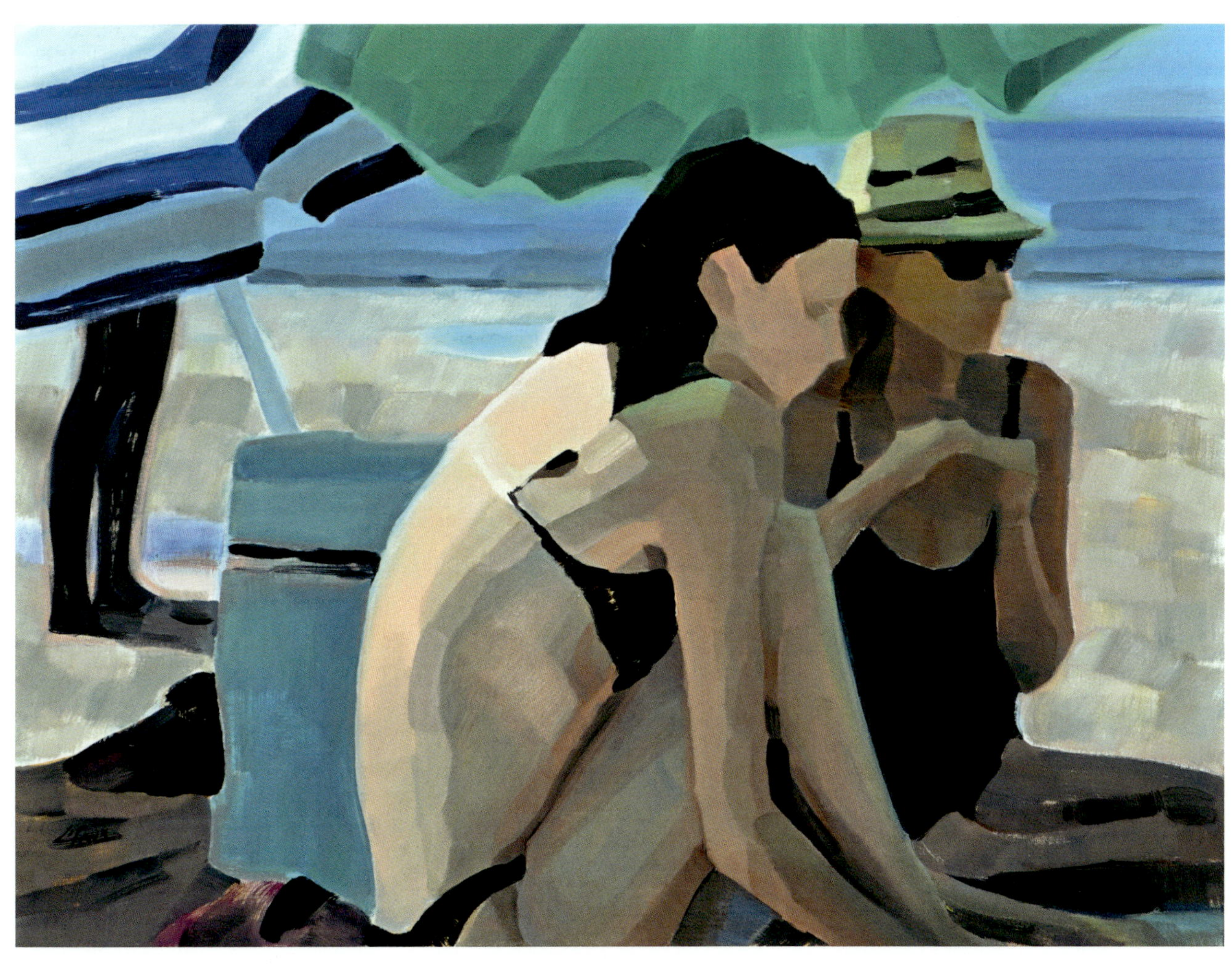

Plage de Soulac N° 1, 2021
Huile sur toile / Oil on canvas
89 × 116 cm / 35 × 45 ⅝ inches

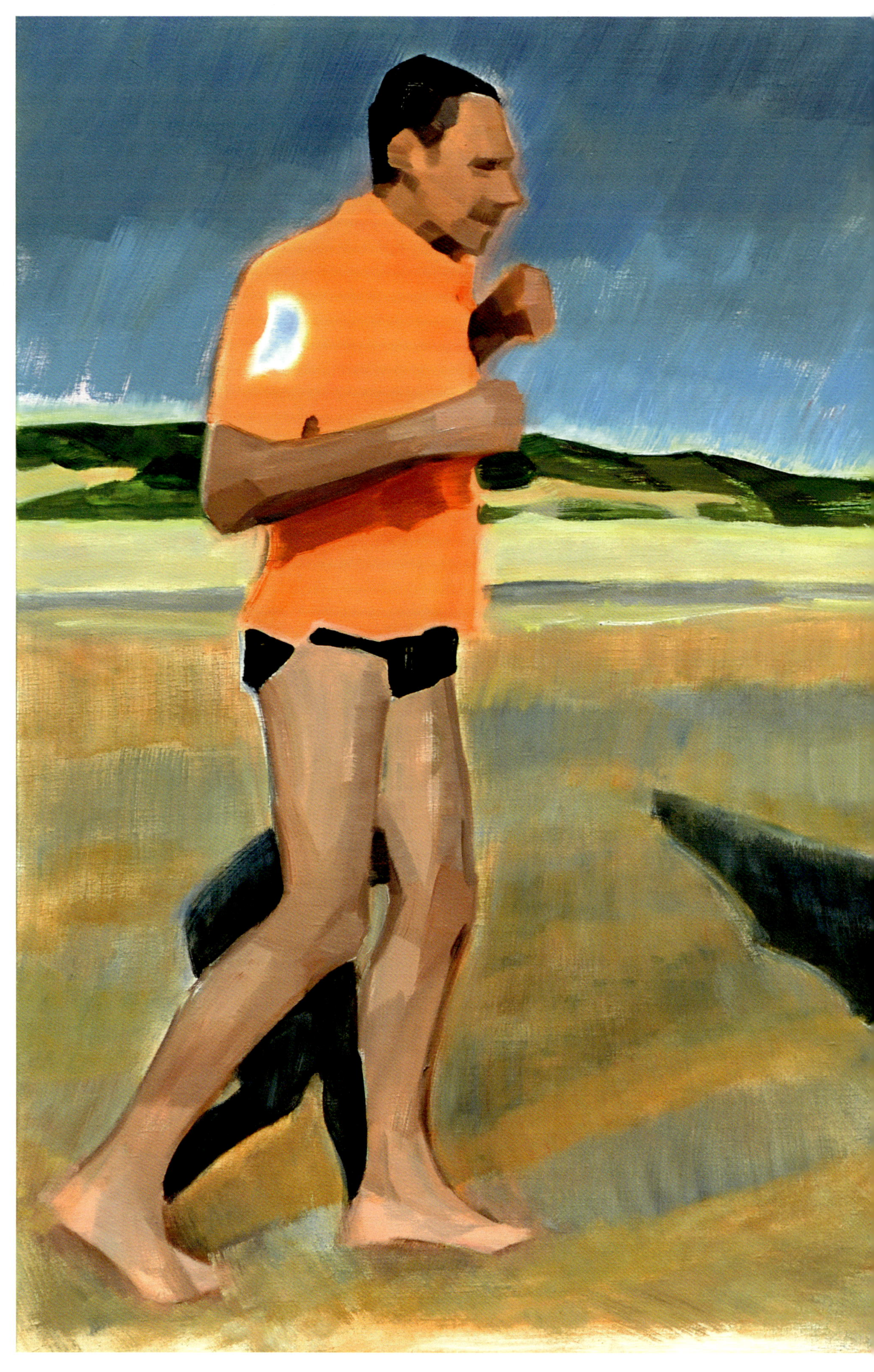

Plage d'Oléron N° 4, 2021
Huile sur toile / Oil on canvas
130 × 195 cm / 51 ⅛ × 76 ¾ inches

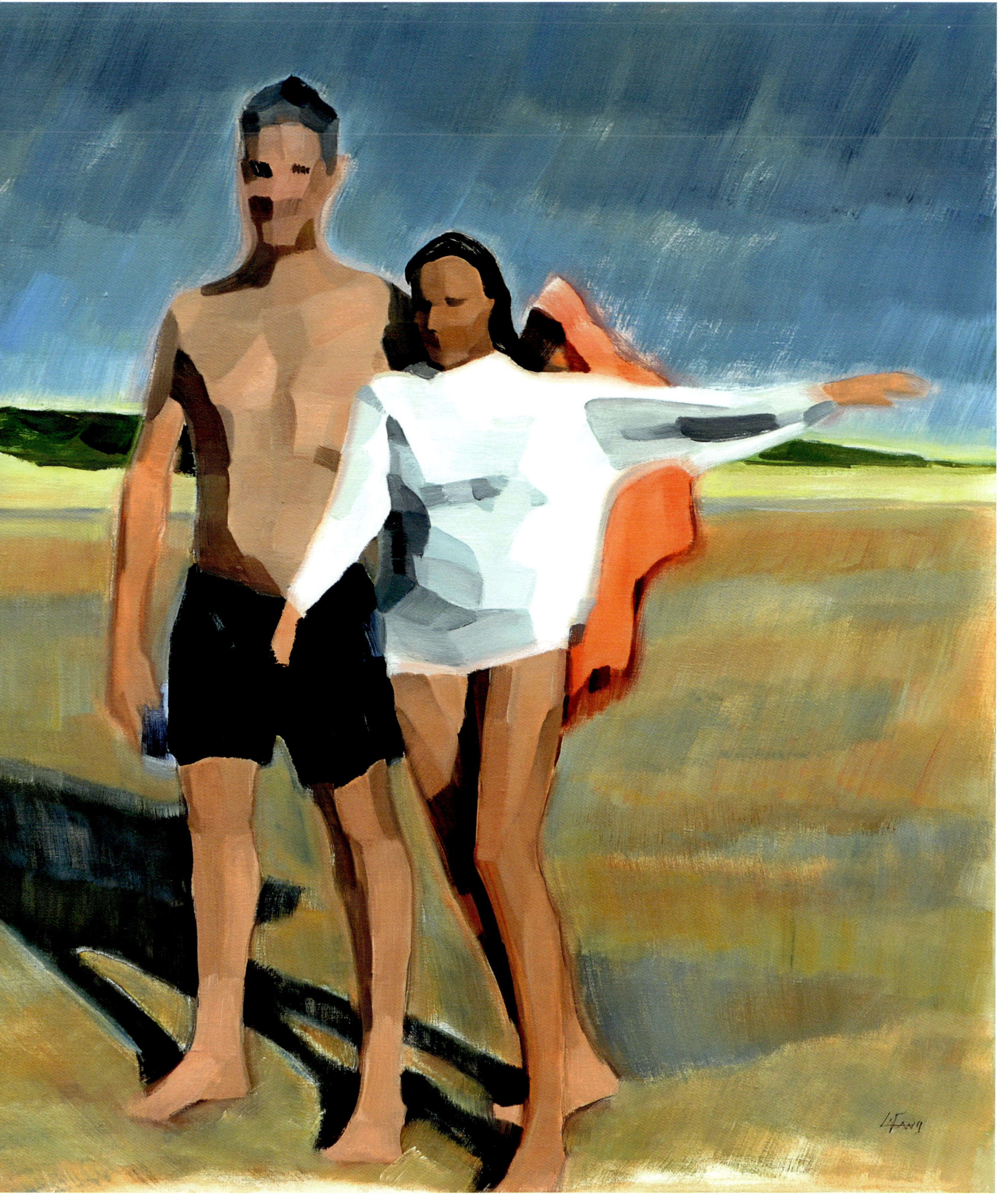

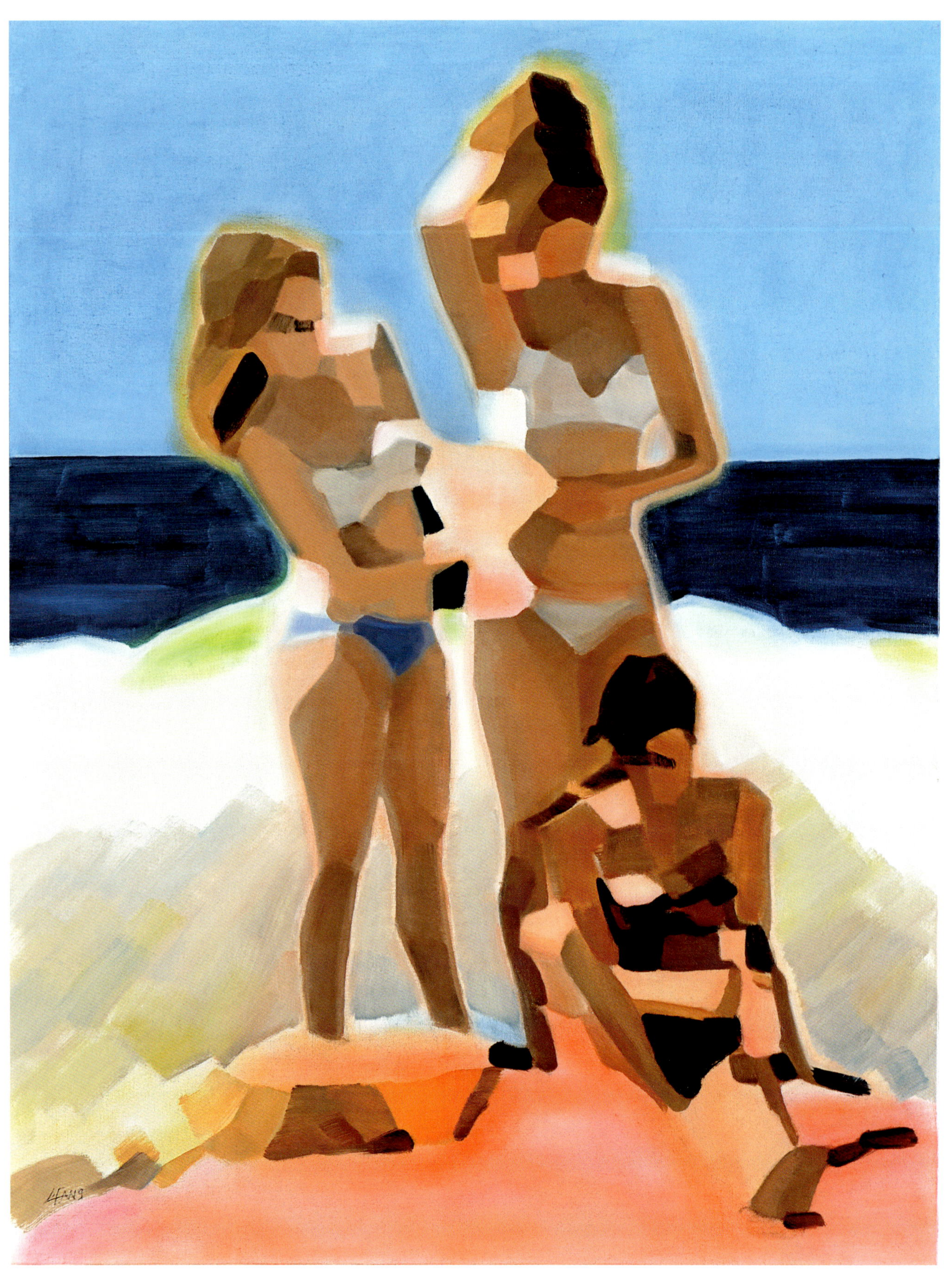

Plage N° 25, 2020
Huile sur toile / Oil on canvas
130 × 97 cm / 51 ⅛ × 38 ¼ inches

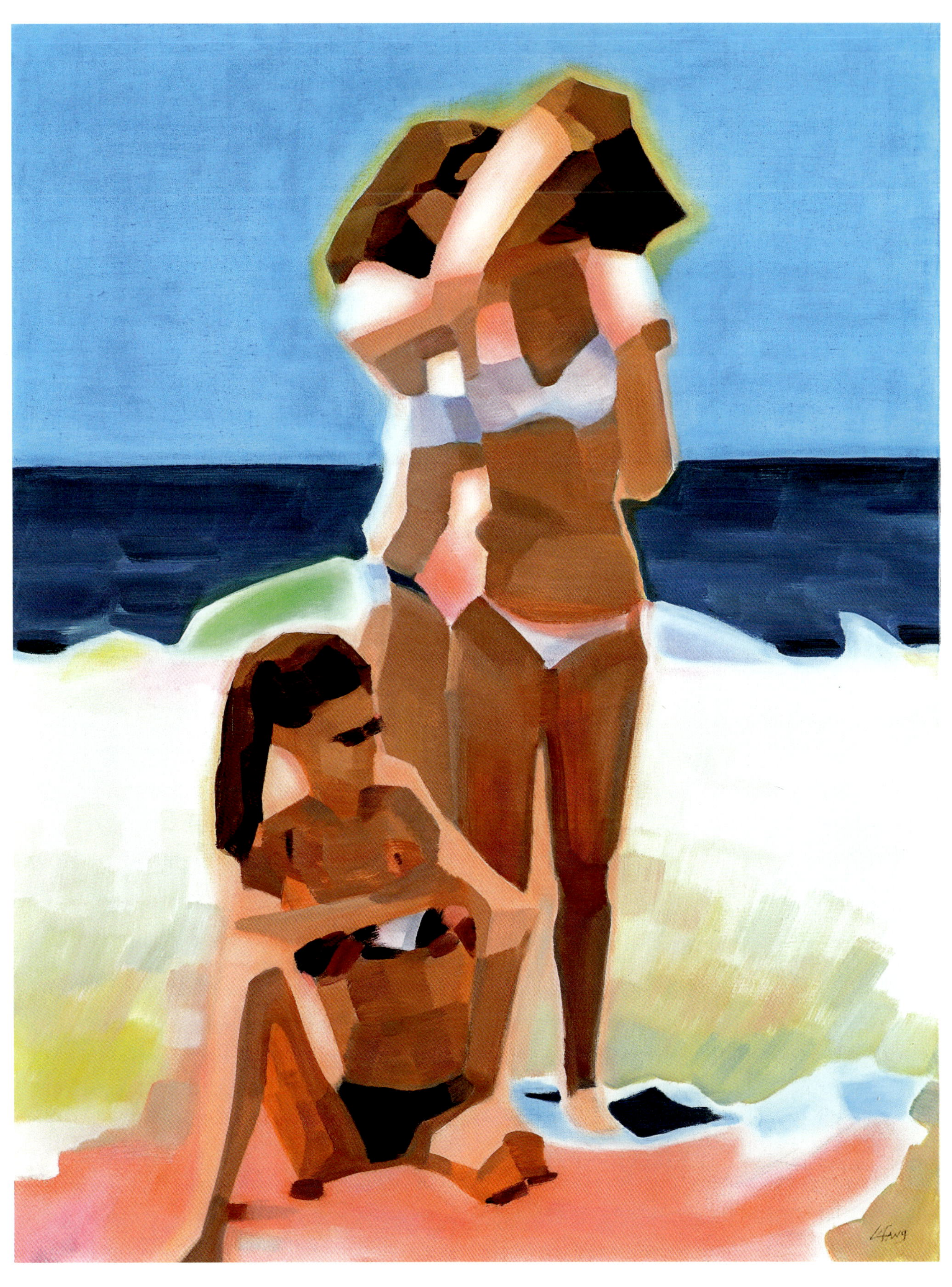

Plage N° 26, 2020
Huile sur toile / Oil on canvas
130 × 97 cm / 51 ⅛ × 38 ¼ inches

L'Âme de fond
Deep soul

2017-2020

LiFang

À travers la série *L'Âme de fond*, j'ai cherché à plonger dans mon espace intérieur pour renouer avec notre origine. Je suis redevenue eau, me laissant transporter par les vagues, du sommet de la première au creux de la suivante, dans un mouvement sans cesse renouvelé qui me fait glisser vers l'infini.

Ainsi, je rejoins les deux unités cosmogoniques « Montagne et Eau », qui me sont chères. Ce sont des symboles universels et les fondations de ma culture traditionnelle : la montagne correspond au principe Yang, et l'eau au principe Yin. C'est une iconographie qui m'accompagne depuis l'enfance.

Je peins ces vagues dans le silence afin d'entendre leur chant, qui ressemble au son de mon âme, doux et mystérieux. C'est au plus profond de celle-ci que jaillit la lumière. J'ai alors la sensation de sculpter des montagnes aquatiques avec cette clarté, en épousant ces mouvements perpétuels, avec fascination, facilité et joie. Je me calque sur le rythme de la vie, entre bleu et vert qui nuancent les humeurs du ciel et de la nature.

In my series entitled *Deep soul*, I aimed to dive within myself in order to reconnect with our origins. I became water once again, letting myself be transported by the waves, from the crest of one to the trough of the next, finding myself sliding in an ever-renewing movement towards infinity.

I thus rejoin the two cosmogonic unities dear to me: "mountain and water". They are universal symbols and foundations of my traditional culture: "mountain" corresponds to the yang principle and "water" to the yin principle. This iconography has accompanied me since my childhood.

I paint these waves in silence so I can hear their song, a song that resembles the sound of my soul, gentle and mysterious – and in its depths is where the light bursts forth. Making use of such clarity, I feel as if I am sculpting aquatic mountains by becoming one with these perpetual movements, with fascination, easiness and joy. I follow life's rhythm, between the blue and green that colour the sky and nature's moods.

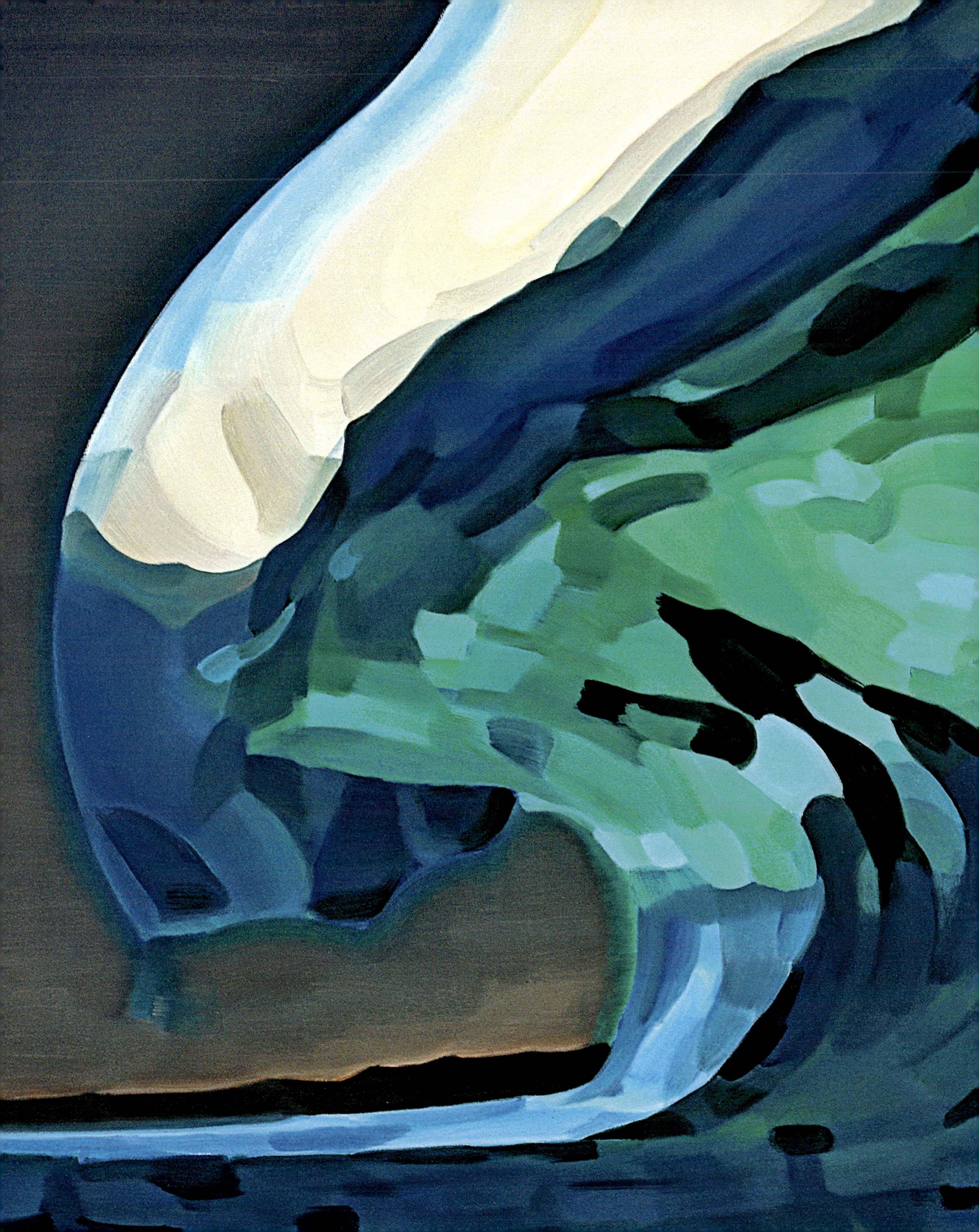

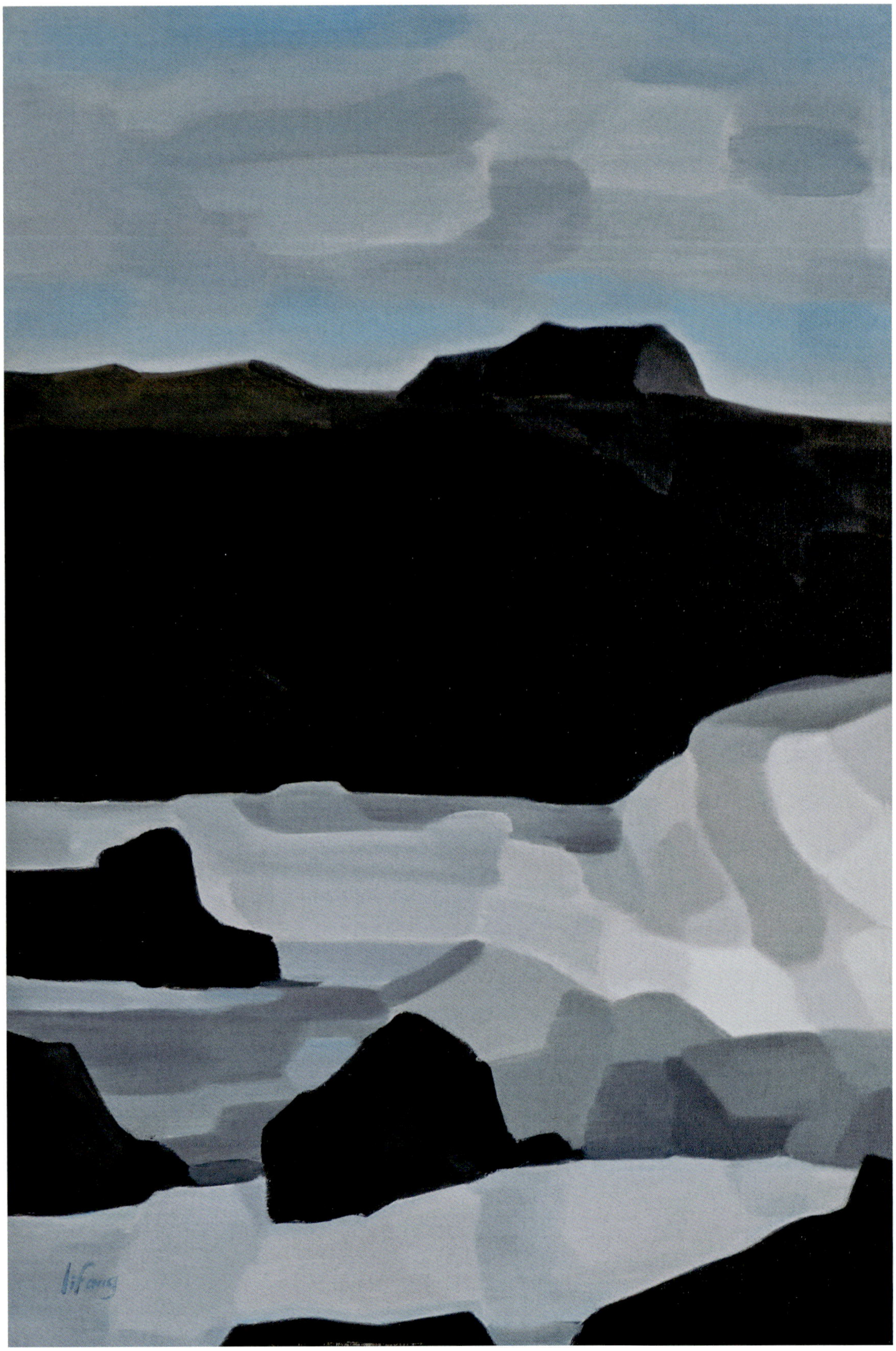

Page précédente / Previous page

L'Âme de fond N° 10, 2017
Huile sur toile / Oil on canvas
(Détail) 100 × 100 cm / (Detail) 39 ⅜ × 39 ⅜ inches

L'Âme de fond N° 9, 2017
Huile sur toile / Oil on canvas
Triptyque 92 × 195 cm / Triptych 36 ¼ × 76 ¾ inches

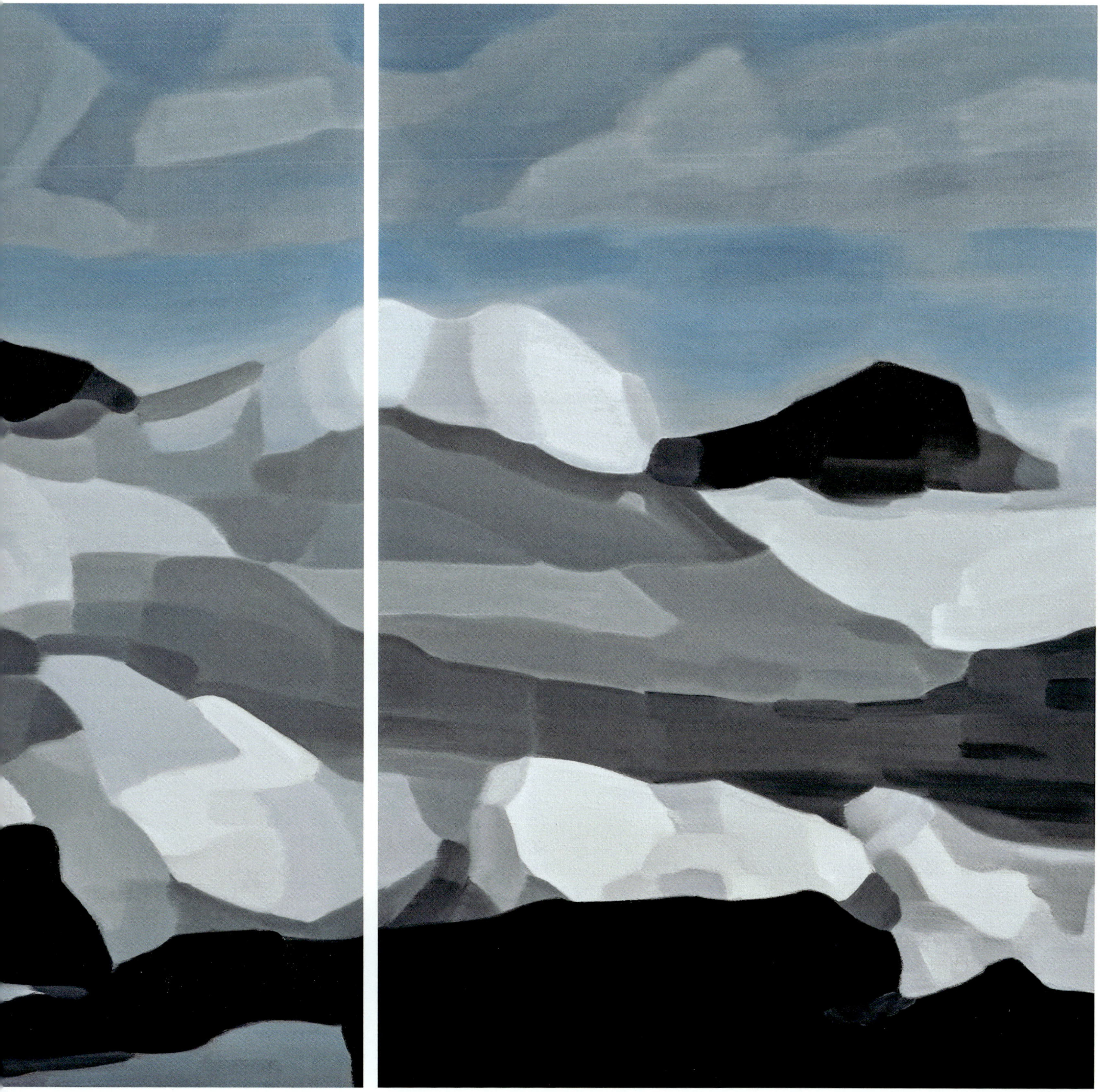

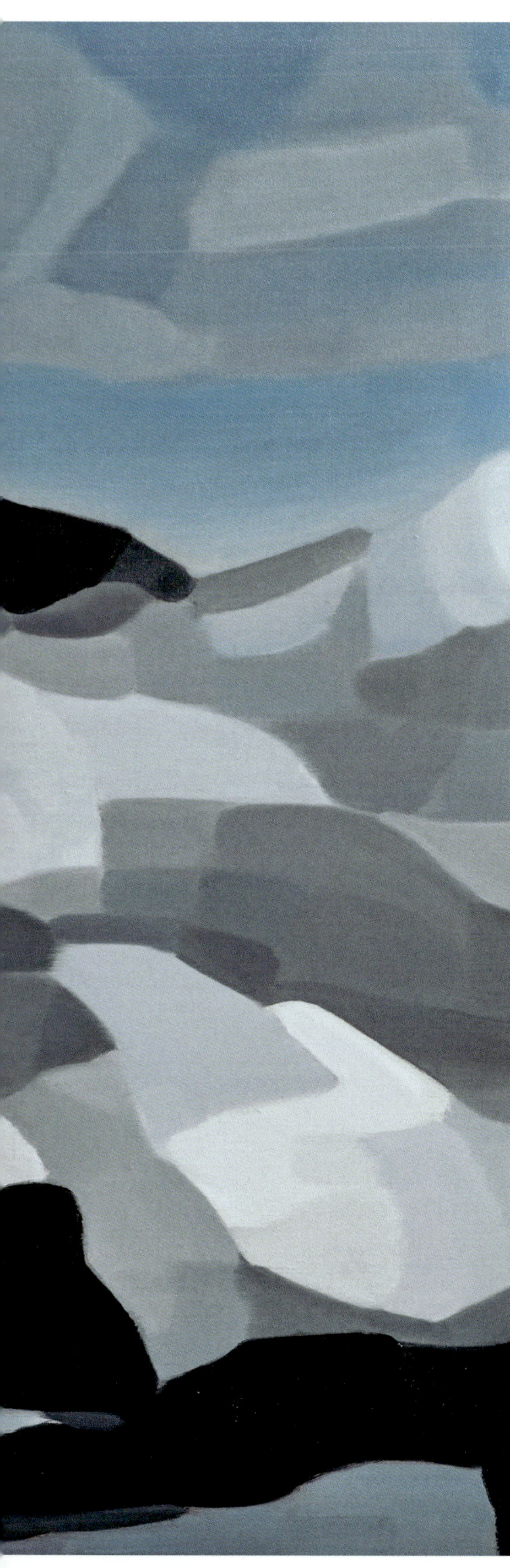

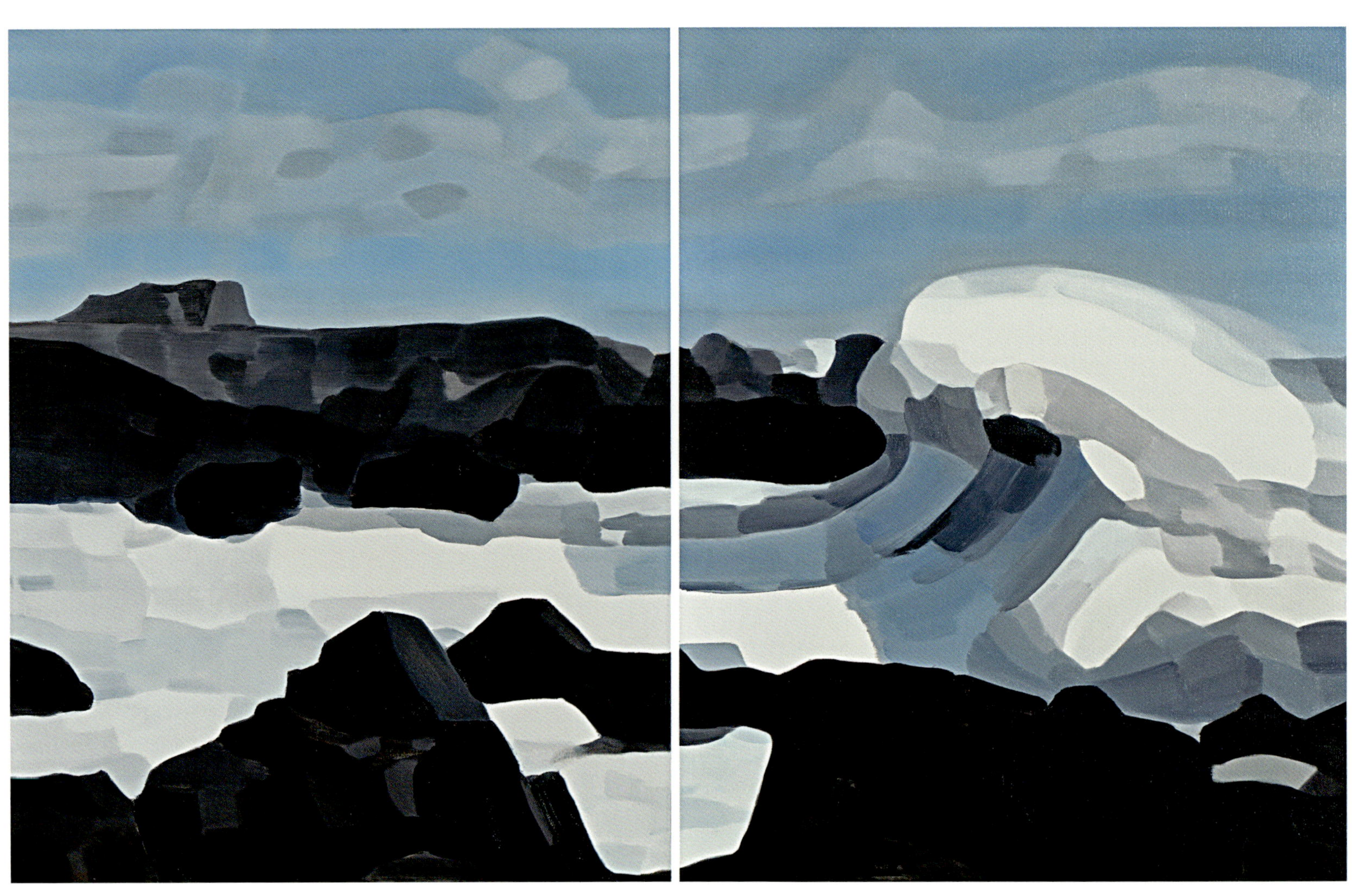

L'Âme de fond N° 8, 2017
Huile sur toile / Oil on canvas
Diptyque 92 × 150 cm / Diptych 36 ¼ × 59 inches

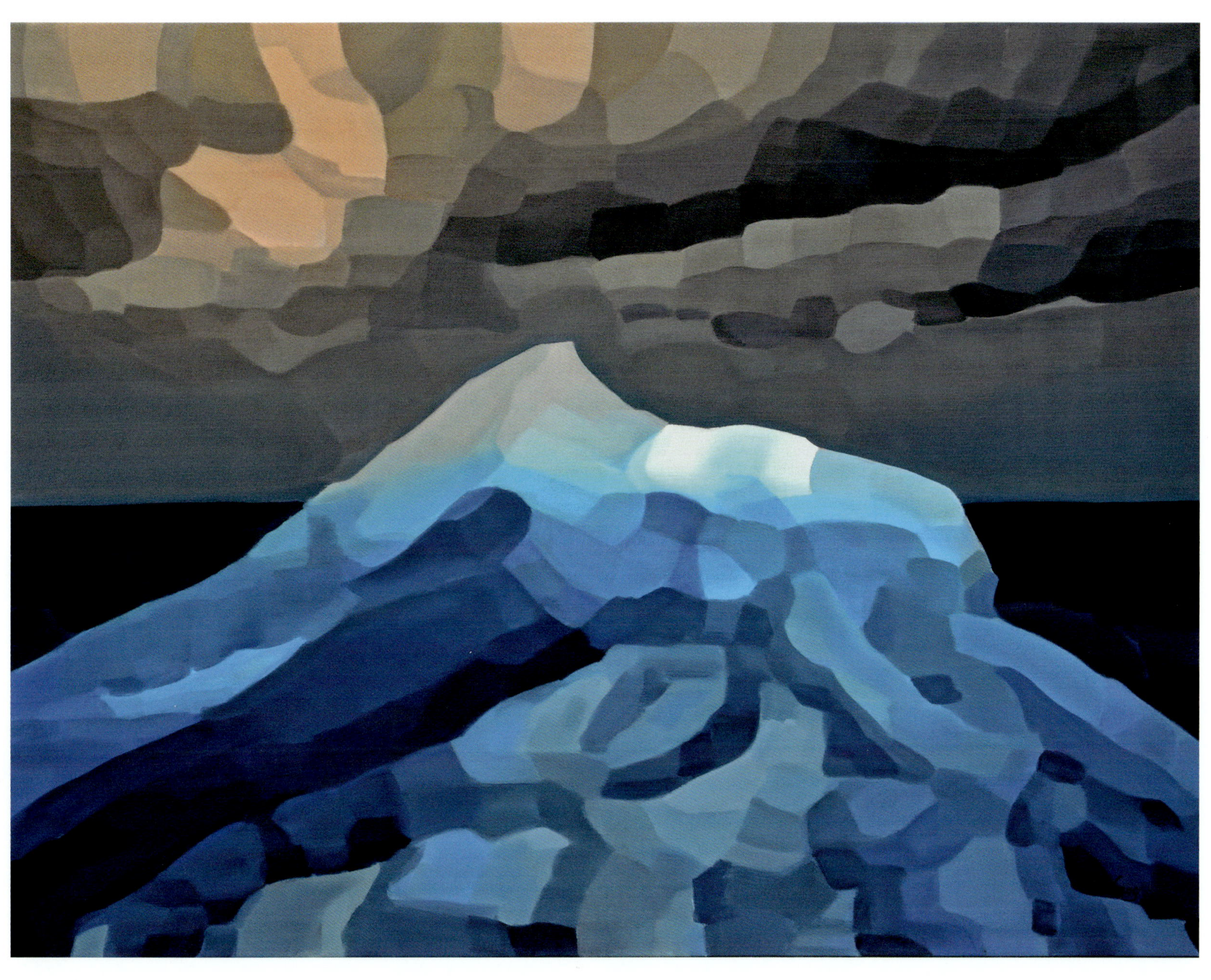

L'Âme de fond N° 11, 2017
Huile sur toile / Oil on canvas
114 × 146 cm / 44 ⅞ × 57 ½ inches

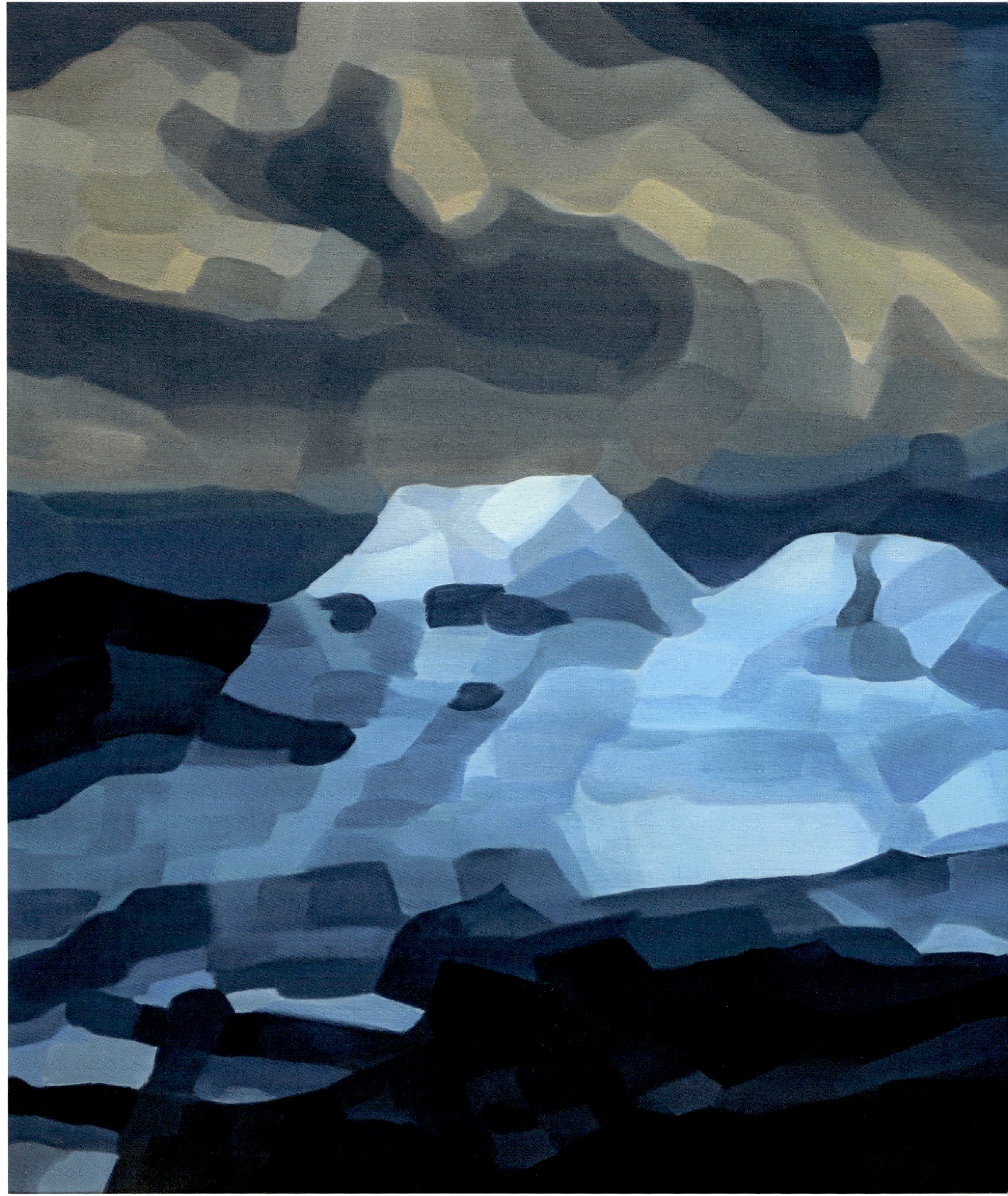

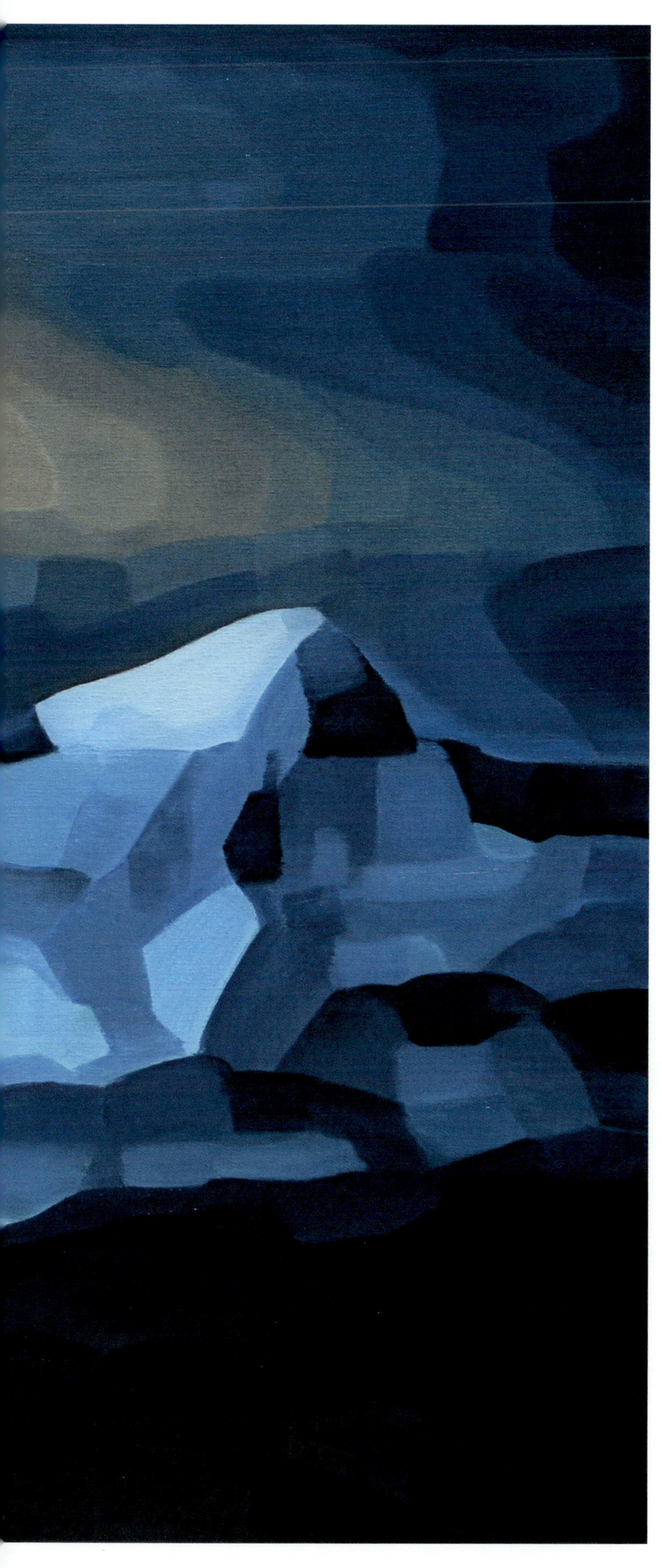

L'Âme de fond N° 12, 2017
Huile sur toile / Oil on canvas
114 × 146 cm / 44 ⅞ × 57 ½ inches

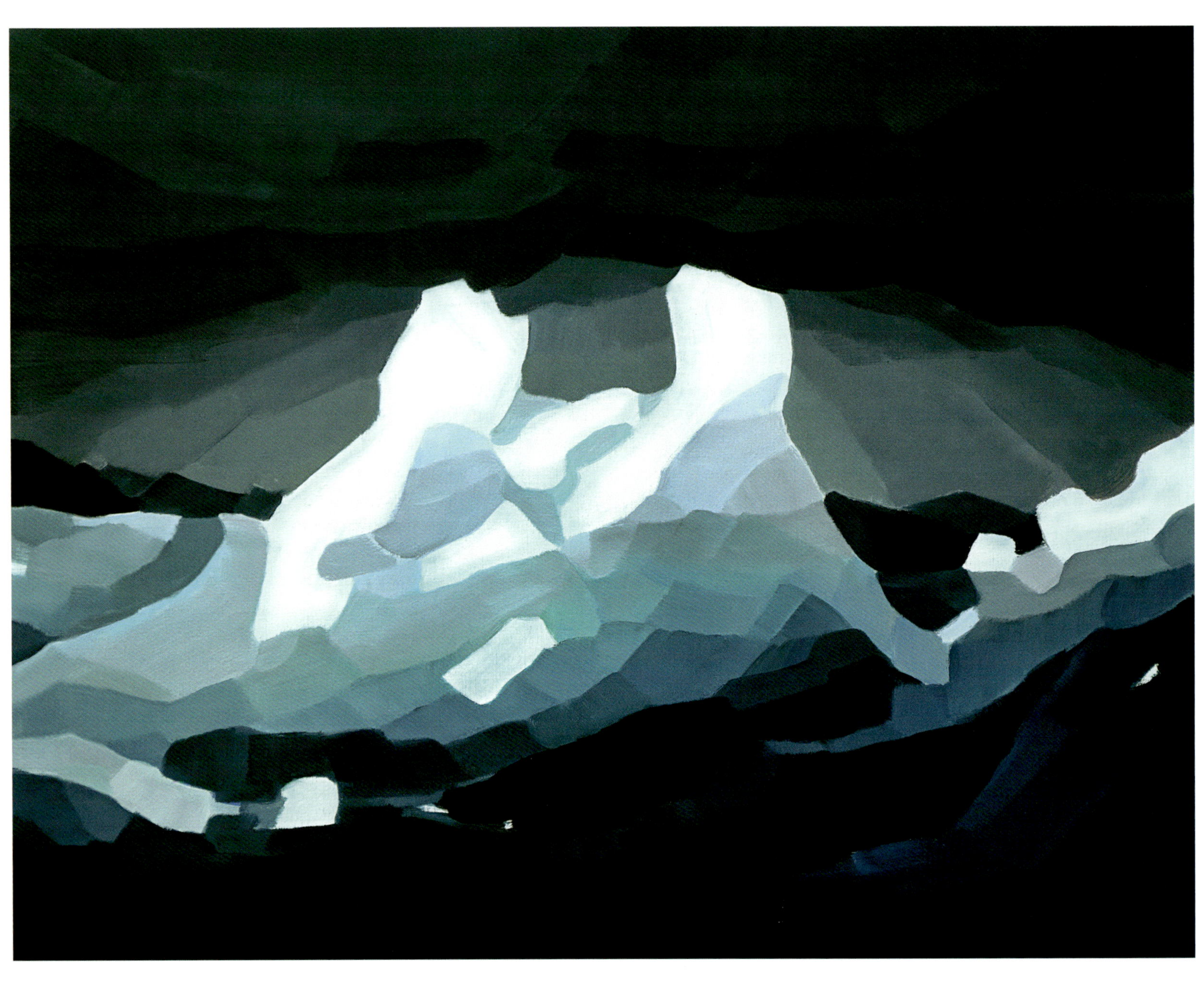

L'Âme de fond N° 18, 2020
Huile sur toile / Oil on canvas
81 × 100 cm / 31 ⅞ × 39 ⅜ inches

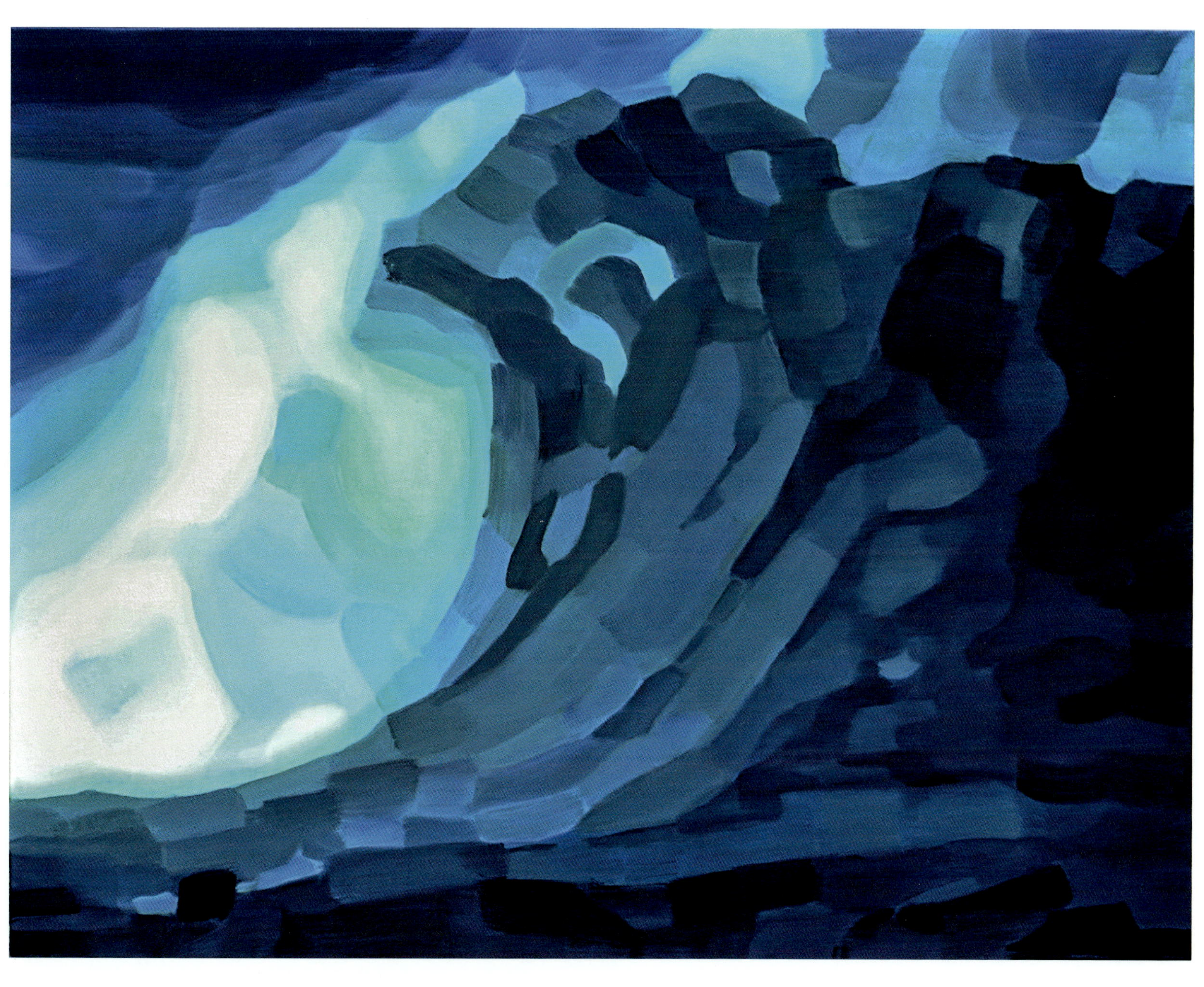

L'Âme de fond N° 2, 2017
Huile sur toile / Oil on canvas
73 × 92 cm / 28 ¾ × 36 ¼ inches

Aux sources, Grand lotus, Eaux dormantes

Sources, Big lotus, Sleeping waters

2019-2022

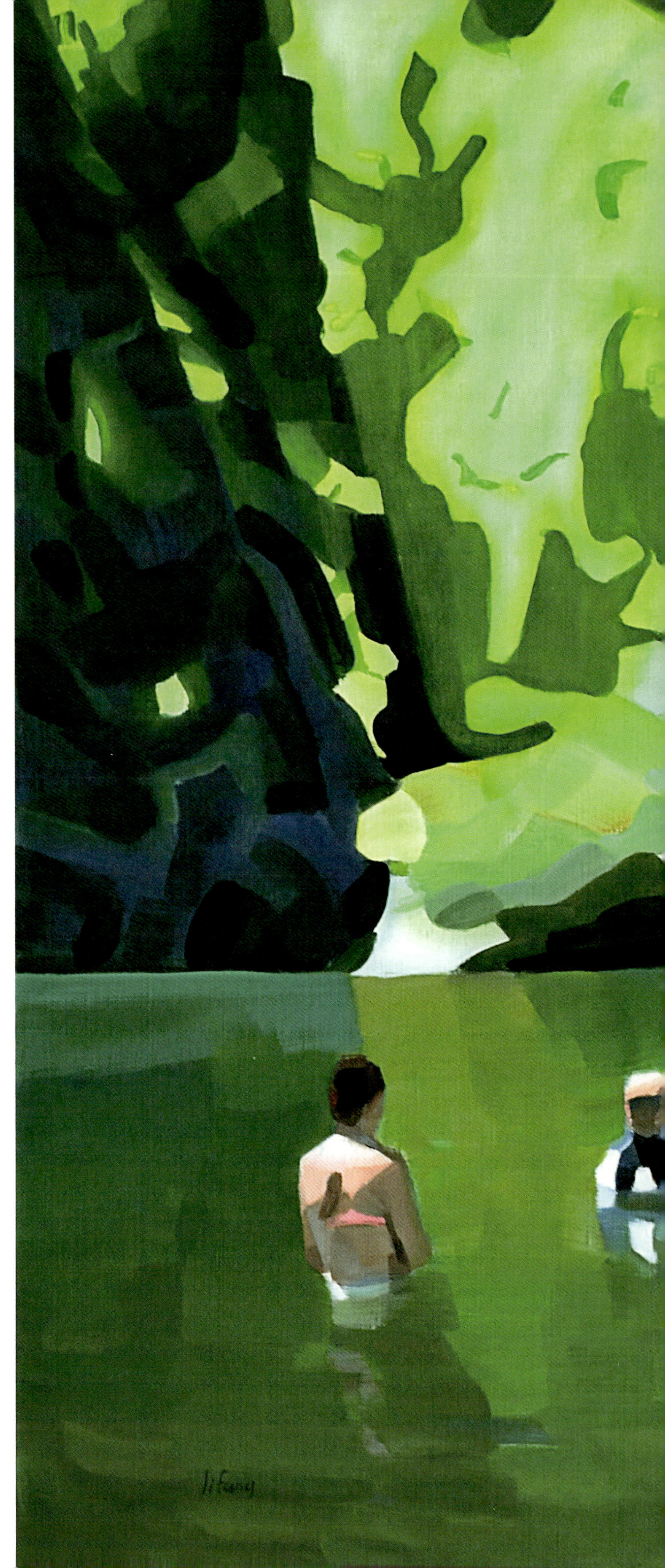

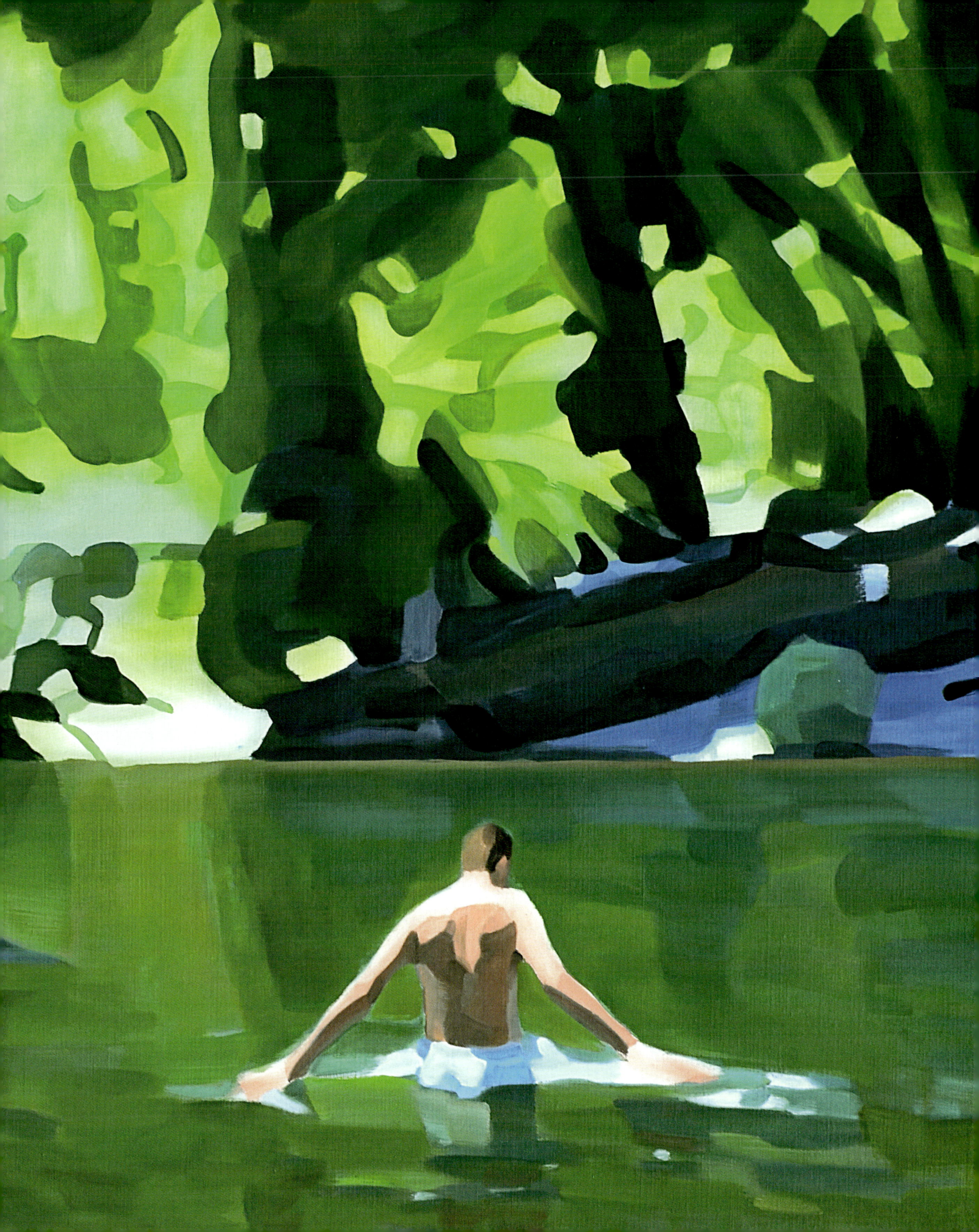

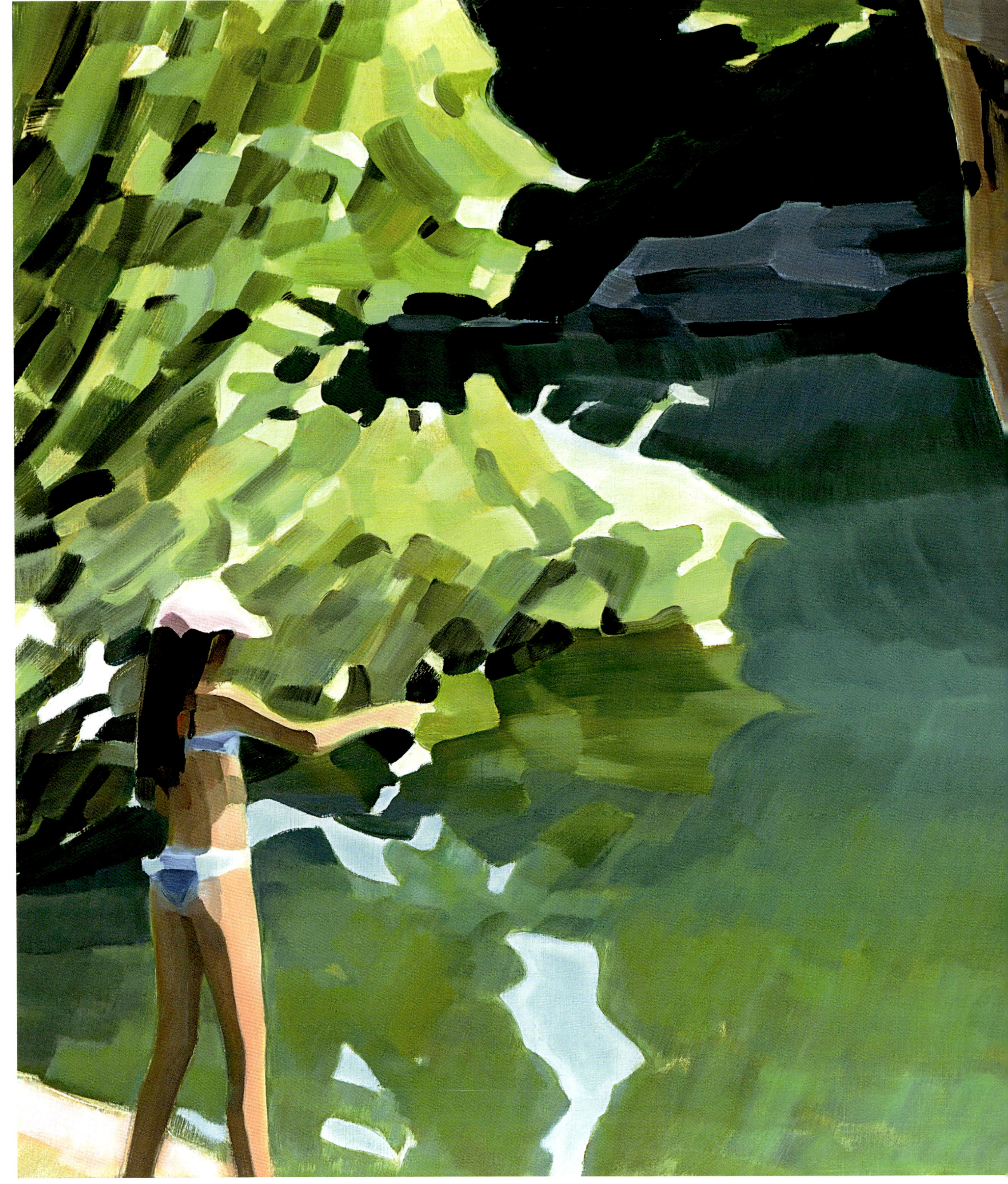

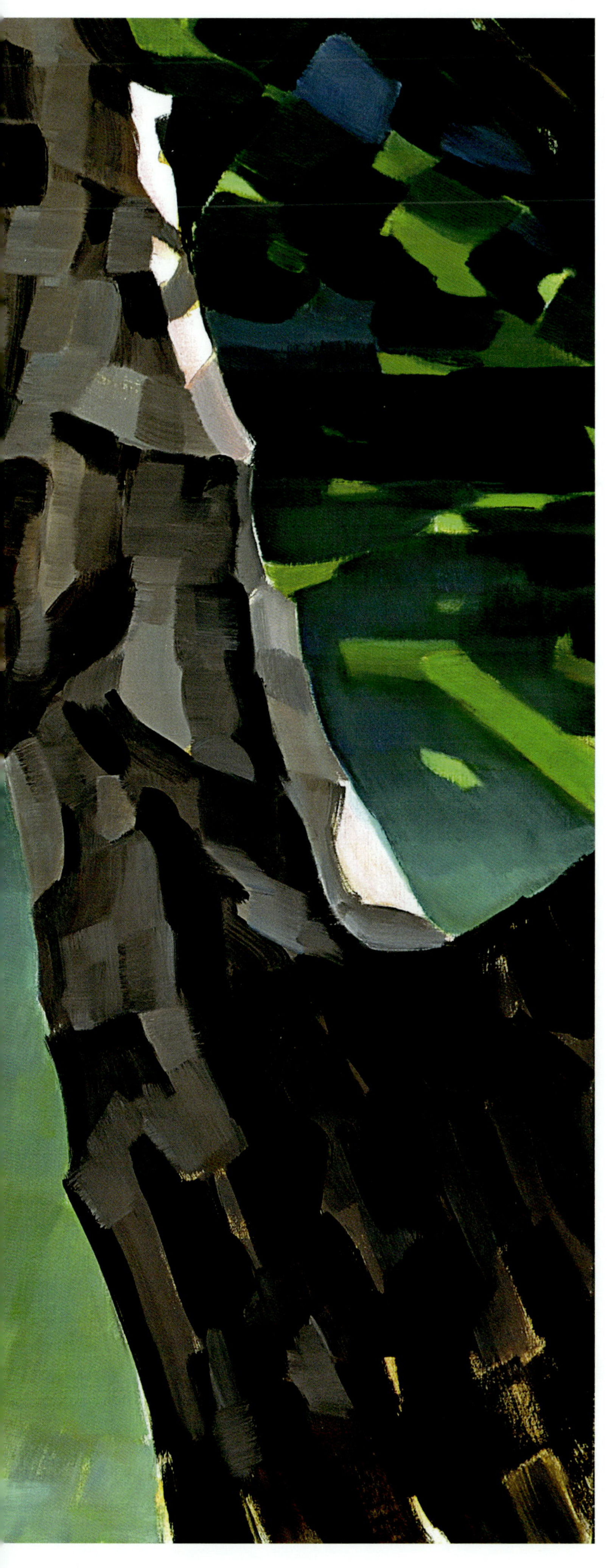

Pages précédentes / Previous pages

Aux sources N° 6, 2021
Huile sur toile / Oil on canvas
130 × 162 cm / 51 ⅛ × 63 ¾ inches

Aux sources N° 1, 2019
Huile sur toile / Oil on canvas
130 × 162 cm / 51 ⅛ × 63 ¾ inches

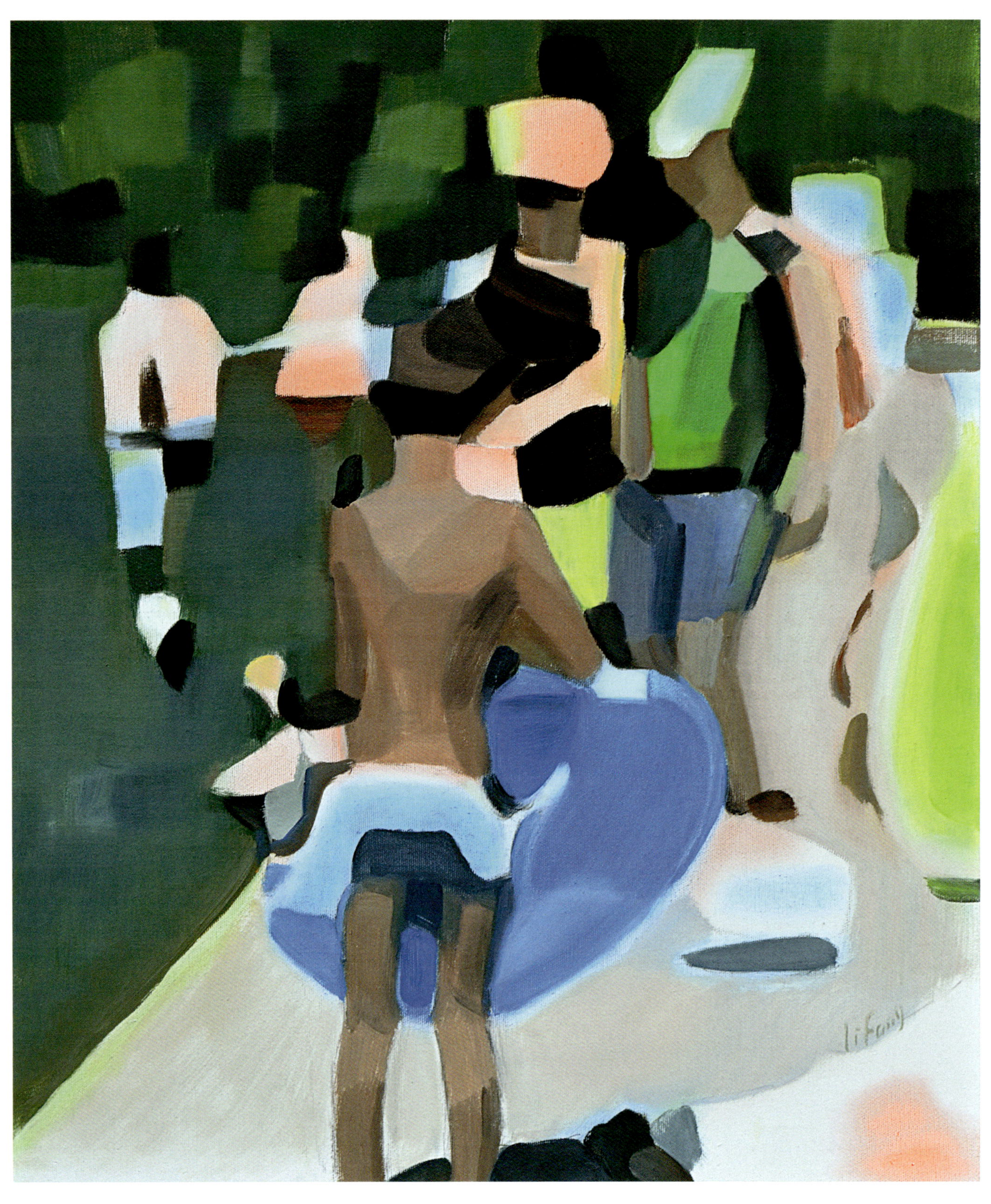

Aux sources N° 9, 2019
Huile sur toile / Oil on canvas
65 × 54 cm / 25 ⅝ × 21 ¼ inches

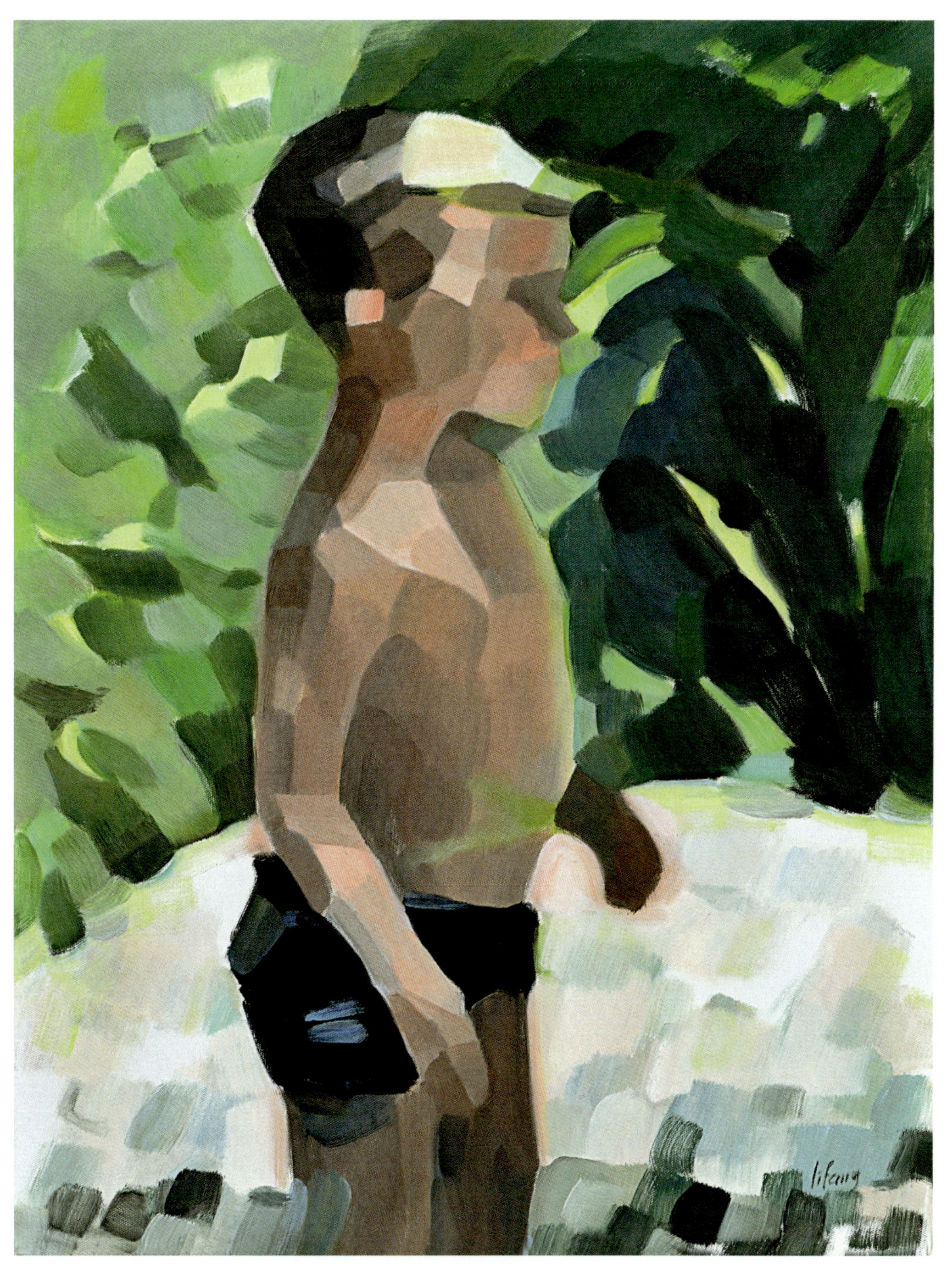

Aux sources N° 8, 2019
Huile sur toile / Oil on canvas
73 × 54 cm / 28 ¾ × 21 ¼ inches

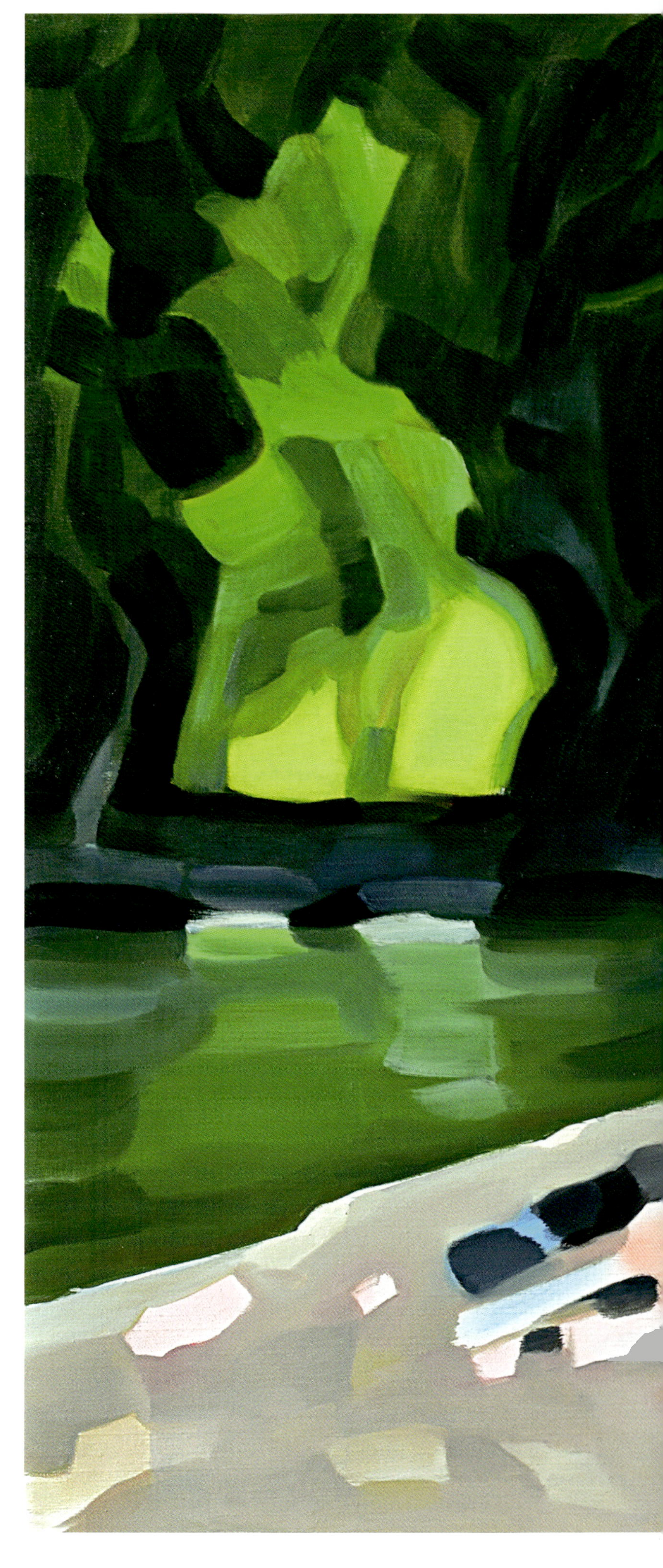

Aux sources N° 2, 2019
Huile sur toile / Oil on canvas
114 × 146 cm / 44 ⅞ × 57 ½ inches

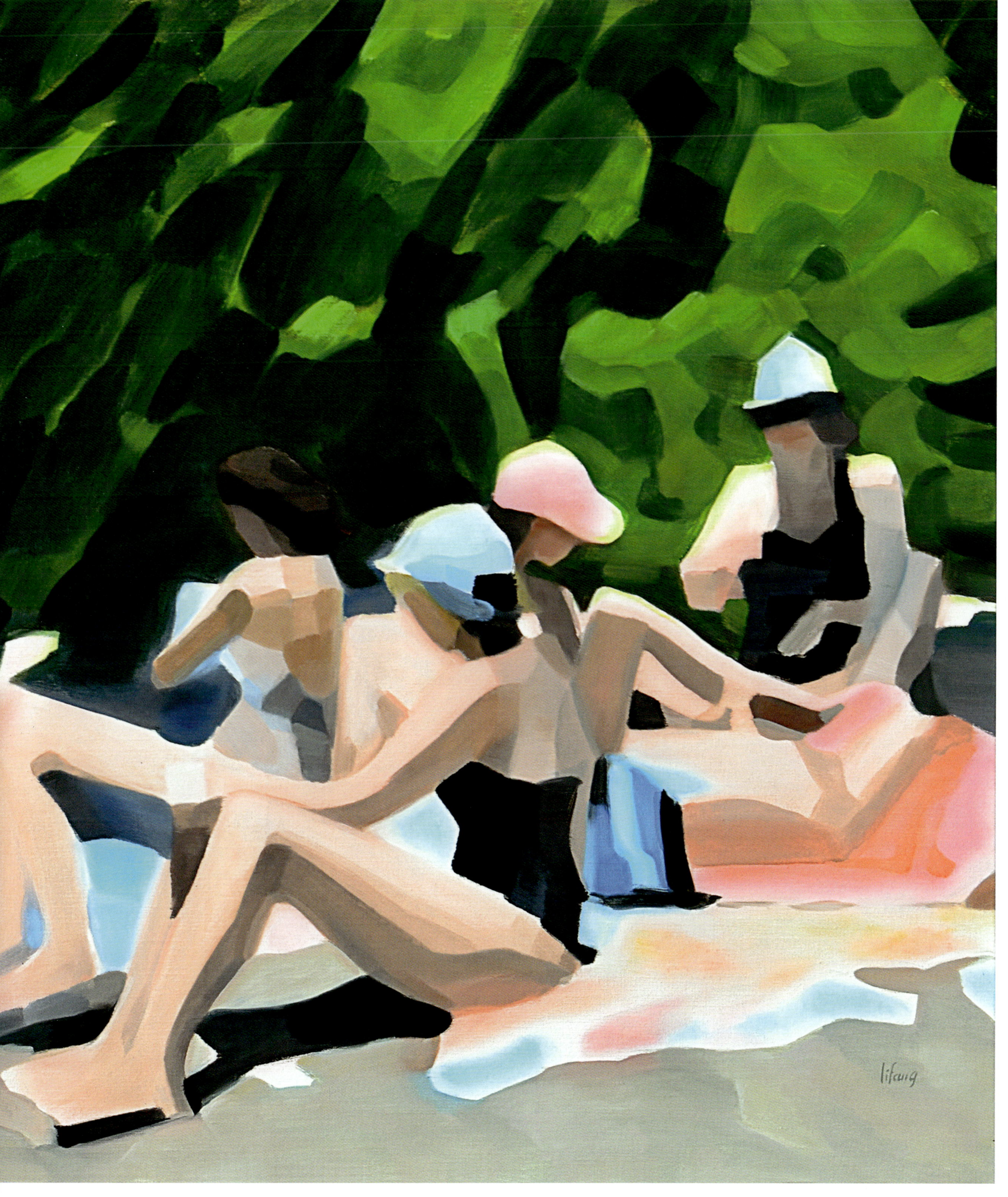
lifang

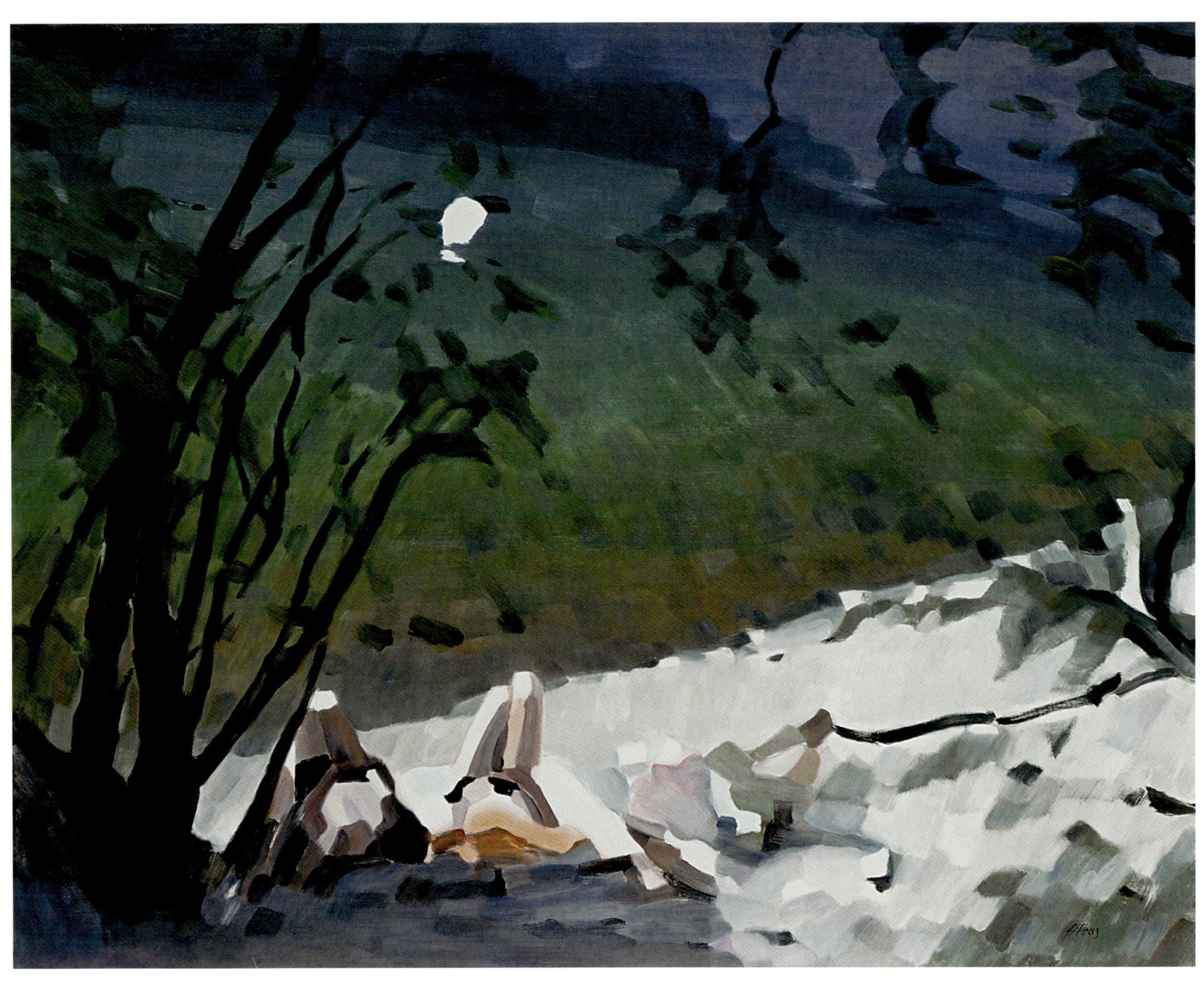

Aux sources N° 15, 2022
Huile sur toile / Oil on canvas
130 × 162 cm / 51 ⅛ × 63 ¾ inches

Eaux dormantes N° 9, 2010
Huile sur toile / Oil on canvas
114 × 146 cm / 44 ⅞ × 57 ½ inches

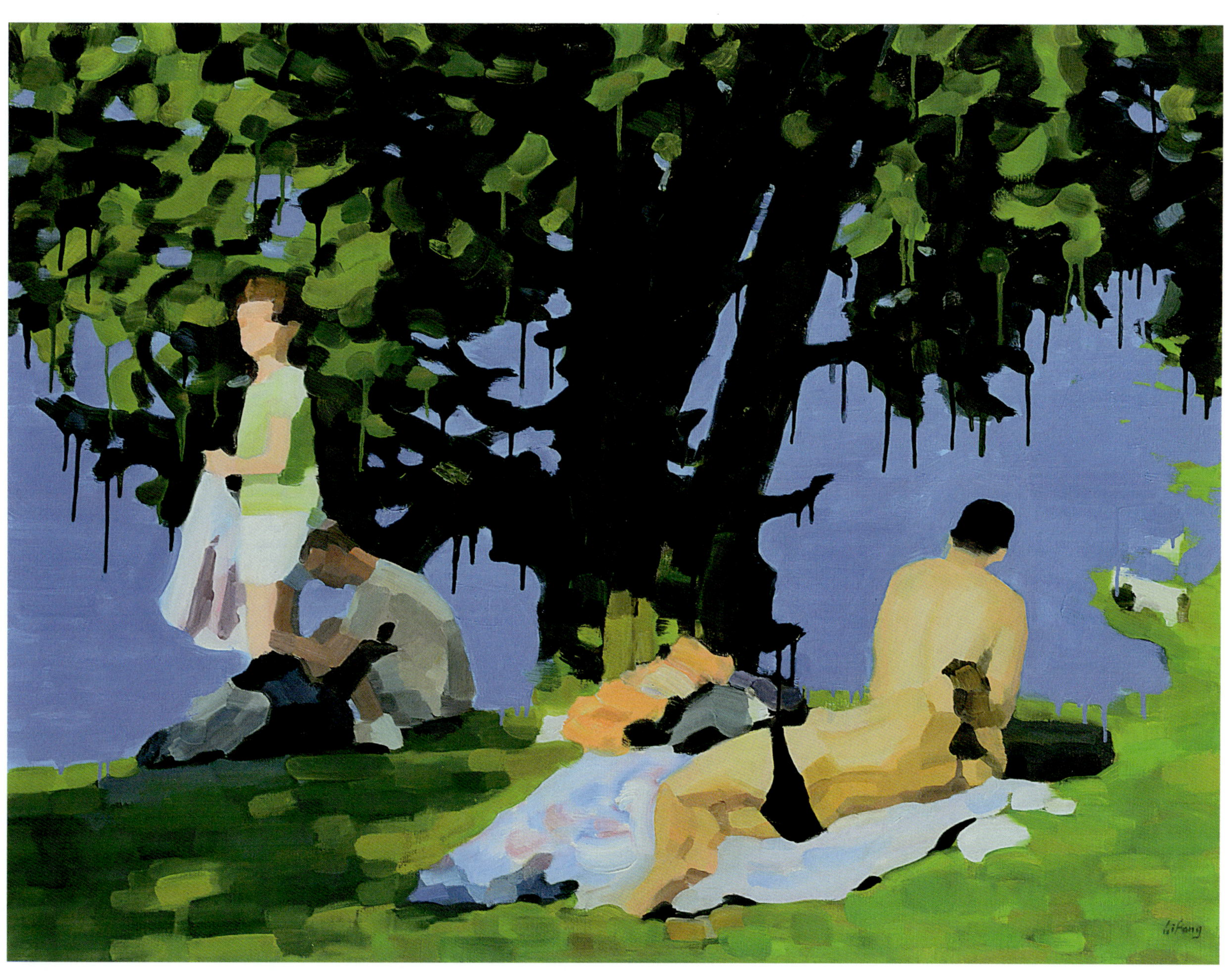

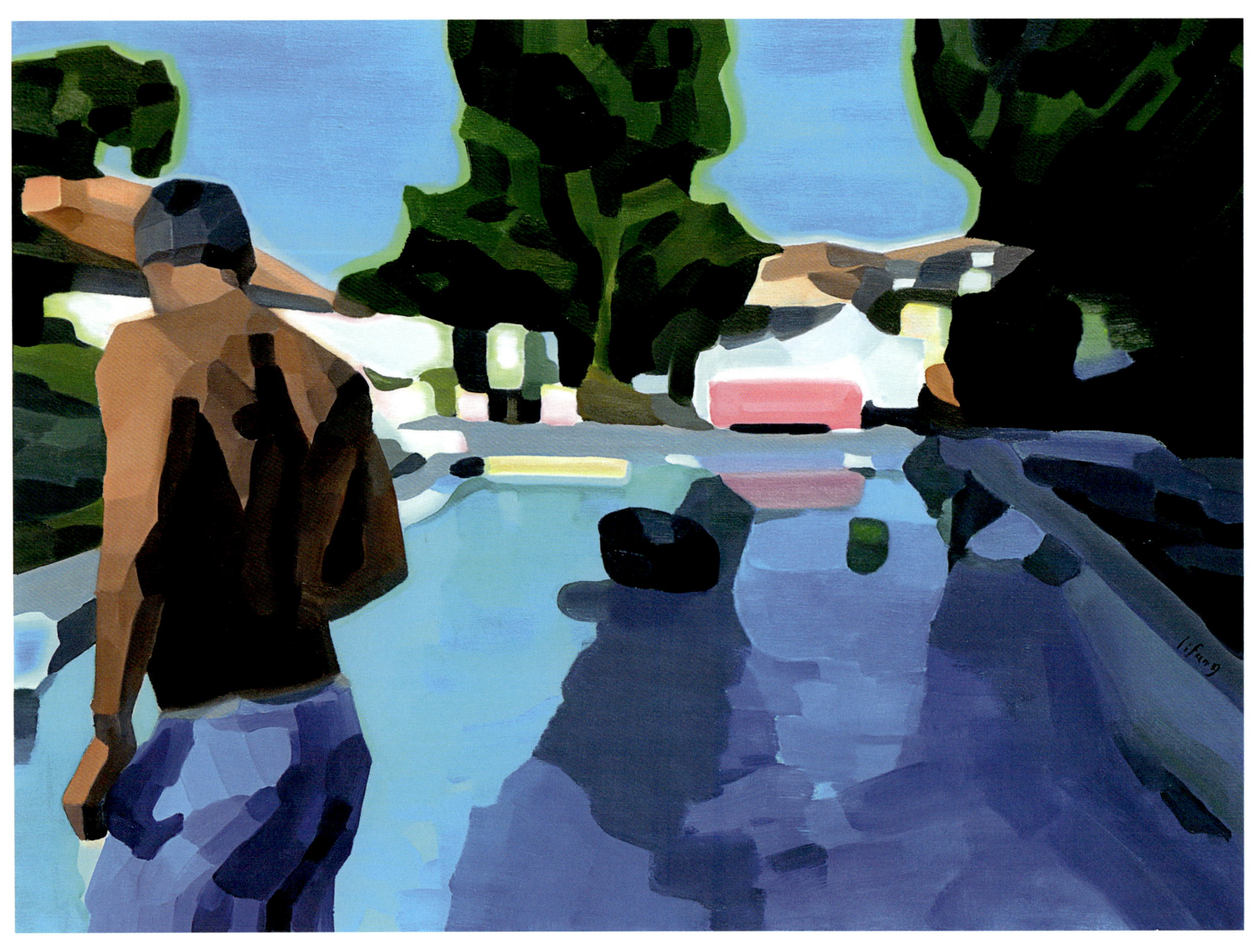

Piscine N° 12, 2015-2016
Huile sur toile / Oil on canvas
97 × 130 cm / 38 ¼ × 51 ⅛ inches

Eaux dormantes N° 7, 2010
Huile sur toile / Oil on canvas
73 × 100 cm / 28 ¾ × 39 ⅜ inches

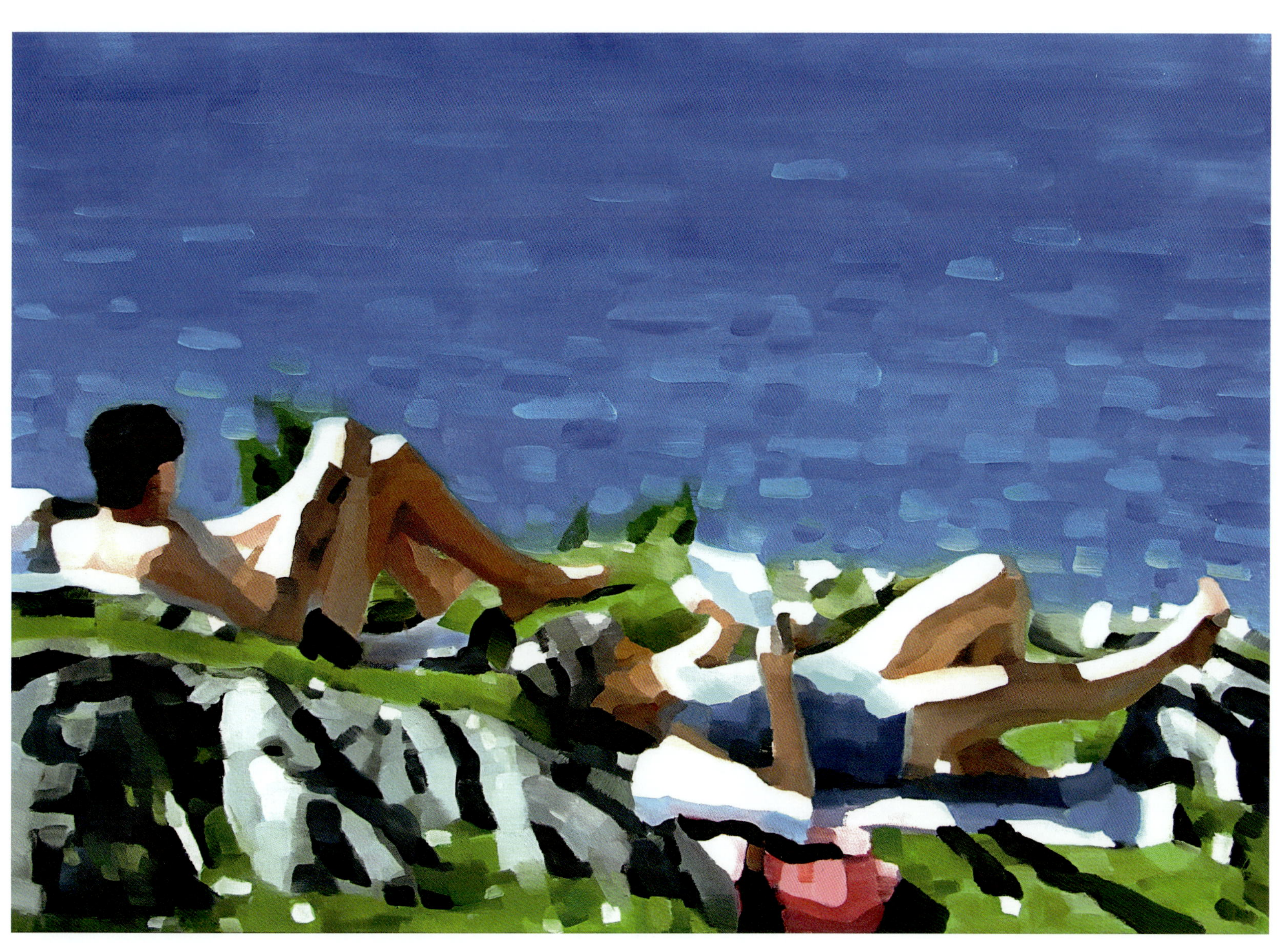

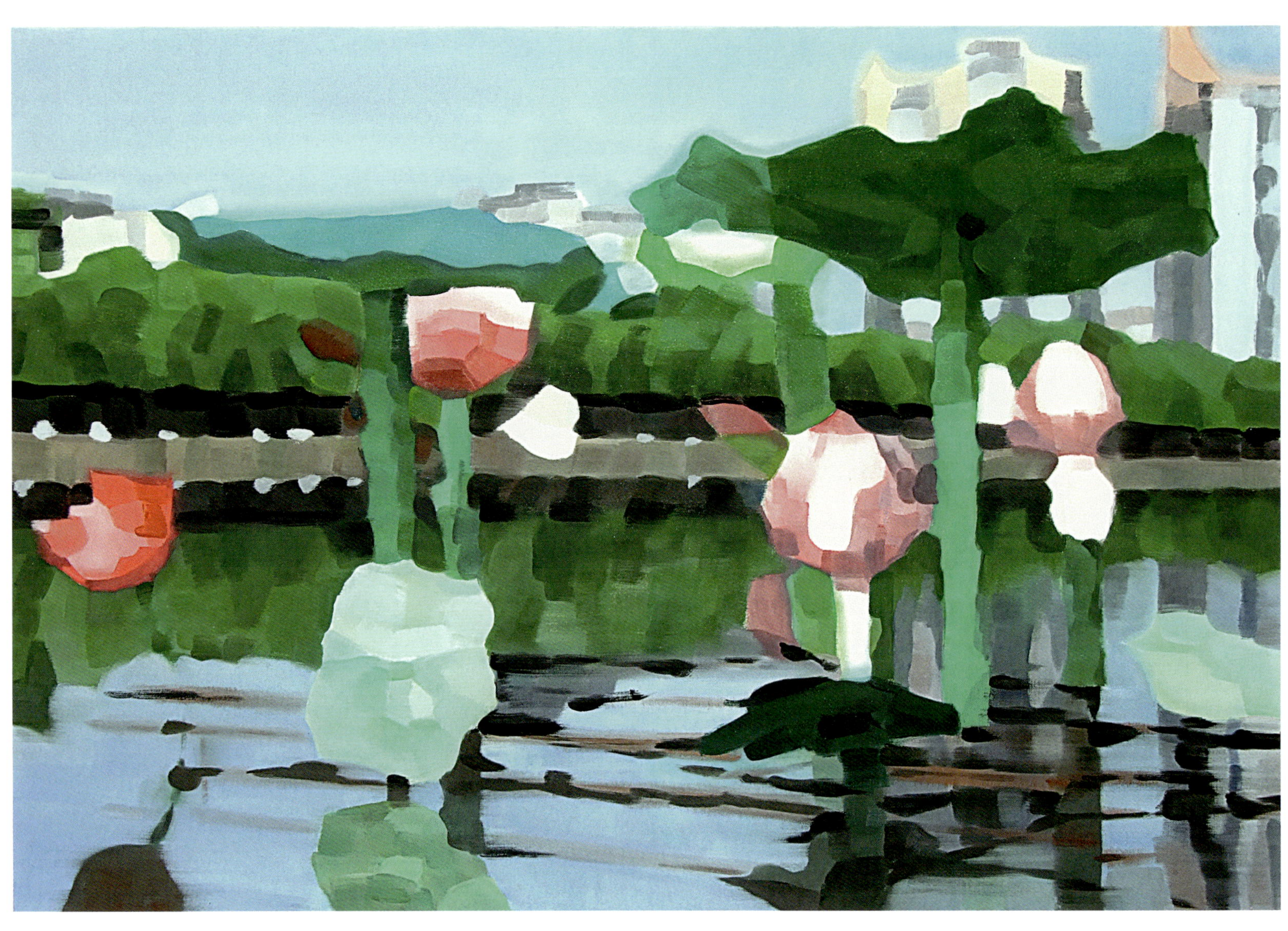

Grand lotus N° 4, 2009
Huile sur toile / Oil on canvas
97 × 130 cm / 38 ¼ × 51 ⅛ inches

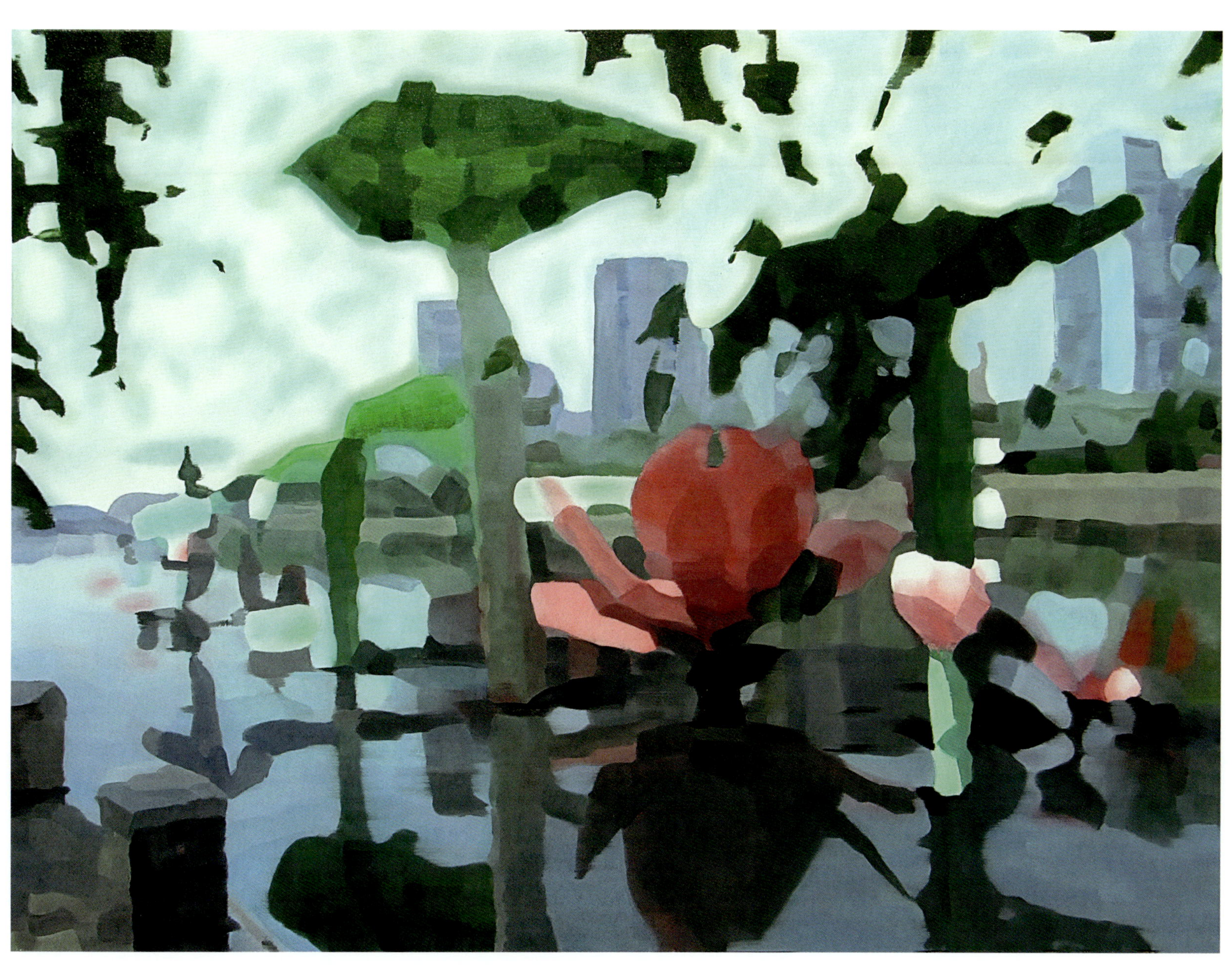

Grand lotus N° 2, 2009
Huile sur toile / Oil on canvas
114 × 146 cm / 44 ⅞ × 57 ½ inches

Traversées
Crossings

2019-2023

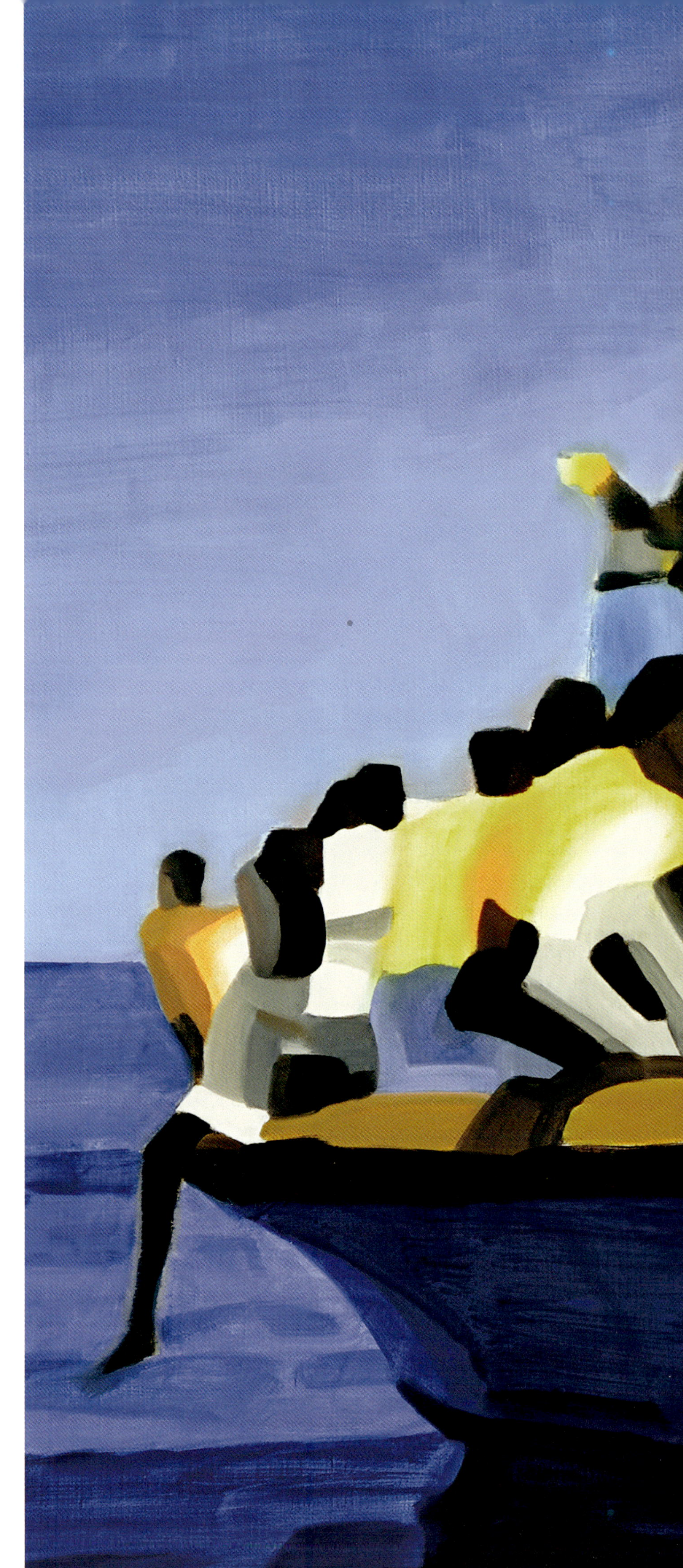

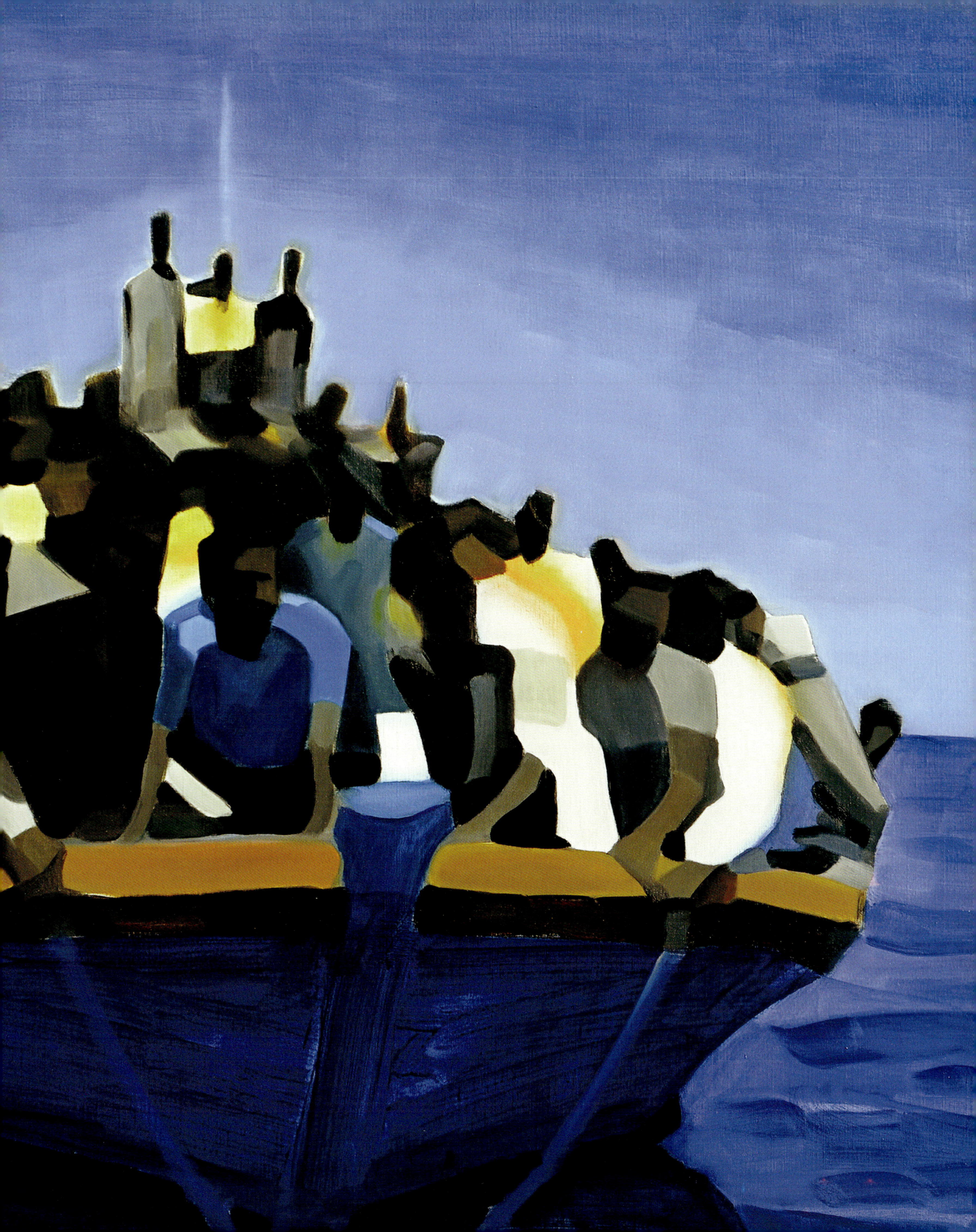

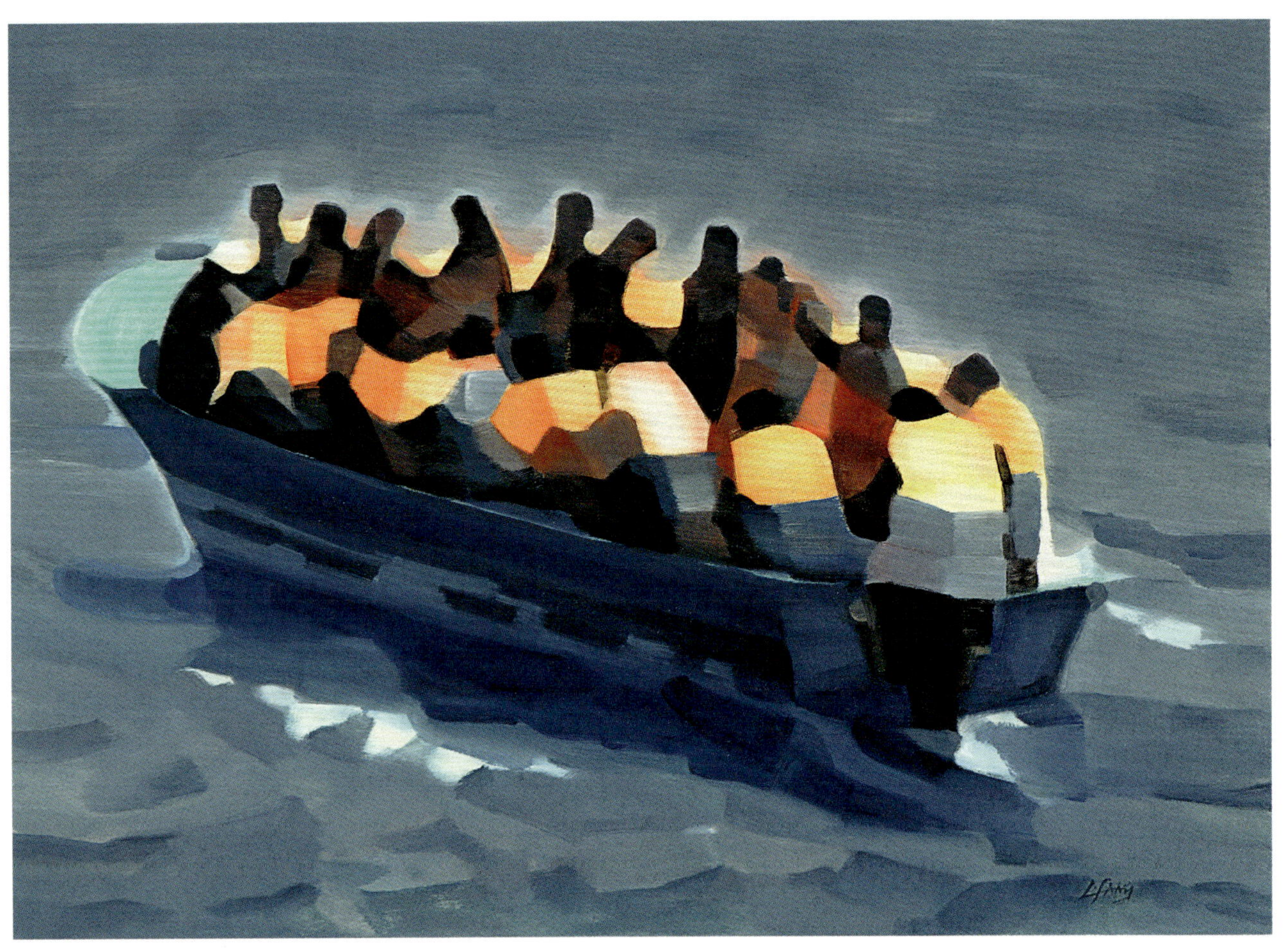

Pages précédentes / Previous pages

Traversée N° 4, 2019
Huile sur toile / Oil on canvas
(Détail) 130 × 195 cm / (Detail) 51 ⅛ × 76 ¾ inches

Traversée N° 2, 2019
Huile sur toile / Oil on canvas
73 × 100 cm / 28 ¾ × 39 ⅜ inches

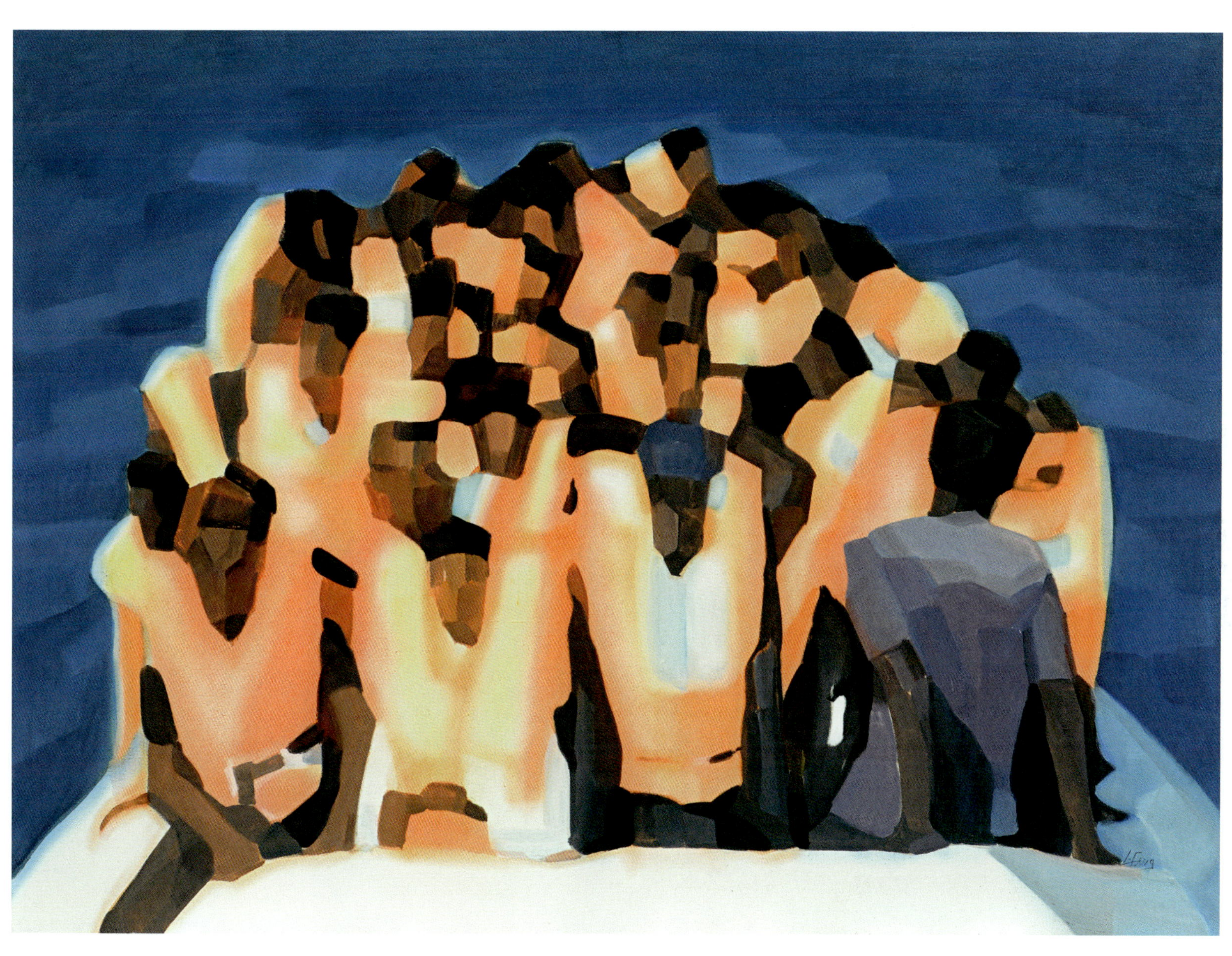

Traversée N° 8, 2020
Huile sur toile / Oil on canvas
97 × 130 cm / 38 ¼ × 51 ⅛ inches

Traversée N° 20, 2021
Huile sur toile / Oil on canvas
130 × 195 cm / 51 ⅛ × 76 ¾ inches

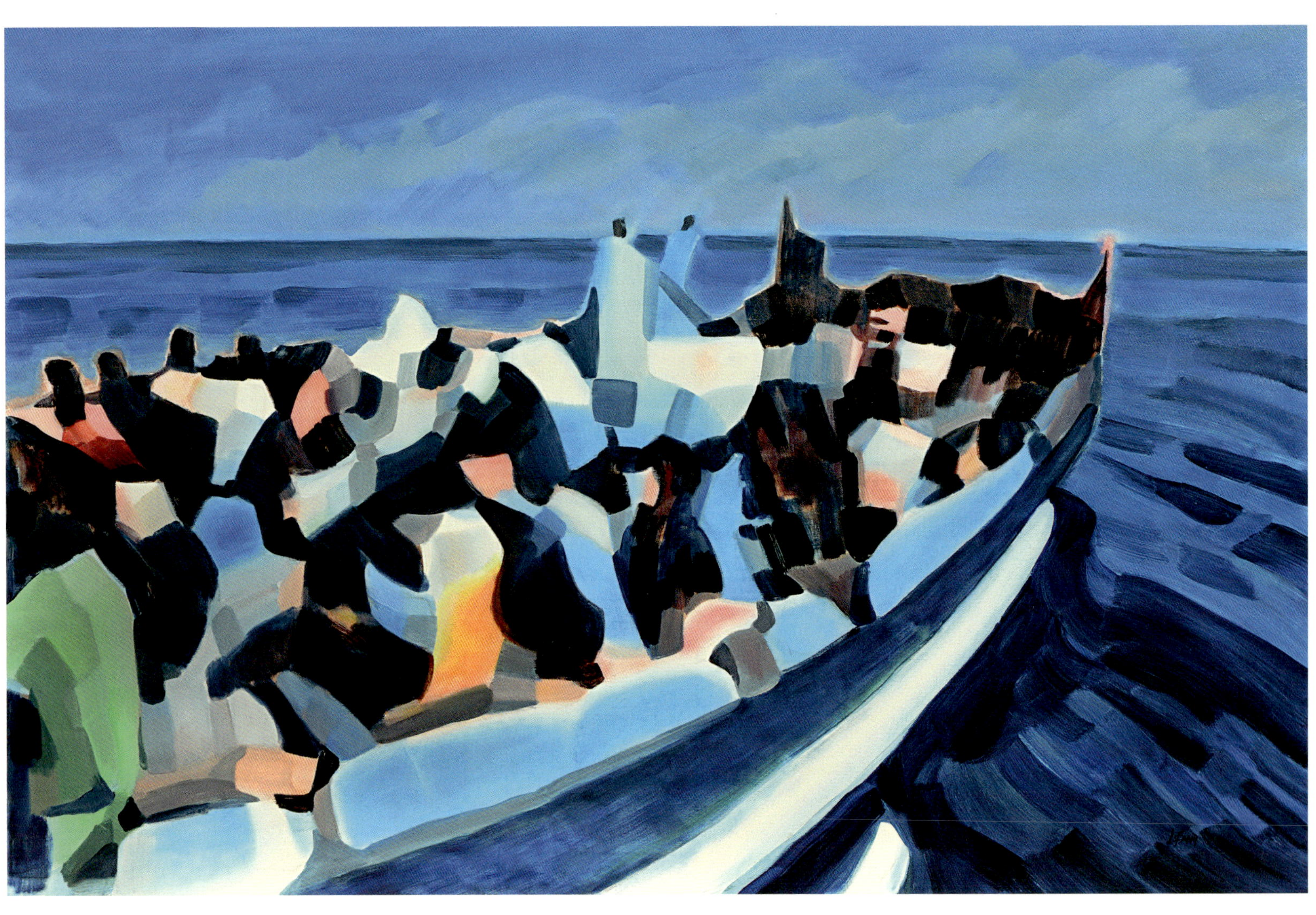

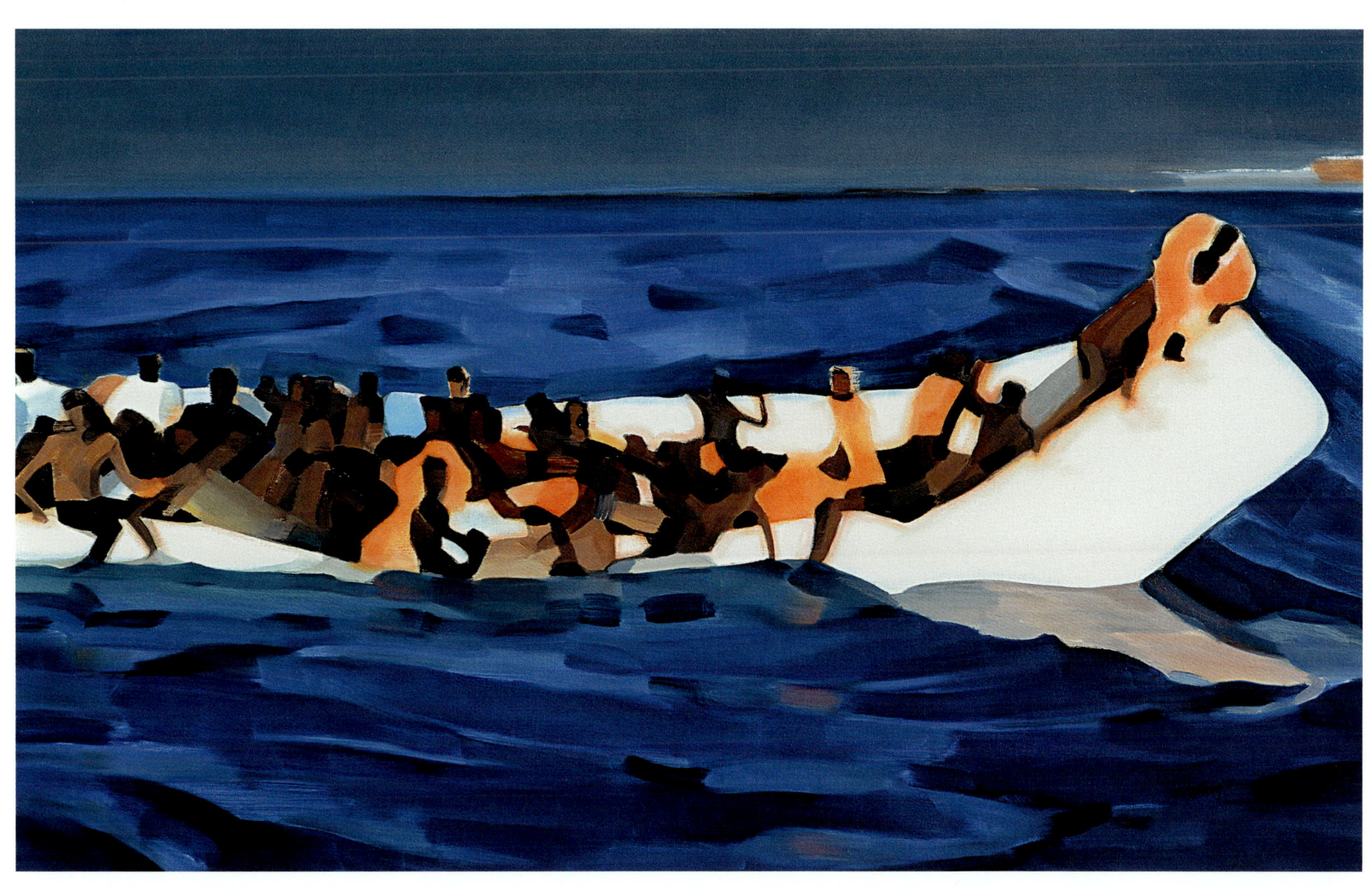

Traversée N° 3, 2019
Huile sur toile / Oil on canvas
89 × 146 cm / 35 × 57 ½ inches

Migrer du bleu au noir

Helena Zanelli

BLEU
L'étendue bleue menace
de ses vagues voraces
les flancs lourds de mémoire
d'un rafiot bondé d'espoir.

Couleur invisible, pure
et transparente, de l'azur
à la nuance la plus sombre
qui engloutit même les ombres.

Cobalt, Outremer et Pétrole,
pour ceux privés de parole.
Lavande, Turquoise et Azurine
guident leur odyssée marine.

Compactés sur le radeau,
les pieds traînant dans l'eau
un assemblage de carrés
cache des visages angoissés.

ORANGE
Face à la chaleur salutaire
d'un soleil sans frontières,
l'éclat des gilets de sauvetage
signale un tout autre message.

Cuivre, Corail et Mandarine,
déclinaisons chaleureuses de
tons
qui rappellent la vie joyeuse
d'une humanité heureuse.

Au crépuscule, le vent se lève,
la barque tangue et se soulève
des mains s'agrippent
au rêve qui se dissipe.

GRIS
Les dernières lueurs du jour
mélangent à leur tour
les deux complémentaires
invitant à une ultime prière.

Argent, Acier et Plomb
soudent tous ces pions
en tonalités d'hiver
qui ne verront plus la terre.

L'horizon s'estompe rapidement
effaçant les traces de
l'événement.
Un cabas en plastique vide
flotte comme un signe morbide.

NOIR
Le manteau des ténèbres
recouvre le spectacle funèbre,
sauf les étoiles qui scintillent
sur les flots qui s'entortillent.

Chavirer du bleu au noir,
vivre de l'aube au soir,
puis mettre le cap sur le glas,
une couleur qui n'existe pas.

Aile de corbeau, Fumée et Encre
pour étouffer le cri des membres,
des bouches remplies d'eau,
des corps absorbés par les flots.

ROSE
Chair, Cuisse de nymphe et Bonbon
s'exposent sur le ponton.
Soudain un hurlement horrifié
à la vue d'un cabas solitaire abandonné.

*Texte inspiré par la soirée Webstory à la
galerie Analix Forever, pendant l'exposition :
Peintures à l'eau.

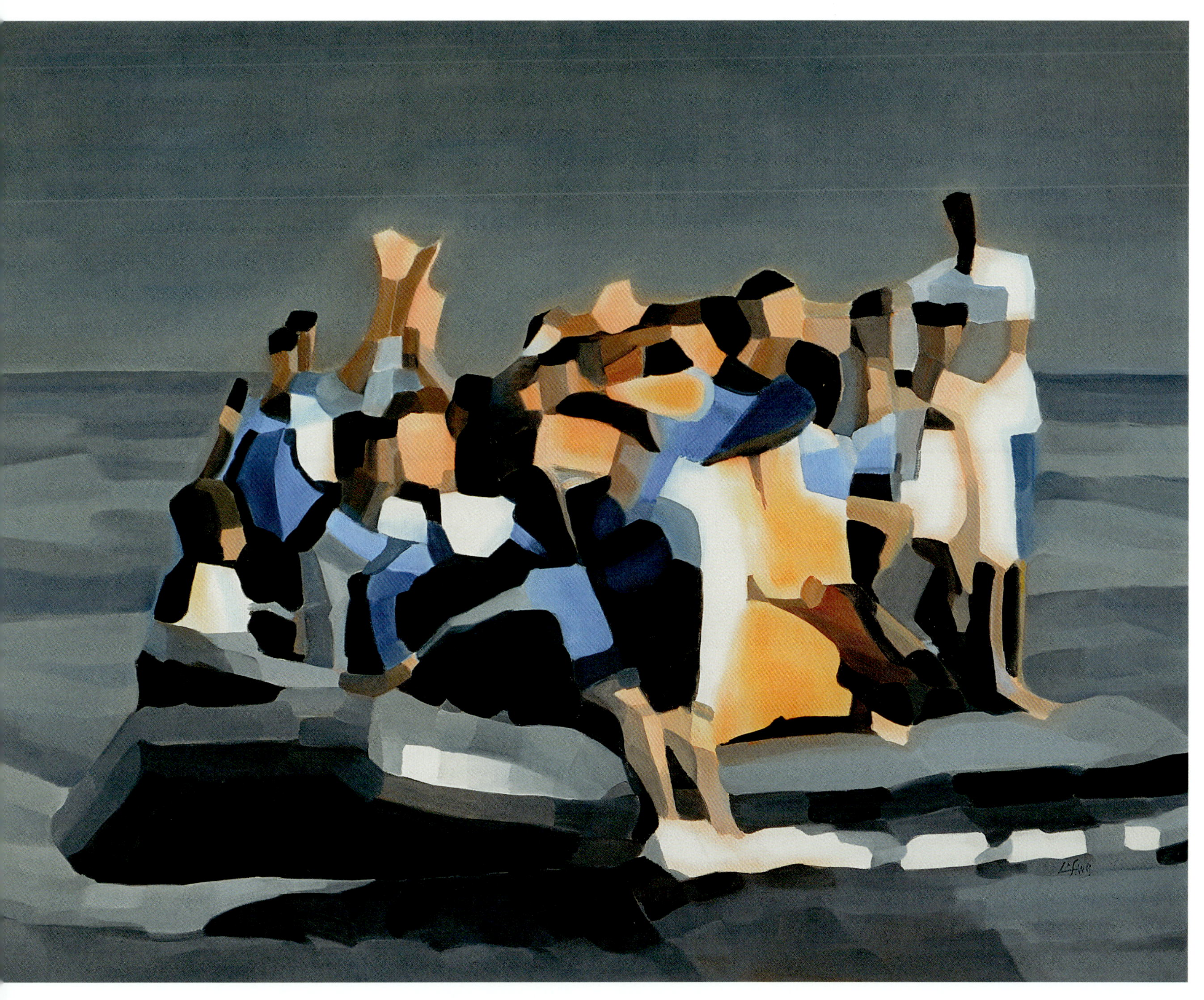

Traversée N° 6, 2019
Huile sur toile / Oil on canvas
130 × 162 cm / 51 ⅛ × 63 ¾ inches

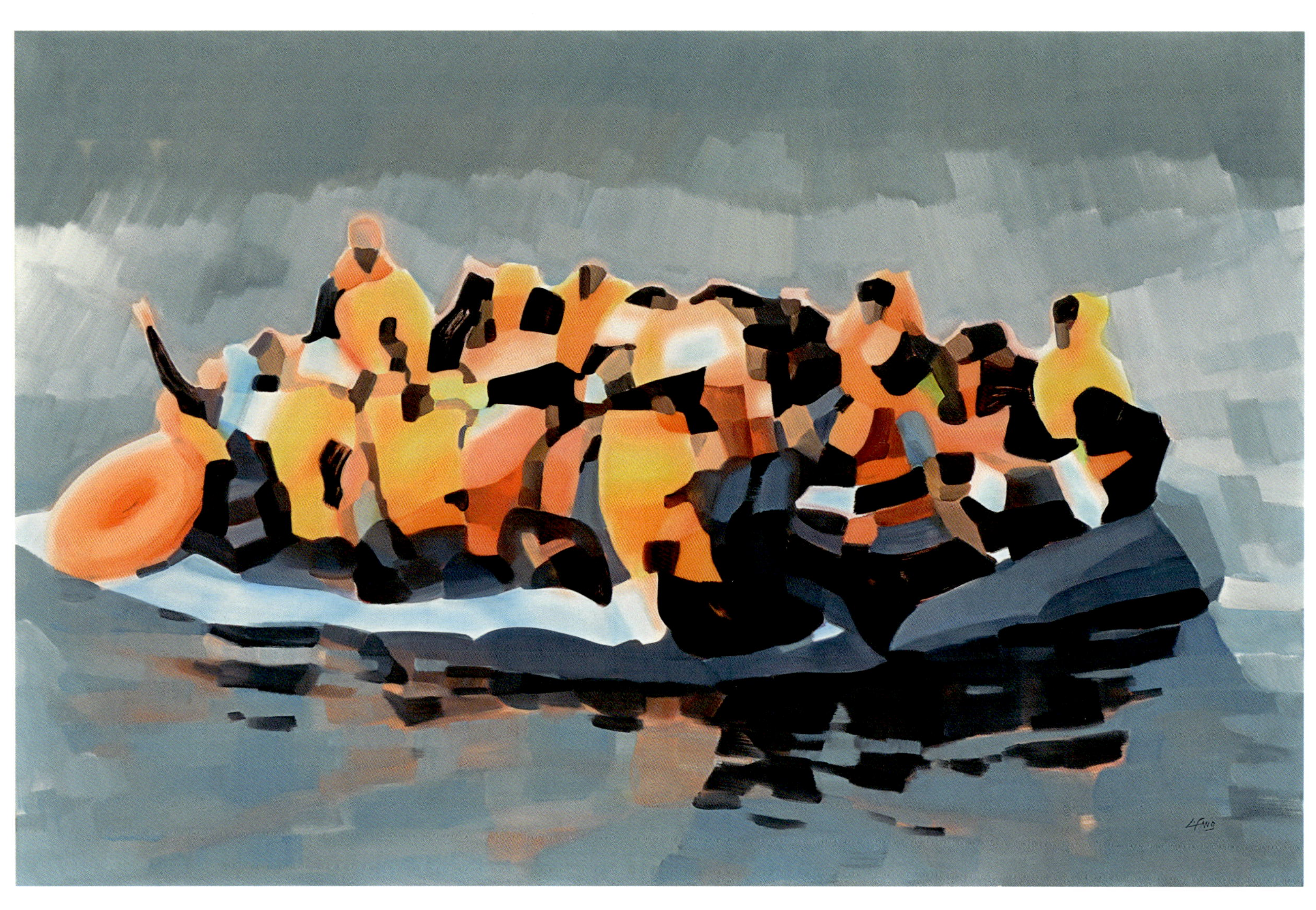

Traversée N° 10, 2020
Huile sur toile / Oil on canvas
130 × 195 cm / 51 ⅛ × 76 ¾ inches

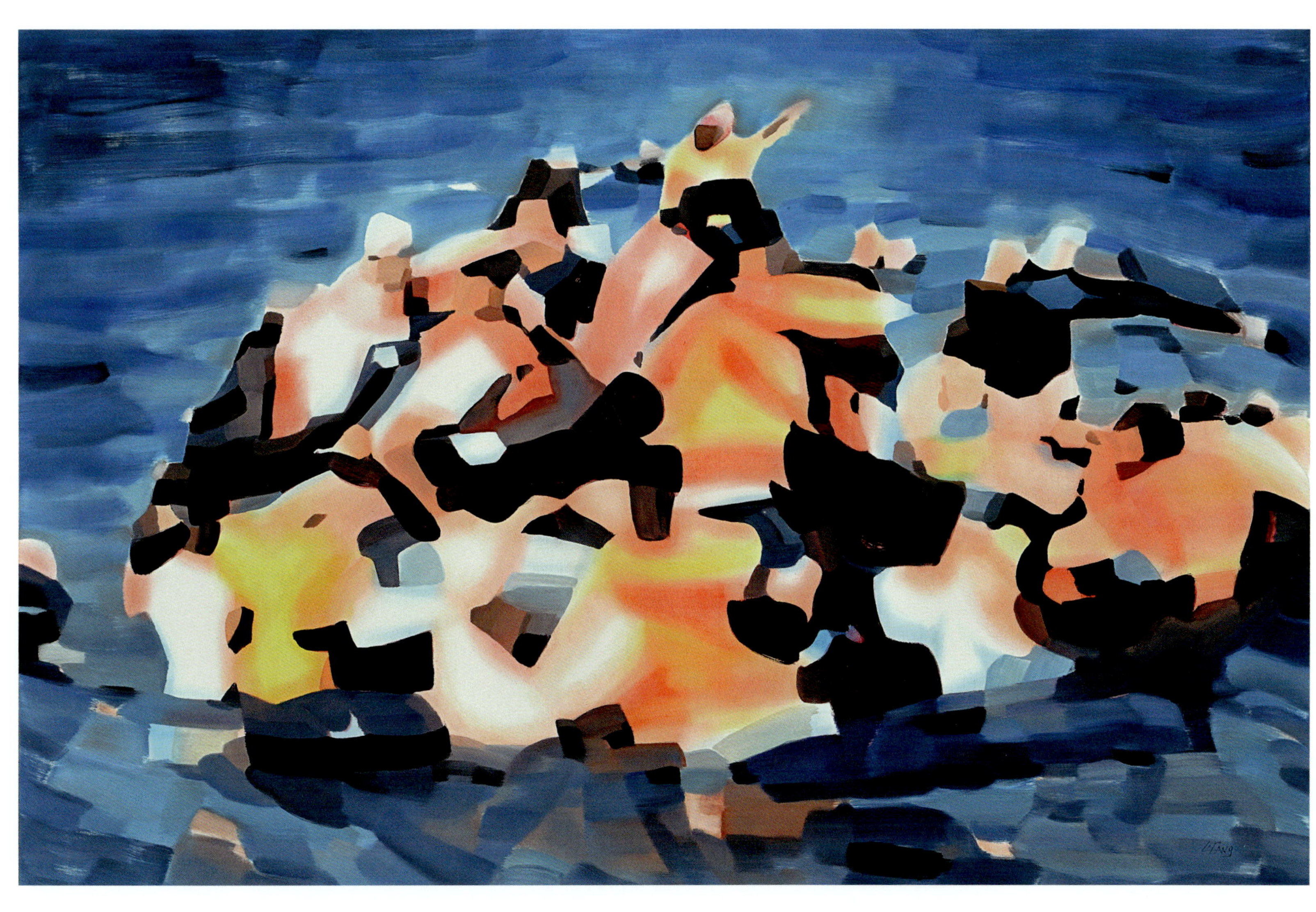

Traversée N° 13, 2020
Huile sur toile / Oil on canvas
130 × 195 cm / 51 ⅛ × 76 ¾ inches

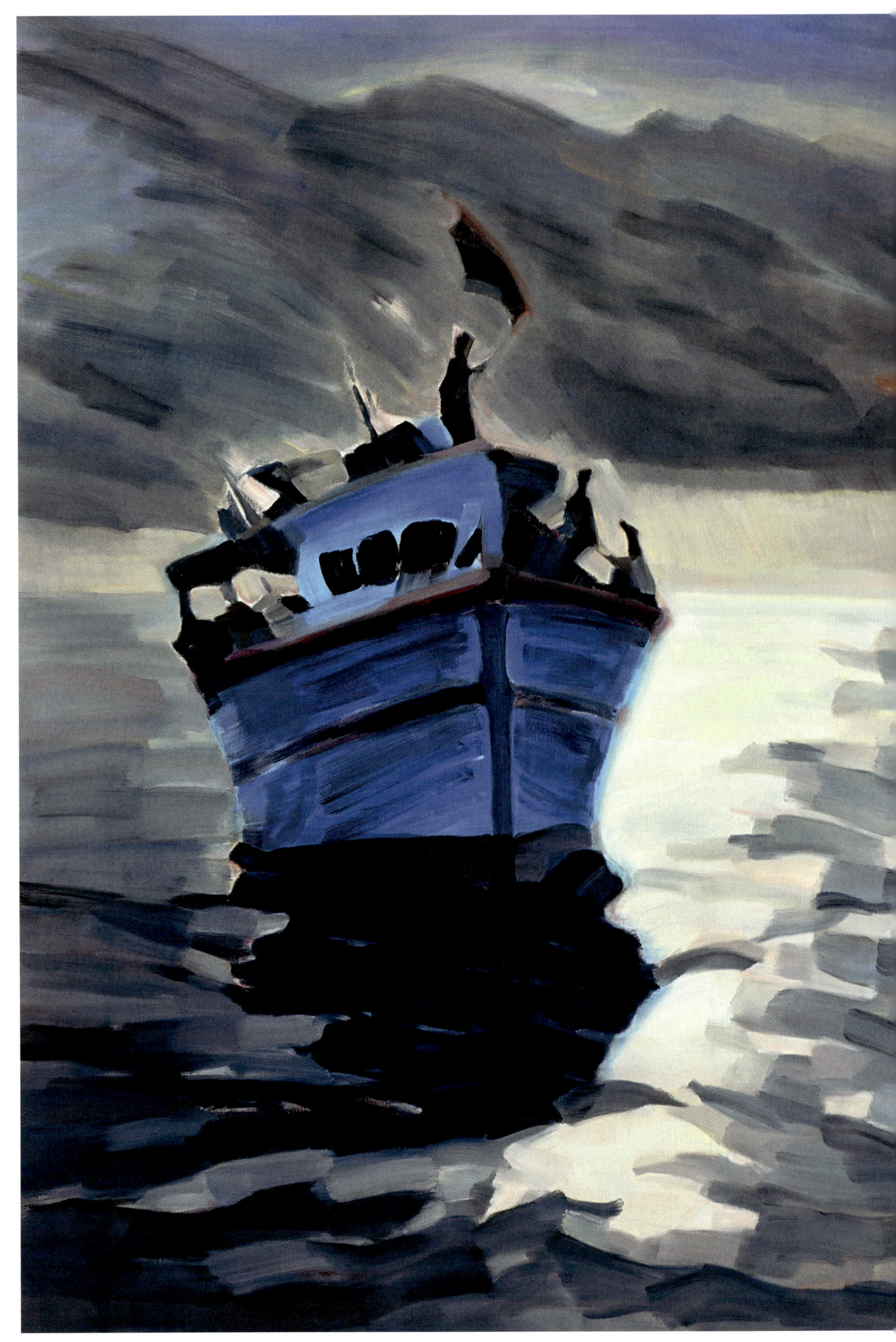

Traversée N° 26, 2022
Huile sur toile / Oil on canvas
Diptyque 195 × 260 cm /
Diptych 76 ¾ × 102 ⅜ inches

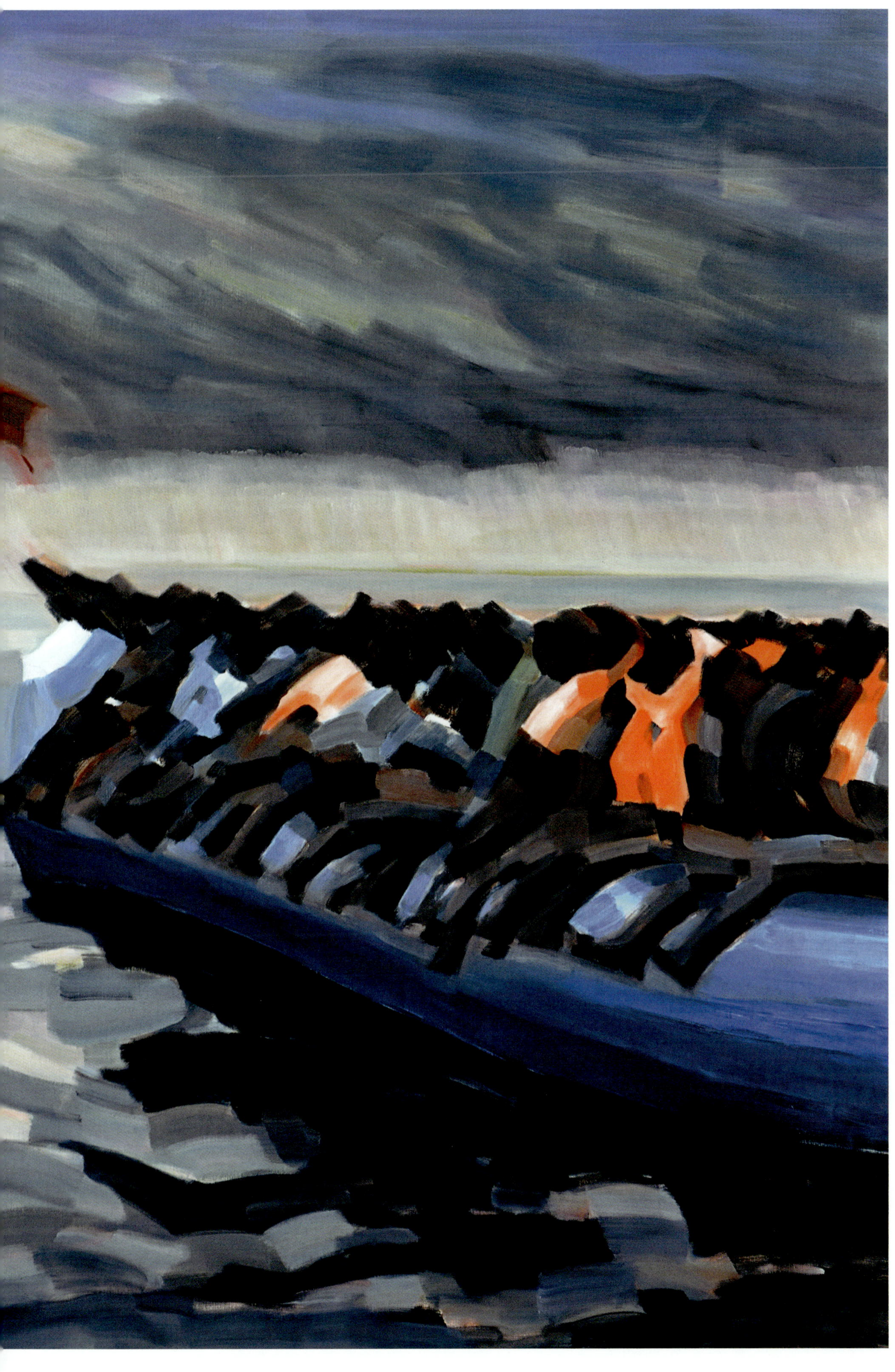

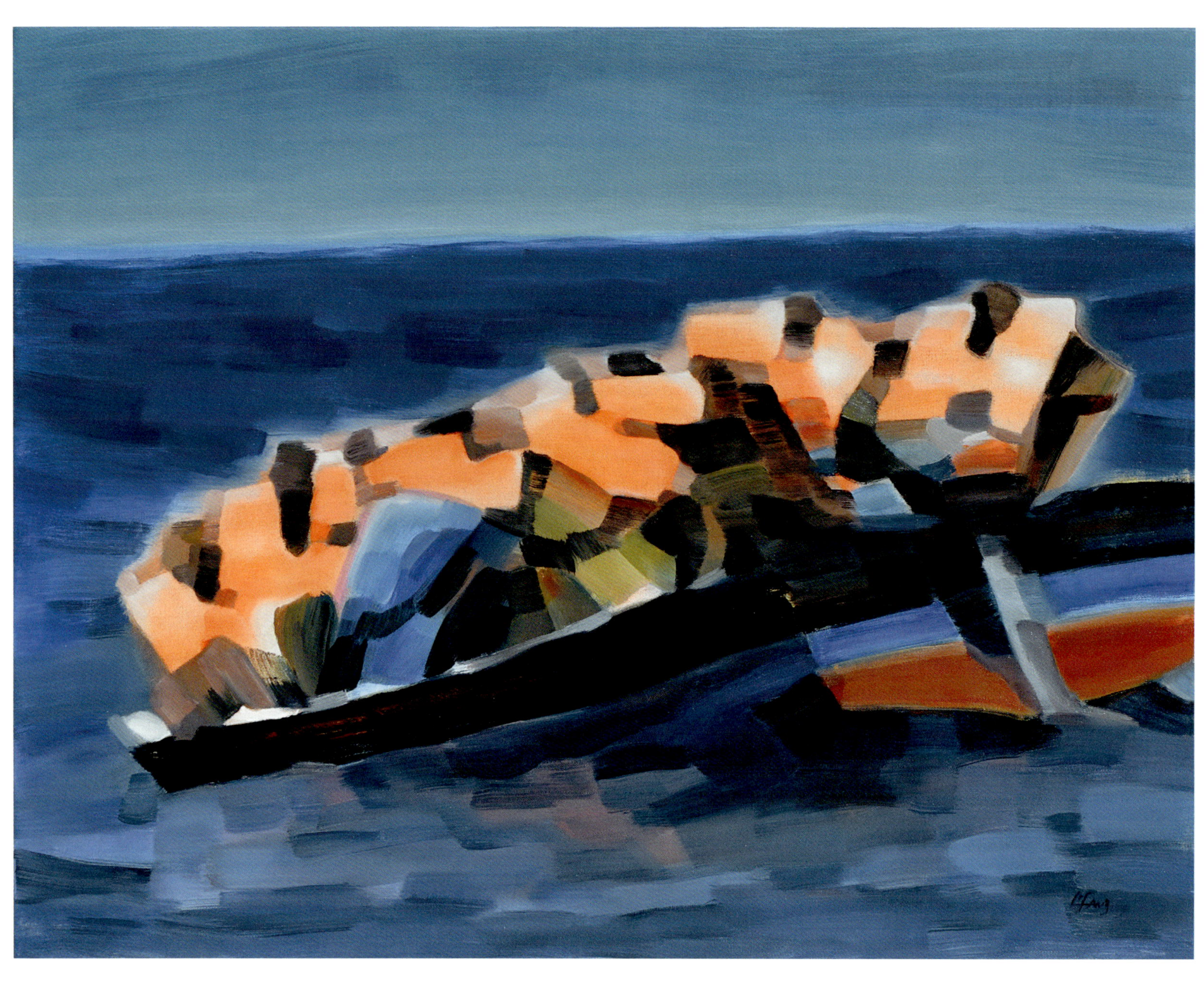

Traversée N° 27, 2023
Huile sur toile / Oil on canvas
73 × 92 cm / 28 ¾ × 36 ¼ inches

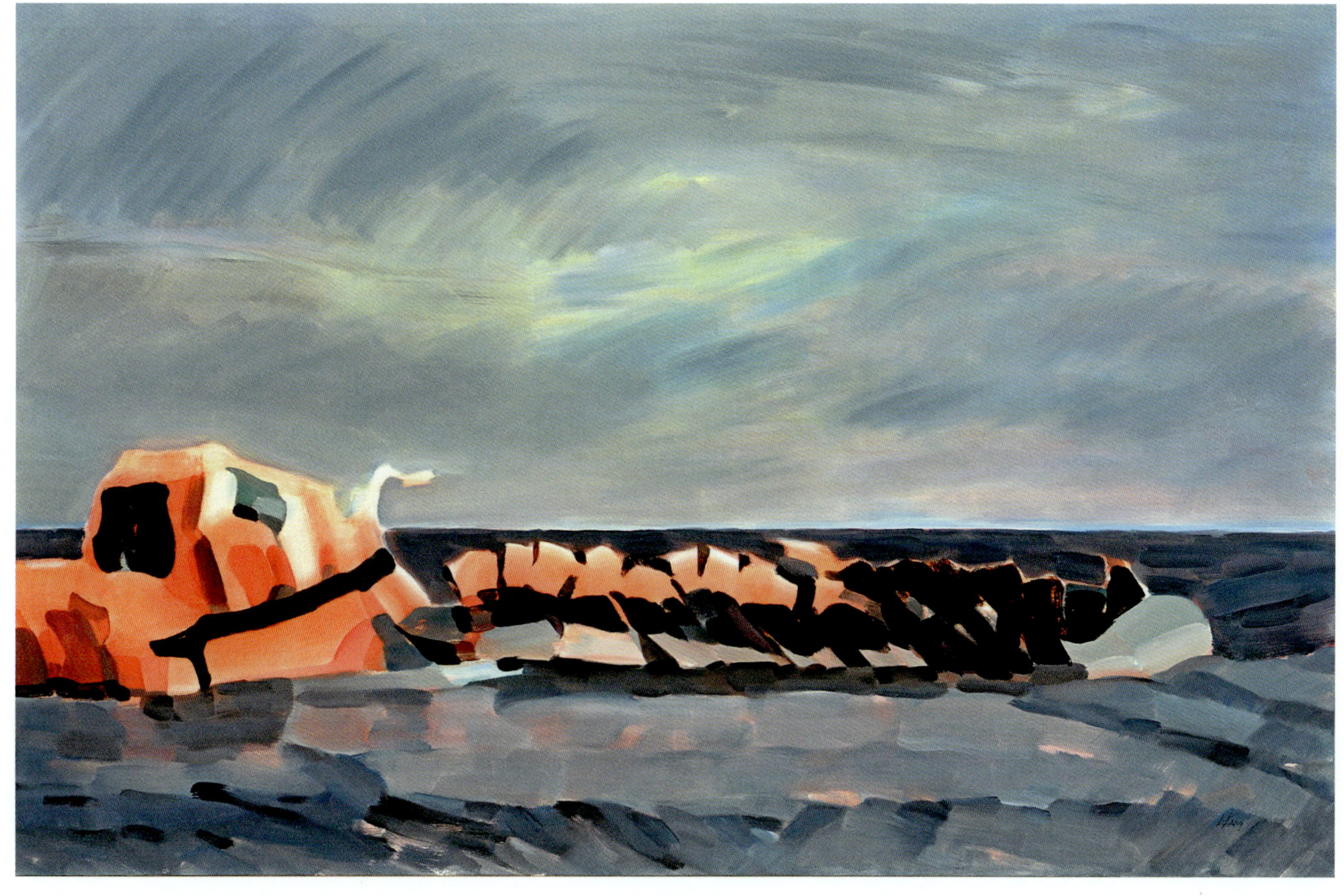

Traversée N° 22, 2021
Huile sur toile / Oil on canvas
130 × 195 cm / 51 ⅛ × 76 ¾ inches

Pages suivantes / Following pages

Traversée N° 25, 2022
Huile sur toile / Oil on canvas
130 x 195 cm / 51 ⅛ x 76 ¾ inches

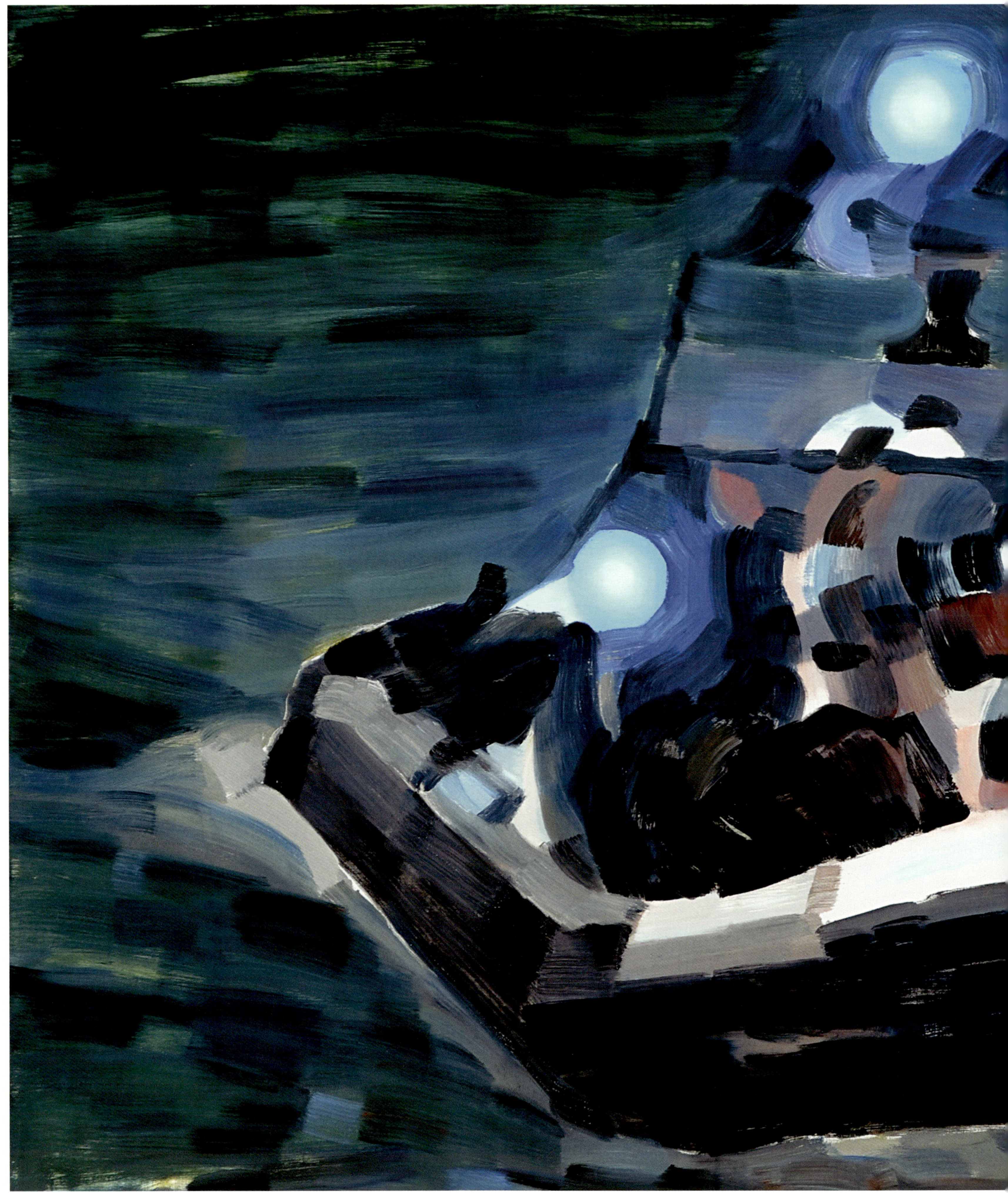

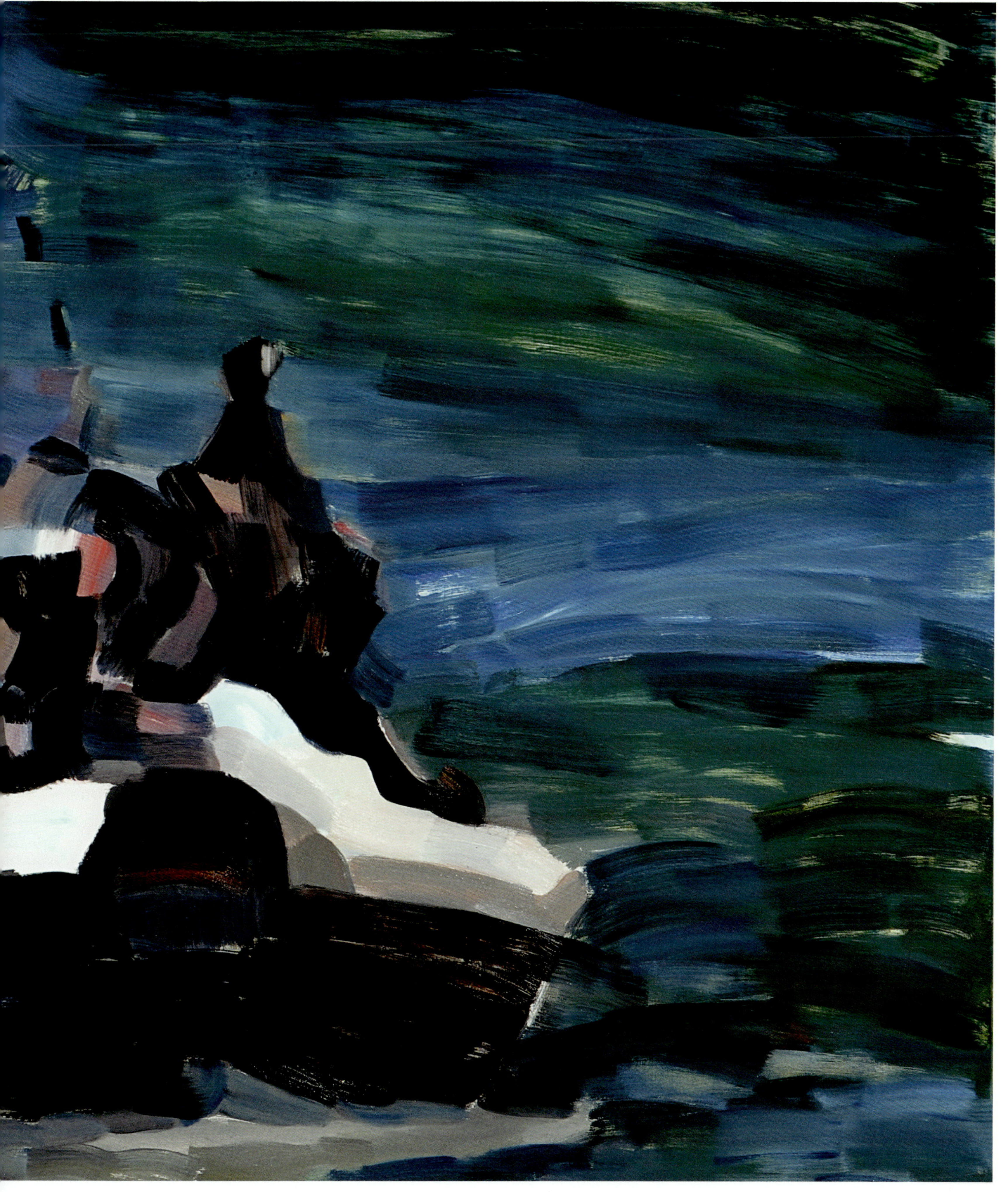

Éclats d'âme
Soul bursts

2021

En mémoire de Yang Yi

In memory of Yang Yi

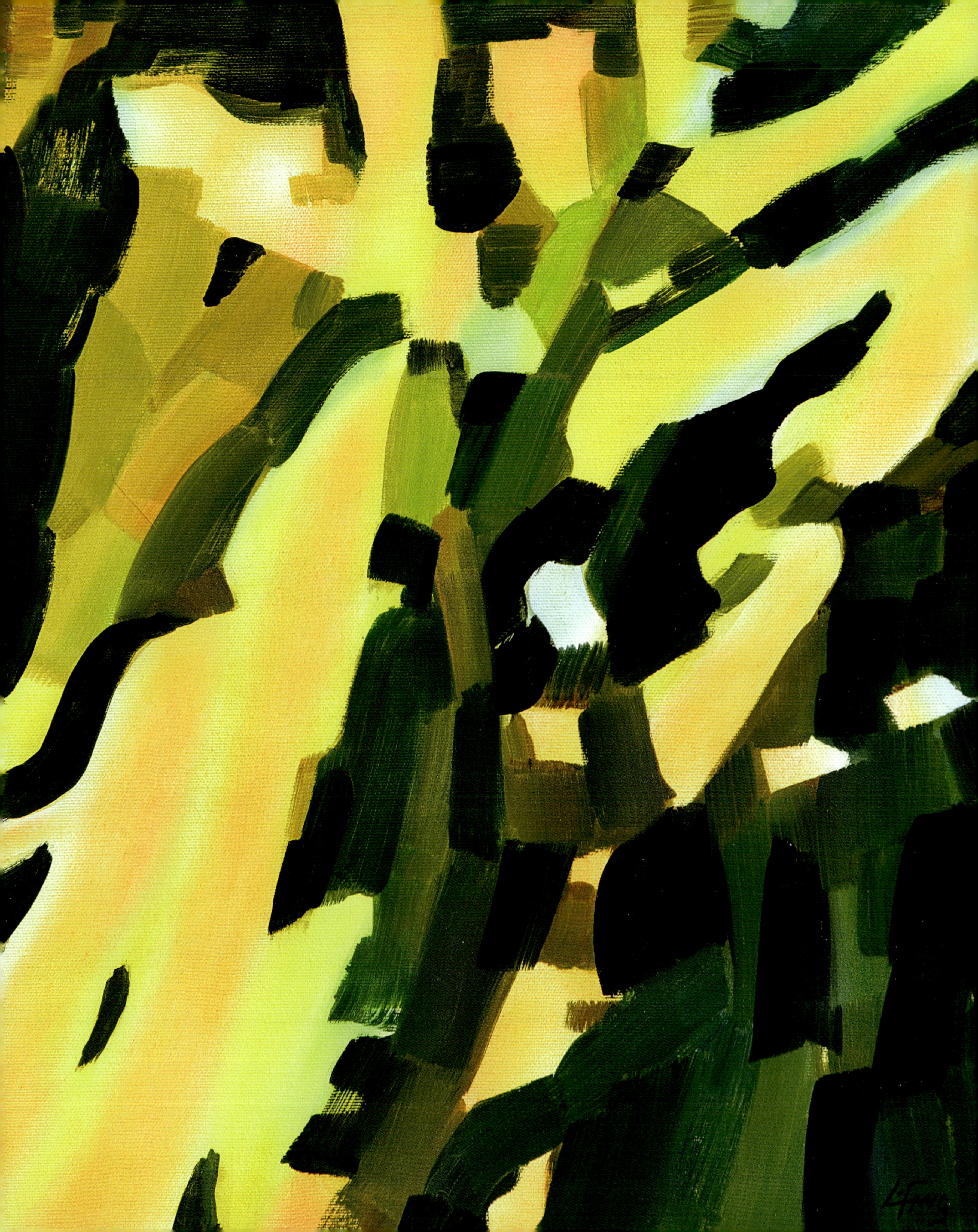

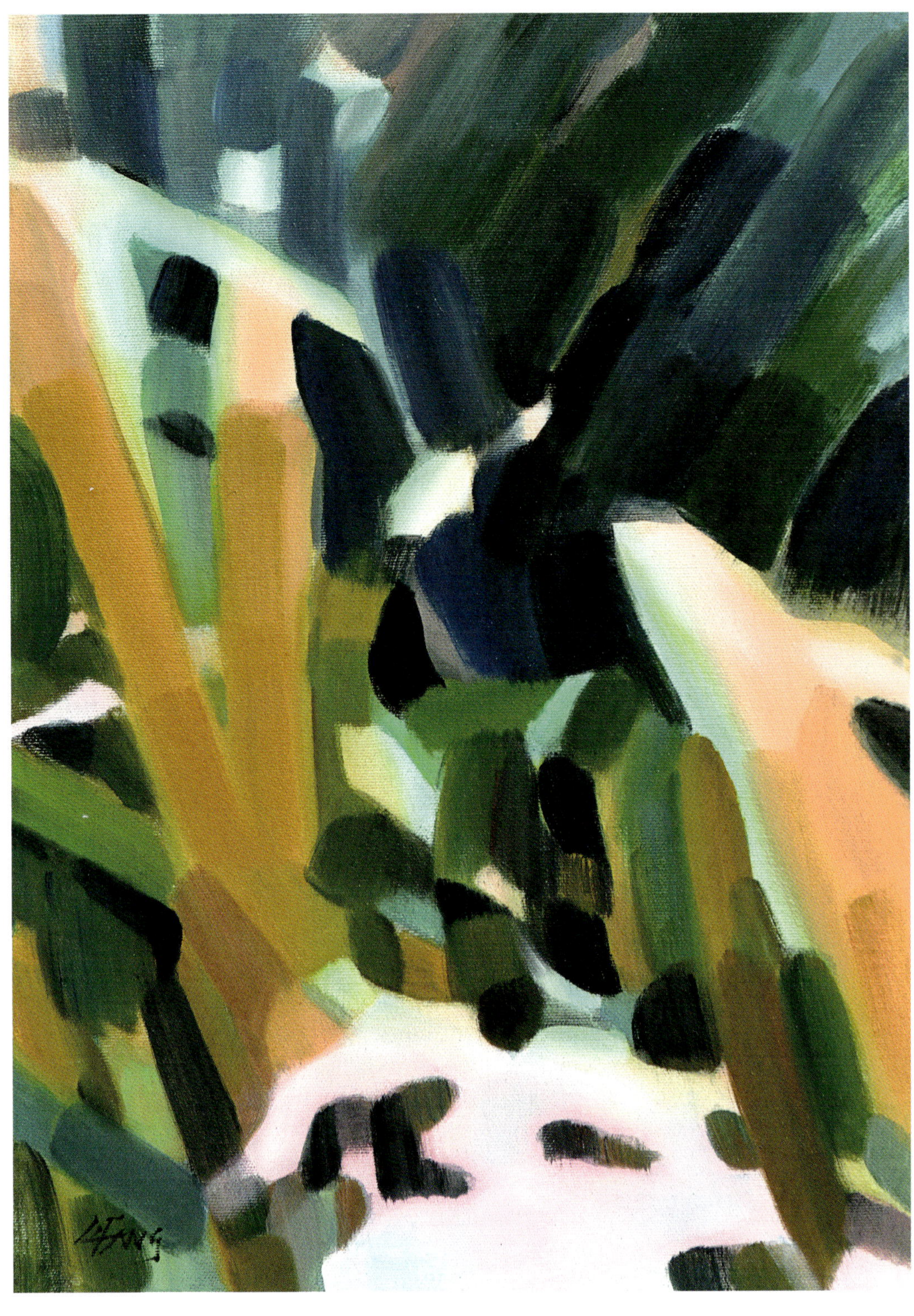

Page précédente / Previous page

Éclats d'âme N° 1, 2021
Huile sur toile / Oil on canvas
50 × 40 cm / 19 ¾ × 15 ¾ inches

Éclats d'âme N° 9, 2021
Huile sur toile / Oil on canvas
50 × 35 cm / 19 ¾ × 13 ¾ inches

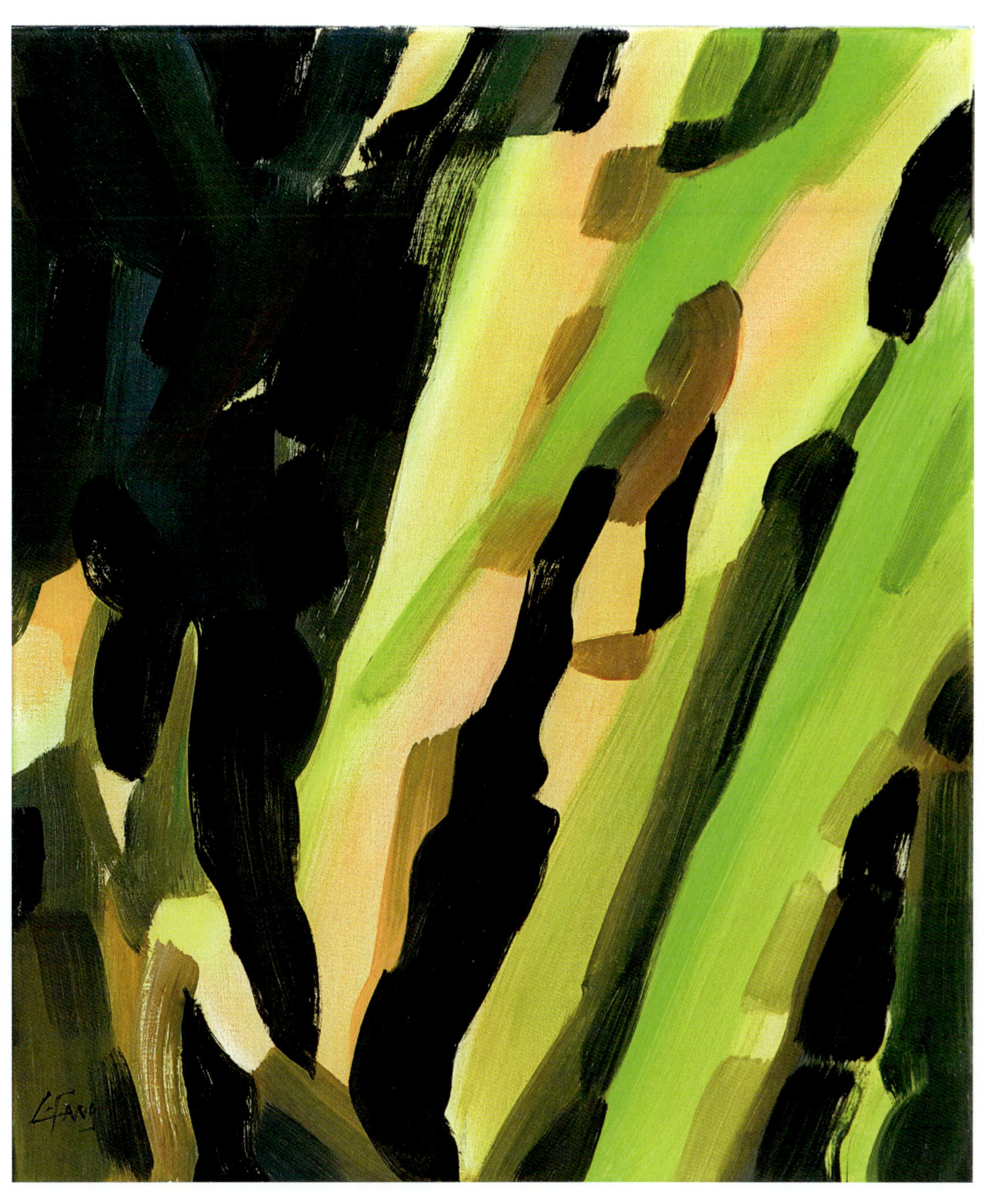

Éclats d'âme N° 13, 2021
Huile sur toile / Oil on canvas
46 × 38 cm / 18 ⅛ × 15 inches

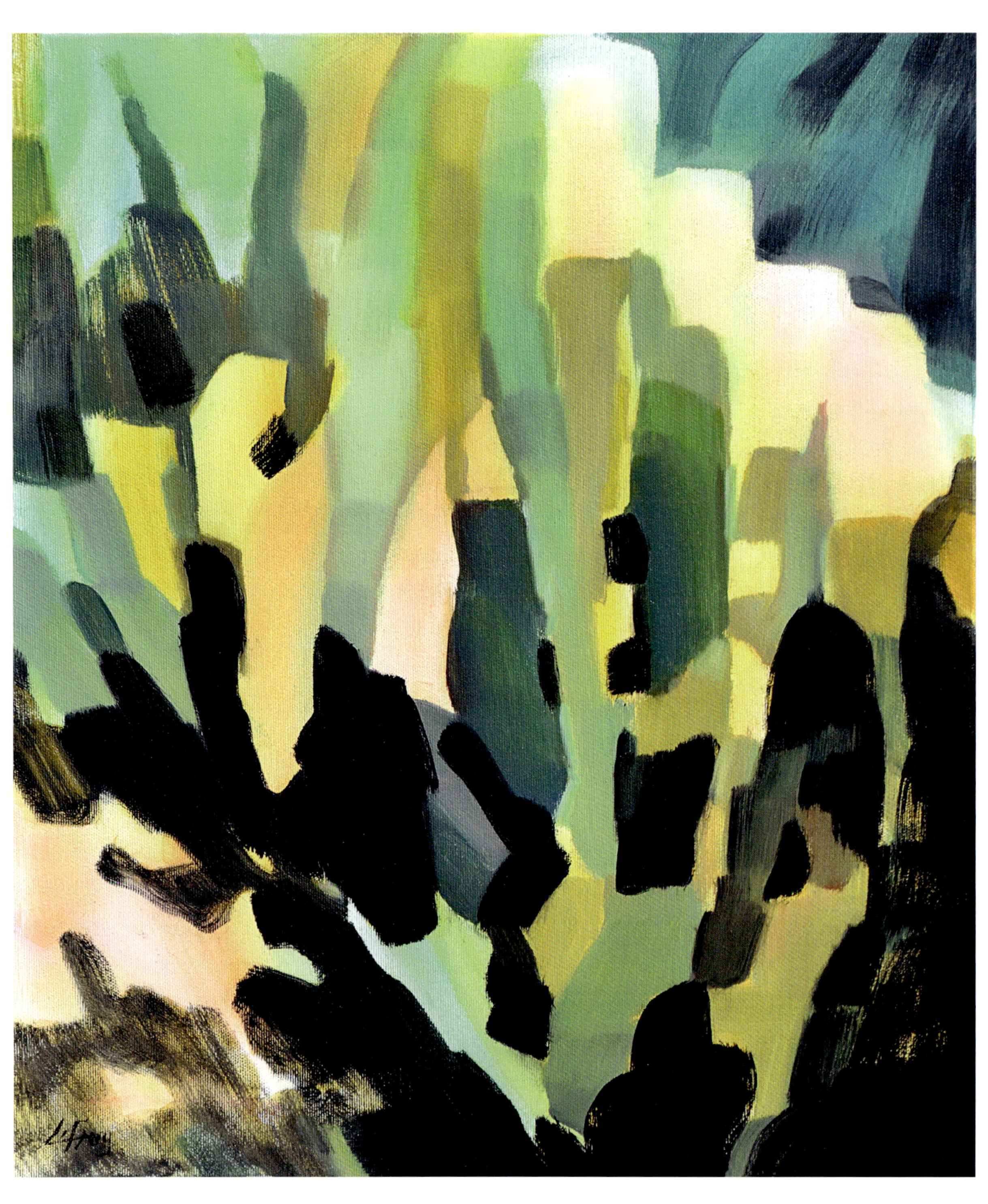

Éclats d'âme N° 19, 2021
Huile sur toile / Oil on canvas
55 × 46 cm / 21 ⅝ × 18 ⅛ inches

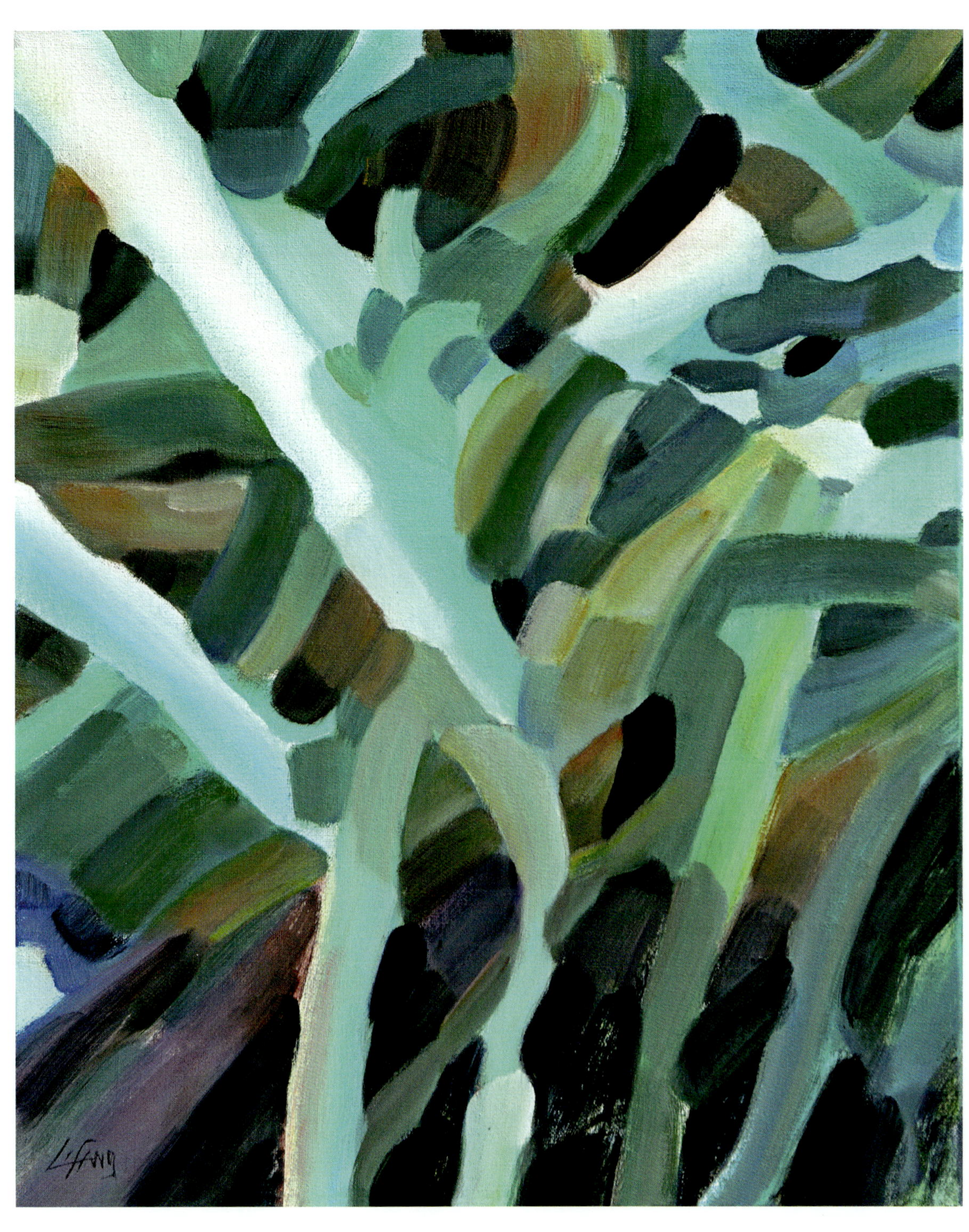

Éclats d'âme N° 14, 2021
Huile sur toile / Oil on canvas
50 × 40 cm / 19 ¾ × 15 ¾ inches

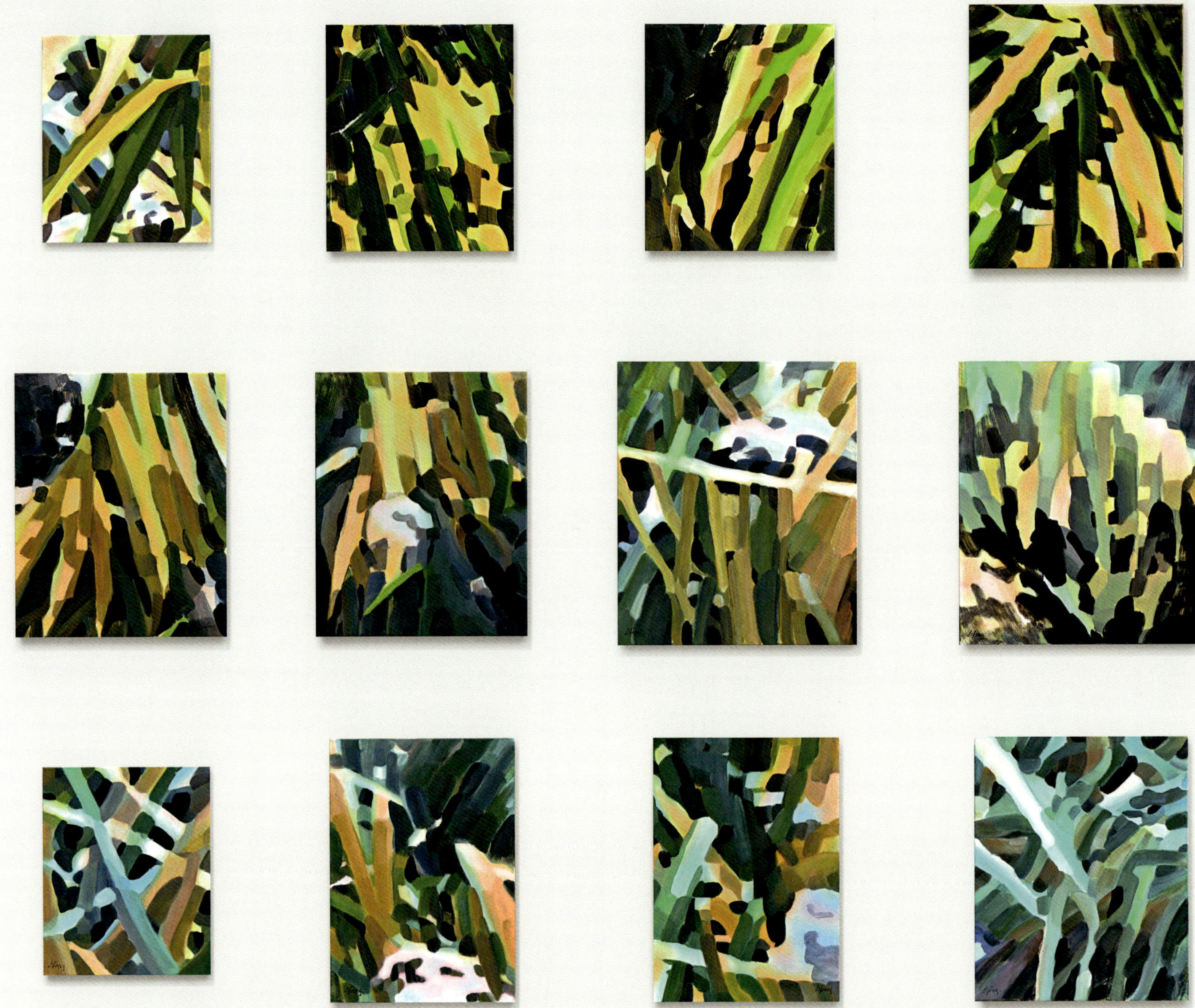

Ligne du haut, de gauche à droite / Top row, left to right: N° 21, 11, 13, 4, 1, 5, 12, 22
Ligne du milieu, de gauche à droite / Middle row, left to right: N° 7, 6, 17, 19, 20, 18, 2, 3
Ligne du bas, de gauche à droite / Bottom row, left to right: N° 23, 9, 10, 14, 15, 16, 8, 24

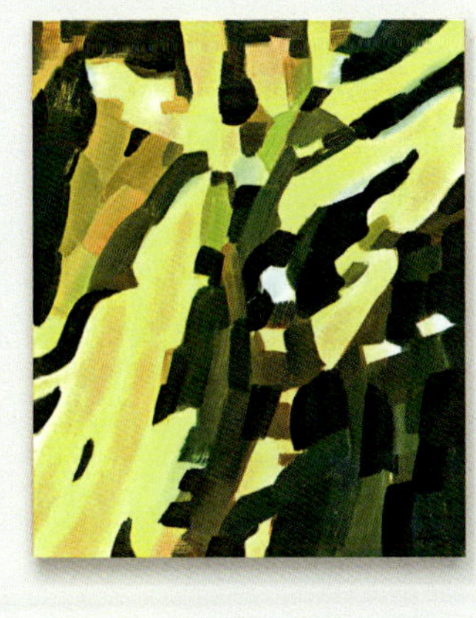
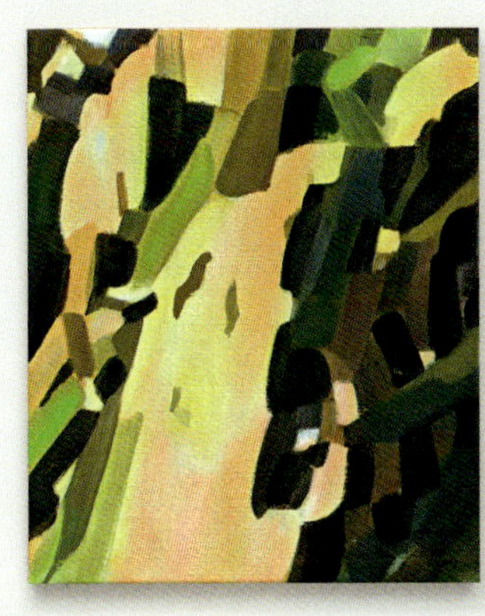
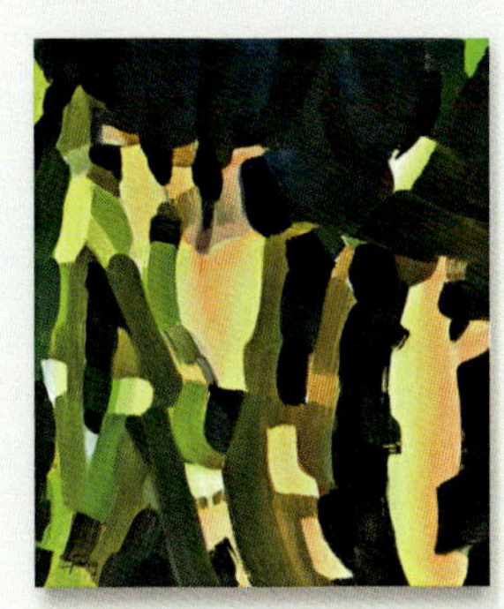
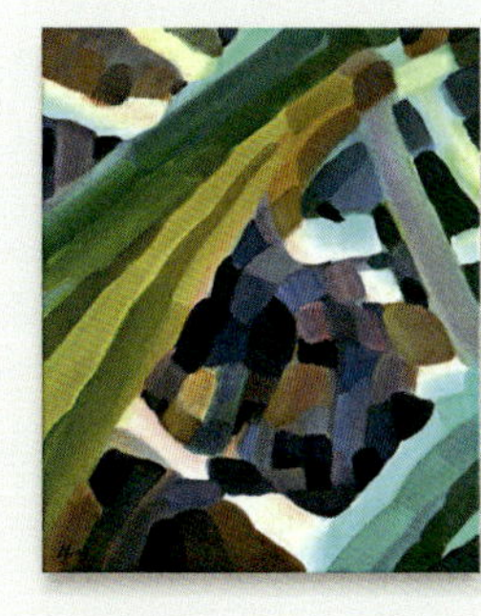
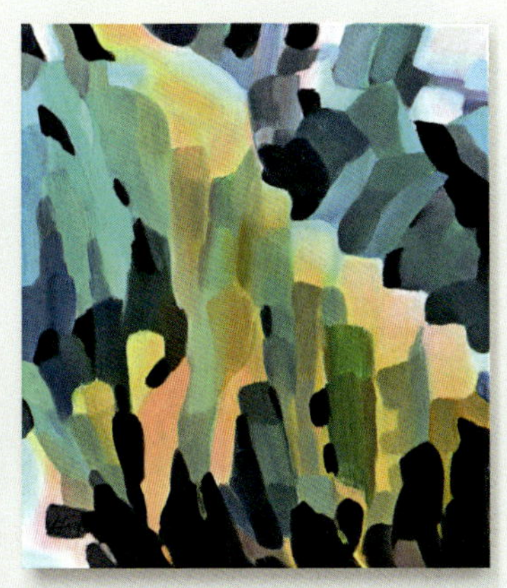
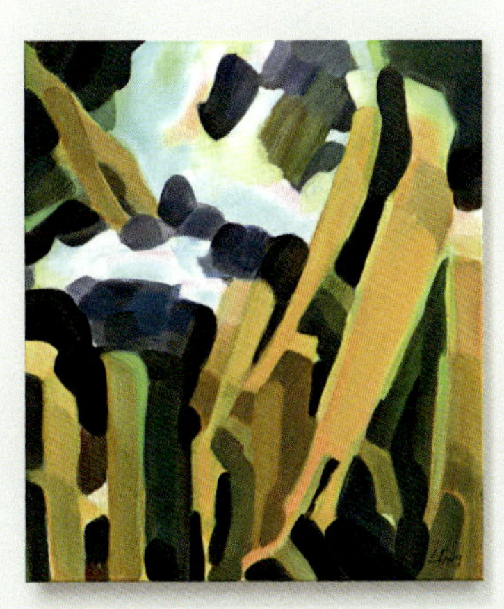
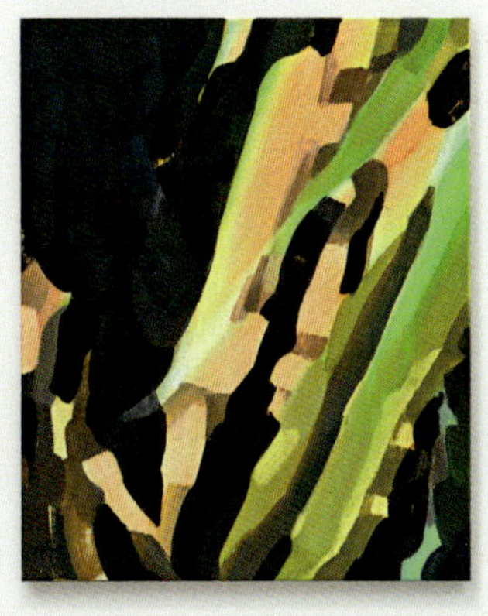
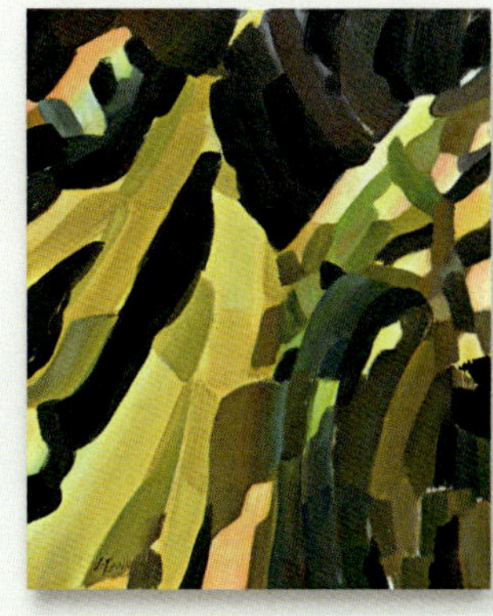
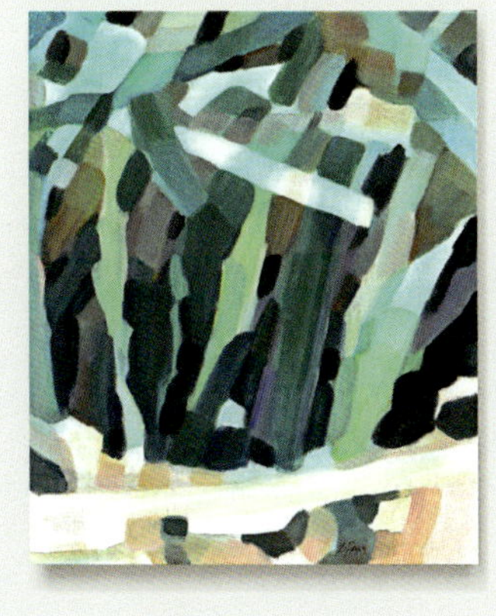
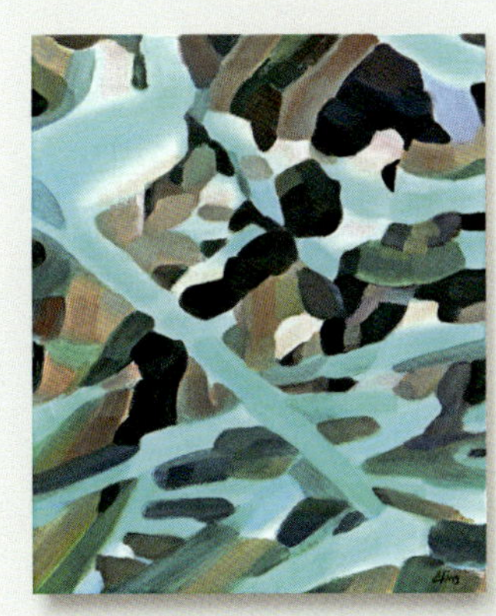
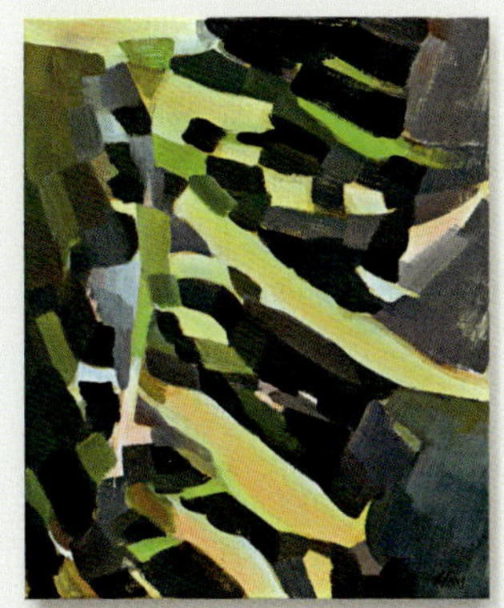
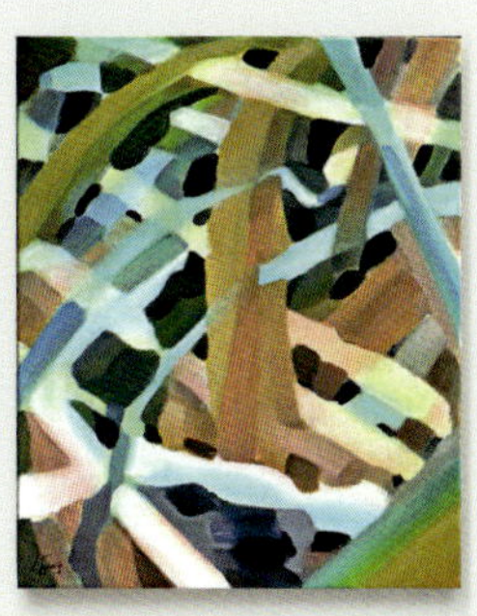

Éclats d'âme / Soul bursts, 2021
Installation

Annexes
Appendices

Entretien avec LiFang, 2014

Maël Bellec, conservateur du musée Cernuschi

Maël Bellec : Pourquoi vous êtes-vous dirigée vers des études artistiques ?
LiFang : Petite, j'aimais dessiner mais mes professeurs me l'interdisaient. Je le faisais donc en cachette. Après le collège, j'ai suivi une formation pour devenir professeure d'école primaire. C'est à partir de là que j'ai pu m'épanouir, dessiner, peindre, car cela faisait partie des cours que je recevais et, enfin, j'y étais encouragée. J'ai beaucoup aimé l'écriture aussi, mais le dessin avait cet effet magique sur moi qui m'a poussée à être artiste-peintre. Dès seize ans, je savais donc ce que je voulais faire.

MB : Êtes-vous devenue professeure d'école primaire ?
LF : Oui, j'ai été institutrice pendant deux ans à Pizhou 邳州, de 1986 à 1988. J'en ai profité pour me préparer aux concours des écoles de beaux-arts. Mais j'ai rencontré beaucoup de difficultés car je n'étais pas censée reprendre des études, étant déjà professeure fonctionnaire. Officiellement, c'était interdit et mes parents, mes collègues, ont bien veillé à me le rappeler. Quand j'expliquais que je voulais étudier les beaux-arts, les gens trouvaient cela absurde car les études universitaires étaient uniquement réservées à ceux qui sortaient du lycée, pas à ceux qui bénéficiaient déjà d'un poste.

MB : Mais vous avez persévéré.
LF : J'ai préparé et passé discrètement le concours qui m'ouvrait les portes du département des beaux-arts de l'École normale de Nankin [Nanjing shifan daxue 南京师范大学]. J'ai eu une très bonne note, la meilleure de la province. Mon directeur d'alors a été touché. Il s'est dit que j'étais talentueuse et ne m'a pas bloquée. C'était alors à moi de convaincre le directeur du bureau de l'éducation de la ville de Pizhou, car je n'avais pas le droit de démissionner.

MB : Et vous avez réussi ?
LF : J'ai réussi après plusieurs essais. Au début, il a dit non, puis au bout de cinq ou six fois, il m'a proposé d'autres formations. Elles ne me correspondaient pas car je voulais vraiment faire les Beaux-Arts. Finalement, il m'a laissé quitter mon poste pour entrer, à titre exceptionnel, à l'École normale de Nankin. C'était la première fois que je rencontrais des difficultés avec ma hiérarchie, mais c'est le premier pas qui a été le plus difficile ! Ces études ont duré quatre ans, je m'y suis spécialisée en peinture. Les deux premières années, j'ai suivi des cours de peinture à l'encre, de calligraphie et de gravure ; les deux suivantes, je me suis orientée vers la peinture à l'huile, avec l'apprentissage de techniques particulières, comme la laque et la peinture décorative. La peinture décorative bénéficiait d'un enseignement, d'une technique et d'un esprit plus libres et plus souples que la peinture à l'huile, laquelle était encore enfermée dans une phase « soviétique », rigide, et se devait d'être au service de la politique et du peuple.

MB : À quoi cette formation a-t-elle abouti ?
LF : C'était une École normale. J'étais donc formée à être professeure. Comme je l'étais déjà auparavant, je n'avais pas le droit de changer d'orientation. Après mon diplôme, en 1992, je suis donc redevenue professeure, mais à l'École normale primaire de Yunhe [Jiangsu Yunhe shifan xuexiao 江苏运河师范学校], là où j'avais fait mes premières études. J'y suis restée une année, avant d'enseigner trois autres années à l'École des Mines de Chine [Zhongguo kuangye daxue 中国矿业大学], qui formait des ingénieurs. Je travaillais dans le département des arts décoratifs et du design.

MB : En parallèle, vous avez commencé à produire.
LF : Je passais alors tout mon temps libre à peindre. Mes inspirations venaient plutôt de la littérature, particulièrement d'écrivains occidentaux du xxe siècle comme Kafka et García Márquez. Ce sont les ambiances absurdes qui m'inspiraient dans ces livres et que je retrouvais dans la vie quotidienne. La question était : comment les retranscrire ? Je peignais des personnages dans des environnements et des situations étranges, au milieu d'antiquités, pour retranscrire ma solitude et mon incompréhension de la société.

MB : Vous exposiez ces œuvres ?
LF : Non. Je peignais alors seulement pour moi.

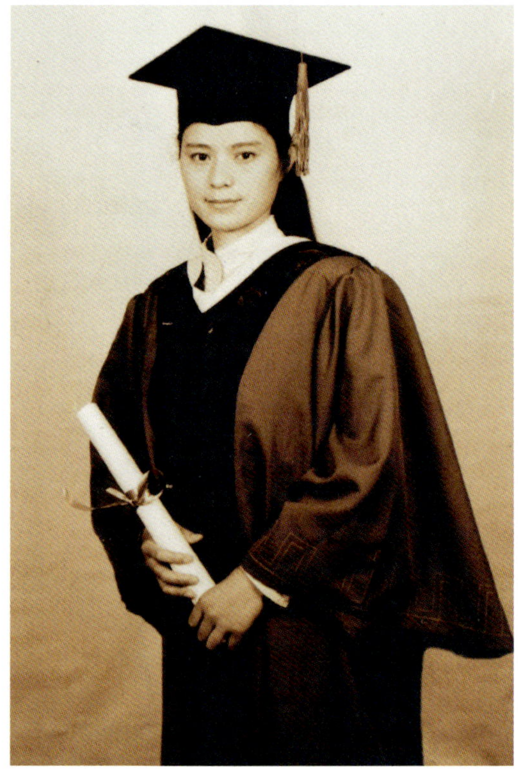

Réception du diplôme de Post-Master en beaux-arts à l'Institut d'art de Nankin, 1999
Receipt of the Post-Master's degree in Fine Arts at the Nanjing University of the Arts

Interview with LiFang, 2014

Maël Bellec, Curator at the Musée Cernuschi

Maël Bellec: What led you to study art?
LiFang: As a child I loved drawing but it was forbidden by my teachers. Yet I was still doing it behind their backs. After going to grammar school, I trained to become a primary school teacher. From that moment on I was able to flourish through the practice of drawing and painting as it was all part of my training. Finally, I was even encouraged to do so. I also very much enjoyed writing but drawing has always worked its magic on me and that is what made me become a painter. From the age of sixteen, I knew exactly what I wanted to do with my life.

MB: Did you finally become a school teacher?
LF: Yes. I was a primary school teacher from 1986 to 1988. In the meantime I was using my free time to prepare the entry exam for fine arts school. Unfortunately, in the Chinese system I wasn't supposed to become a student for I already had a defined job as a civil servant. Whenever I was explaining why I wanted to study fine arts, the people around me would find it totally absurd. In the Chinese system of the time, studying was for those who had just graduated from secondary school.

MB: But you persevered, didn't you?
LF: Indeed. In total secrecy I prepared the selective entry exam that would open the doors of the Fine Arts Department of Nanjing Normal University. I obtained a very high mark which happened to be the highest of the region. The school director at the time felt very much moved by my achievement. He acknowledged my talent and didn't object to my joining the school. However, he said that I still had to convince the town of Pizhou's director of schools, and that the Chinese system would not allow me to resign from my school teacher position.

MB: And did you succeed?
LF: I did indeed. After many attempts! At first, he said no. Then after I insisted five or six times, he offered me alternatives but none of them really suited me, I felt. For I really wanted to be admitted in fine arts! Finally he granted me permission to resign from my job and allowed me exceptionally to enter the Fine Arts

Department of Nanjing Normal University. For the first time in my life I was confronted with difficulties from my superiors. But the first step was the hardest step. I studied there for four years and ended up majoring in painting. The first two years I trained in ink painting, in calligraphy and in engraving; the last two years I moved towards oil painting, training in the very particular lacquer technique and decorative painting. Back then, the decorative painting approach benefited from a form of teaching and technique that was more permissive than that in the oil painting department, with the latter still being prisoner of the so-called and quite rigid Soviet phase, with its purpose being to serve the political system and the people of China.

MB: And what was the outcome of the training?
LF: It was still falling in the category of teacher's training. I was therefore trained to teach! Just like before, I was forbidden to make a career change. After getting my diploma in 1992, I went back to teaching in a primary school in Yunhe where I had completed my initial studies. So I taught there for one academic year and then taught at a highly respected school of engineering for three years, working in the department of decorative arts and design.

MB: Alongside the teaching, that's when you started producing your own work.
LF: Yes, that's right. I spent all my free time painting. At the time my source of inspiration was 20th century Western literature with writers such as Kafka or Garcia Marquez. This world of absurdity inspired me as I could relate to it in my own everyday life. The question was, how could I translate this sort of atmosphere into my paintings? I started painting various characters in rather strange situations, surrounded by antiques. That was my way of translating this feeling of solitude as well as my total misunderstanding of the society I was supposed to be part of.

MB: Were you exhibiting your work at the time?
LF: No, I wasn't. I was only painting for myself; it was like writing a diary. I was also painting my dreams.

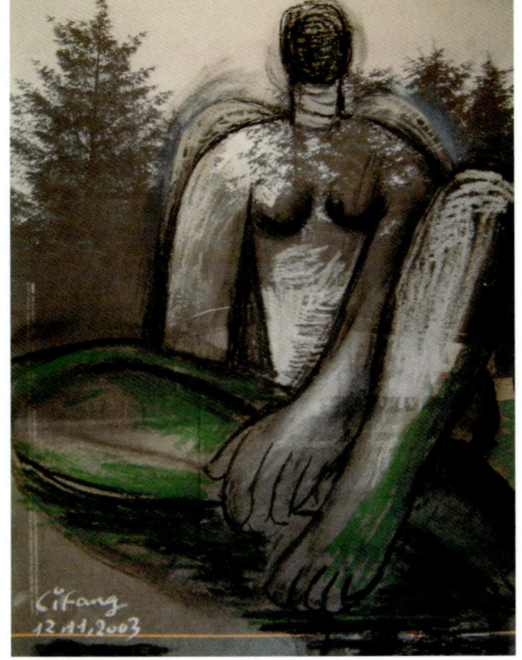

Géante, 2003
Pastel sur papier / Pastel on paper
40 × 30 cm / 15 ¾ × 11 ¾ inches

C'était une sorte de journal intime. Je peignais d'ailleurs aussi mes rêves. Ce n'était pas destiné à être exposé.

MB : Vous étiez connue comme artiste ?
LF : Non. En 1996, j'ai repris à nouveau des études car je sentais que je n'avais plus d'inspiration. J'ai passé le concours très sélectif pour l'École des beaux-arts [NDLR : l'Institut d'art de Nanjing 南京艺术学院]. J'ai dû démissionner et suis redevenue une étudiante pendant trois ans, un intervalle qui, en Chine, sépare le Master du Doctorat. Je poursuivais mes études sans arrêt car c'était le seul moyen pour moi d'apprendre et d'approfondir la peinture. Mes études étaient uniquement centrées sur la peinture à l'huile, dans laquelle je voulais me perfectionner pour pouvoir m'exprimer plus largement.

MB : Et en 1999, vous avez commencé à exposer.
LF : Pendant ces trois années d'études, j'avais déjà fait des expositions personnelles et collectives à l'École des beaux-arts et au musée des beaux-arts de Jiangsu [Jiangsu meishuguan 江苏美术馆].

MB : Comment ces œuvres ont-elles été reçues ?
LF : Je faisais de la peinture à l'huile classique sur des sujets classiques. C'était plutôt une recherche technique et picturale. Les critiques et les institutions réagissaient normalement, trouvaient mes œuvres de bonne qualité, mais c'est tout. Être exposée en Chine n'était pas ma préoccupation à ce moment-là. La sélection se faisait sur des critères plus hiérarchiques et politiques qu'artistiques.

MB : En 2001, qu'est-ce qui vous a décidé à partir en France ?
LF : À partir de 1999 ou 2000, la France a accepté plus largement des étudiants chinois. Quand je l'ai su, je me suis dit que c'était le moment ou jamais d'y aller, pour me perfectionner. C'est vraiment là que je devais aller, car les artistes qui m'avaient touchée dès mes quinze ans avaient tous travaillé à Paris, comme Van Gogh par exemple. C'est la ville que je connaissais le mieux au monde virtuellement. J'ai appris un peu le français avant de faire une demande de visa. Au préalable, j'ai dû faire une autre demande de visa touristique pour la Corée du Sud, juste pour avoir un passeport. À cette époque, obtenir un passeport ne pouvait se concevoir que pour aller dans des pays

très proches. J'ai donc préparé discrètement mon visa étudiant pour la France. Ça m'a pris presque un an. J'envisageais de partir pendant les vacances scolaires d'été, car j'avais obtenu un nouveau poste de professeure de peinture et de dessin à l'université [NDLR : l'Institut d'éducation du Jiangsu (Jiangsu jiaoyu xueyuan 江苏教育学院)] et je ne voulais pas créer de problème dans l'organisation des cours en « disparaissant » pendant l'année scolaire. Je suis donc venue à Paris en cachette de ma hiérarchie. Il m'a fallu beaucoup jouer à cache-cache pour faire ce dont j'avais envie et ne pas être embêtée inutilement. Je savais ce que je voulais. Donc j'ai contourné les obstacles. J'avais déjà trente-trois ans, plus de temps à perdre et nulle peur de repartir de zéro. L'envie était la plus forte. Je n'ai pas hésité une seconde.

MB : Vous avez repris vos études à Paris.
LF : J'ai commencé par apprendre le français pendant un an, car je n'avais pas le niveau suffisant pour suivre des cours. L'année suivante, j'ai été admise à la Sorbonne, en DEA, dans le cursus « arts plastiques ». J'étais trop âgée et diplômée pour l'École des beaux-arts. J'ai terminé ce DEA en un an, car je le considérais comme un peu inutile pour ma peinture. Je n'apprenais pas grand-chose, j'étais déçue. J'ai eu la mention très bien et ai été admise en thèse, mais j'ai préféré ne pas poursuivre. Le diplôme n'était pas mon but. Je voulais reprendre le pinceau tout de suite.

MB : Que vous a apporté Paris ?
LF : J'y ai découvert les musées, les galeries, les peintures des grands maîtres anciens et modernes, l'art contemporain. Les études à la Sorbonne n'étaient pas ma priorité. Le système d'enseignement ne correspondait pas à ma recherche. J'apprenais plus de choses sur l'art et la peinture dans les musées et les galeries qu'à l'université.

MB : Votre style a évolué après votre arrivée à Paris ?
LF : Je me suis lancée à 100% dans la peinture dès l'été 2003, après ma soutenance de diplôme de DEA, à la Sorbonne. Durant cette période, j'exprimais ce que j'avais en moi, après trente années passées en Chine et deux ans de solitude à Paris. C'était une période lourde moralement. Chaque fois que je finissais un tableau, c'était comme si je me vidais d'une partie de moi. Cela a donné la série des *Géants* qui dure jusqu'au début 2006.

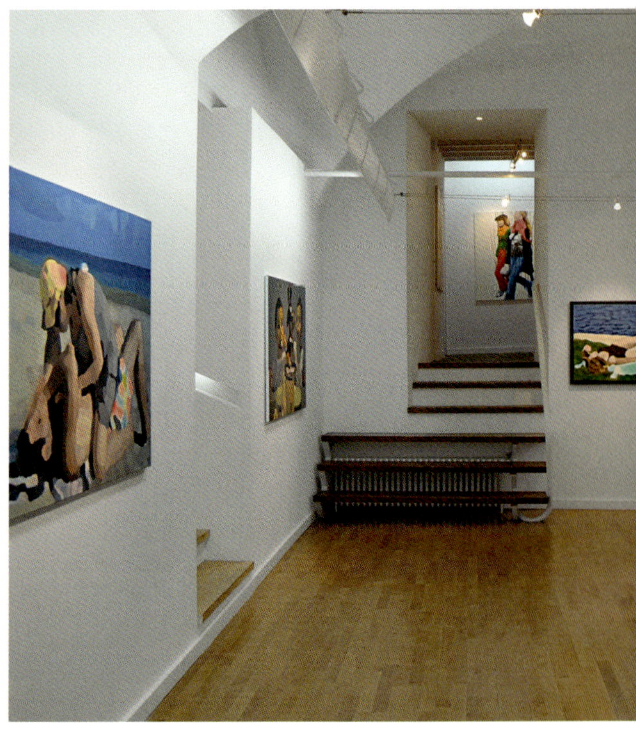

Vue de l'exposition à la galerie Claire Gastaud, Clermont-Ferrand, 2012
View of the exhibition, Galerie Claire Gastaud

None of my work was meant to be shown.

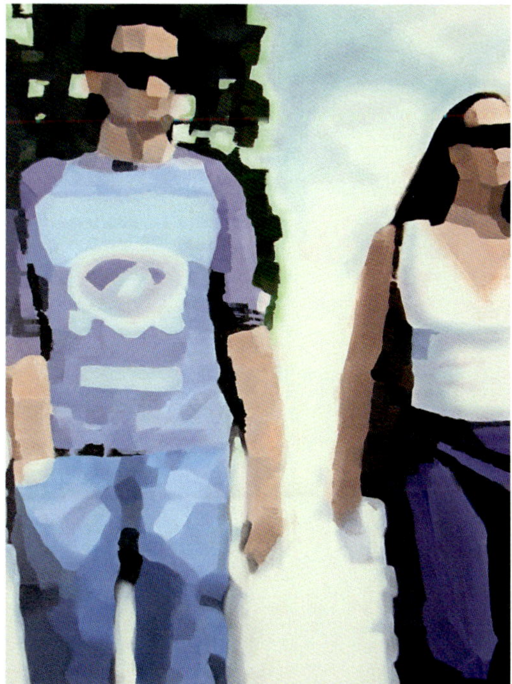

21.06.2007 Paris 4, 2007
Huile sur toile / Oil on canvas
130 × 97 cm / 51 ⅛ × 38 ¼ inches

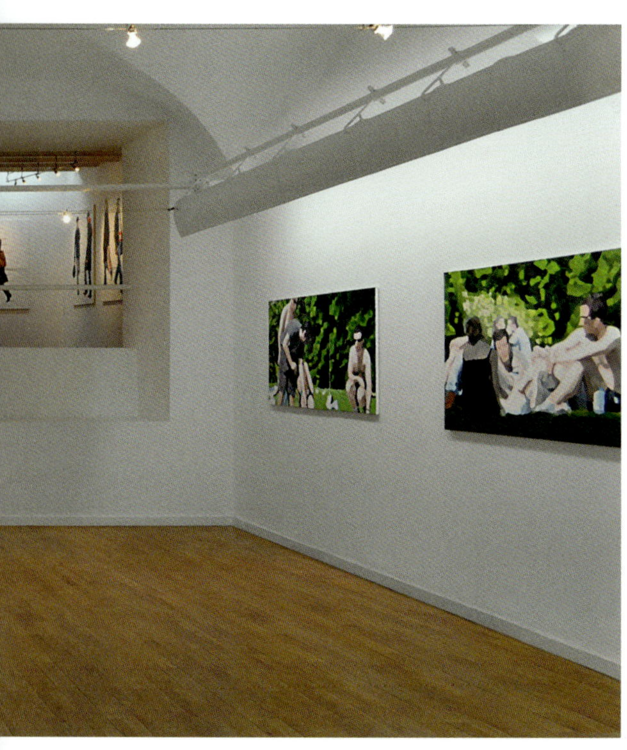

MB: Back then, were you known as an artist?
LF: No, not at all. In 1996, I started studying
again because I had lost all form of inspiration.
I took the highly selective entry exam for the
Nanjing University of the Arts. I resigned from
my job and was a student for three years –
the kind of interval in China that separates a
master from a PhD. I applied myself to study
relentlessly for it was the only way for me to
learn and develop more skills for my painting.
That way, I was exclusively focused on oil
painting. I was determined to perfect my art in
order to express myself better.

**MB: And in 1999, you started exhibiting your
paintings.**
LF: During the three years I spent studying I had
already taken part in personal and collective
art exhibitions at the fine arts school and at the
Jiangsu Art Museum (Jiangsu Meishuguan).

**MB: What was the reception of your work
then?**
LF: At the time I was painting classical topics
using a very classical oil painting technique.
Critics as well as the institutions welcomed my
work in the most mundane manner. They simply
acknowledged the quality of my work, nothing
else. Anyway, having an exhibition of my work in
China wasn't my preoccupation at the time. The
selection of what was considered great art was
based on more hierarchical or political criteria
than on art itself.

**MB: In 2001, what made you decide to depart
for Paris?**
LF: It was around the years 1999-2000 that
France opened up and started welcoming
more Chinese students generally. When I found
out about it, I told myself that it was now or
never! Still willing to perfect my skills, Paris was
where I had to be. All the artists who made
an impression on me when I was fifteen had
worked in Paris (Van Gogh amongst them). It
was the city I knew best virtually. So I decided to
learn a bit of French before applying for a visa,
but at first I had to apply for a tourist visa for
South Korea in order to be issued a passport!
In those days, obtaining a passport was usually
only for travelling to countries close to China.
So, in total secrecy, I prepared for a student
visa for France. It took me almost a whole year.
I was planning to leave during the summer
school holiday. A new teaching position was

waiting for me in a university and I certainly
didn't want to cause a problem in the teaching
schedule organisation by just disappearing
during school term. I therefore flew to Paris
without my hierarchy knowing about it! Let me
tell you that I had to be very cunning to be able
to do what I really wanted. I found ways for I
thought to myself that I was already thirty-three
years old. I had no time to waste and was ready
to start from scratch. My desire was really very
strong, so I didn't hesitate one second.

**MB: So, you started a new course of studies in
Paris.**
LF: Well, as my level in French didn't enable me
to attend classes, I started by learning French
for a year. Then the year after, I was finally
admitted as a postgrad at the Sorbonne in
Visual Arts. I was told I was too old and highly-
qualified to be admitted to the *Ecole des Beaux
Arts*. I completed a postgraduate diploma in just
one year as I considered it to be of no relevance
whatsoever to my oil painting. I wasn't learning
much anyway. It was a huge disappointment.
I still obtained the diploma with top marks and
was admitted at PhD level but I chose not to
proceed. Getting a PhD wasn't my priority, I just
wanted to go back to my brushes straight away.

MB: What did you get out of Paris?
LF: I discovered the museums, the galleries,
the paintings of the great masters, ancient and
modern ones. I also discovered contemporary
art. Really, studying at the Sorbonne was not
my priority. The higher education system
couldn't respond to my expectations, to my
quest and I was learning much more about art
by going to the museums and art galleries than
to university.

**MB: Your style continued to evolve after your
arrival in Paris.**
LF: I put 100% of myself in my paintings,
starting in summer 2003, immediately after
obtaining my diploma at the Sorbonne. That's
when I really started expressing what was
inside me. After thirty years in China and two
years of solitude in Paris, it all felt quite heavy
morally speaking. Whenever I was completing
a painting it was as if I was leaving a part of
me. It led to the *Giants* series, which continued
until 2006.

**MB: In 2006, you were moving towards this
style which was going to become your own
and herald the beginning of a career.**

MB : C'est en 2006 que vous êtes passée au style avec lequel vous avez commencé à asseoir votre carrière. Vous juxtaposez des touches larges et les modulez en fonction de la lumière, fragmentant ainsi les formes et évacuant les détails.

LF : Au bout de deux ans, j'avais l'impression de m'être vidée de tout ce qui était pesant en moi et j'avais le sentiment que je pouvais commencer une nouvelle vie avec une nouvelle peinture. Je m'ouvrais sur le monde extérieur.

MB : Pourtant, ces nouvelles œuvres semblent toujours marquées par la solitude, notamment à travers le refus d'individualiser les personnages.

LF : Oui. Il y a une cohérence. Il y a toujours cette solitude dans ma peinture.

MB : Vous réalisez plusieurs séries. Les plus connues sont probablement les *Passants* et *Chinese nudes*.

LF : Les *Passants* sont une continuité des *Géants*. Ce sont toujours des marcheurs, des personnages dans des villes. On y retrouve la solitude. Ce sont des vitrines de notre société. C'est interprété de manière très différente, mais il reste une cohérence d'esprit avec les œuvres précédentes. C'est aussi la série que j'ai commencée avec ce nouveau style. Chaque année, je peins des œuvres de cette série en parallèle des autres. C'est celle sur laquelle je travaille le plus.

MB : D'où ce style vient-il ?

LF : L'inspiration vient de technologies contemporaines, comme la photo numérique ou la vidéo. Elles introduisent, pour moi, un élément très moderne. Je cherche des façons de peindre qui correspondent à notre monde actuel. Ça correspond aussi à ce que je ressens face au monde. Le flou retranscrit le mouvement. Je cherchais aussi à donner à ma peinture un aspect acidulé et tonique.

MB : Cela rend également les visages anonymes.

LF : C'est voulu, ce sont des anonymes que je peins, des gens ordinaires qu'on croise dans la rue. L'absence d'identité est une universalité, tout le monde s'y retrouve.

MB : Pourtant, vous avez fait des portraits dans ce style.

LF : Oui. Lorsque je peins les passants, je n'entre pas dans leur intériorité. Au bout d'un moment, j'ai eu envie d'entrer à l'intérieur de mes personnages. Avec cette technique, cela donne un effet assez étrange au portrait. Quand on pense à un portrait, on imagine les traits d'un visage, les détails. Dans les miens, on ne les voit pas, mais on sent quand même la personnalité, l'expression individuelle. Je ne fais en portrait que des gens que je connais. Si je ne connais pas quelqu'un, je ne peux pas en suggérer l'expression.

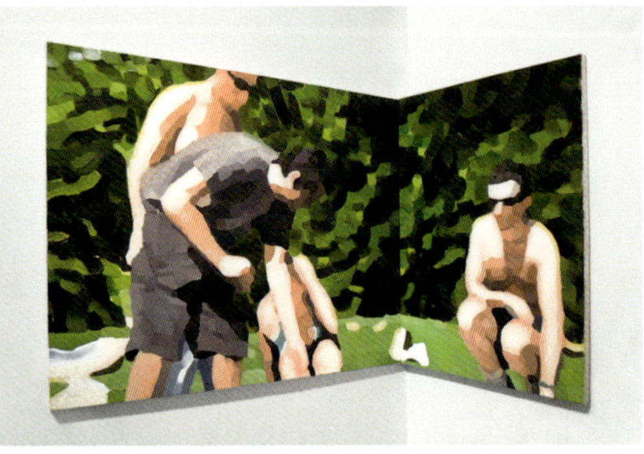

Galerie SpArts, Paris, 2018

MB : Vous avez aussi peint des séries plus intimes avec les *Plages*, les *Piscines* ou les *Pelouses*.

LF : Je voulais peindre des gens dans des situations différentes, des corps en repos. C'est plus le côté intime, l'oisiveté. C'est aussi une autre facette de la vie quotidienne des gens. C'est comme des petits moments de bonheur, tranquilles, calmes, au soleil, mais aussi éphémères. Dans la série des *Passants*, je parle plus des rapports sociaux. Dans celles-ci, c'est plutôt le côté humain, la douceur, qui ressort.

MB : Vous avez fait des paysages.

LF : C'est une exception. Je n'en ai presque pas fait. Ce n'est pas un sujet de prédilection. Pour la série des *Grands lotus*, l'idée est venue dès que j'ai aperçu ceux de mon quartier, à Nankin. J'y revenais après quatre ans d'absence, tout avait changé et venait d'être aménagé. Avant, l'endroit était moche et personne n'y allait. Aujourd'hui, sur la rivière, ils ont posé de grands lotus artificiels à l'occasion d'une fête traditionnelle et, avec cette forêt de gratte-ciels derrière, j'ai été impressionnée. Pour moi, c'est un paysage très ironique et représentatif du développement de la Chine actuelle. Le lotus, c'est le symbole de la pureté, mais la Chine a perdu ses traditions. Elle essaye de renouer avec elles, avec ce type de méthodes. C'est très beau et c'est kitsch.

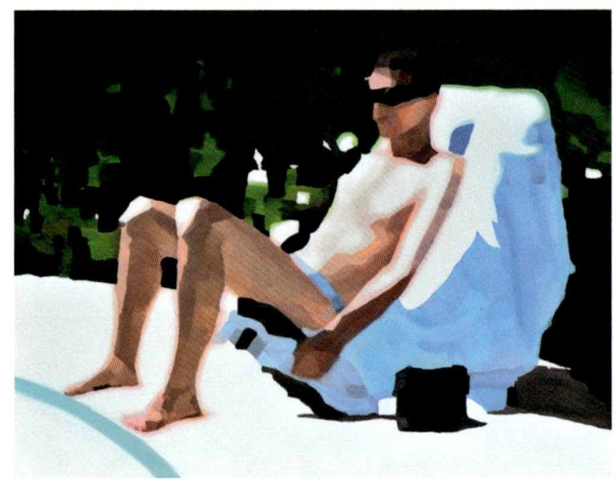

Piscine N° 10, 2008
Huile sur toile / Oil on canvas
130 × 162 cm / 51 ⅛ × 63 ¾ inches

MB : Les couleurs sur vos tableaux sont vives.

LF : Cela fait partie des éléments que j'ai recherchés dès le départ. Je voulais donner cette vision du monde contemporain, lui rendre sa lumière et sa vraie couleur, telles qu'on les voit. C'est comme si le tableau était allumé. Cela donne une peinture énergique.

MB : En 2012, vous commencez la série des *Chinese nudes*. Que représentent-ils ?

LF : Cette série a pour origine un blog, monté

You juxtapose wide paint strokes and modulate them according to light by fragmenting shapes and by eliminating details.

LF: After two years, I felt that I was completely drained from everything that used to be heavy in me, and I had the feeling that I could start a new life with a new way of painting. I was opening up to the outside world.

MB: Interestingly, your new work seems to be full of solitude especially as you refuse to give an individuality to the protagonists of your paintings.

LF: True, but there is a coherence. This impression of solitude is always in my work.

MB: You have produced more than one series. The best known are *Passants* (*Passersby*) and *Chinese nudes*.

LF: *Passersby* is the continuation of *Giants*. They are still passersby, people in cities. Solitude is part of it. They are the shop windows of our society. It is a new interpretation but there is still this coherence in spirit with my former work. It is also with this series that I started with this new style. Every year, I produce new paintings for this series in parallel to the other ones. It is the one series I work on the most.

MB: What were the origins of this style of yours?

LF: My inspiration comes from contemporary technologies, like digital photography and videos. I consider that they really introduced a very modern element to our society. I am always trying to paint in a way that corresponds to the contemporary world. It is also related to how I feel when facing the world. The blurry effect translates movement. I was also trying to give a fresher and more dynamic touch to my paintings.

MB: Faces are also anonymous in your paintings.

LF: That is on purpose. The people I paint are anonymous, ordinary people that anyone can come across. I believe that the absence of identity is a form of universality. Anyone can see himself or herself in my paintings.

MB: However, you have produced portraits using the same style.

LF: True. Normally when I paint passersby I am not trying to get into their internal world. Though, after a while, I felt that I needed to enter this world. With the technique I use, it gives an impression of oddity to the portraits. Generally speaking when one thinks about a portrait, one would naturally think about the features, the details of the face. In the portraits I paint, these elements are not apparent but one can still perceive the expression of their individuality. I only paint portraits of people I really know. If I don't know someone, there is no way I can evoke the expression of their individuality.

MB: You have also painted more intimate series such as *Plages* (*Beaches*), *Piscines* (*Swimming pools*) and *Pelouses* (*Lawns*).

LF: I wanted to paint people in different situations where bodies are at rest. It is more about the dimension of intimacy and idleness. It also has to be said that it is another side of people's everyday lives. Just like those little moments of happiness, the quietness, the calm, the sunshine that happen to be so ephemeral. In the *Passersby* series it is more about social interactions. In the series you have just mentioned, the focus is more on the human side, the gentle side of life.

MB: You have also painted landscapes.

LF: I would say it is an exception. I have hardly painted any. It is not my favourite subject. With the *Big lotus* series, I instantly had the idea when I saw the lotuses in my former neighbourhood in Nanjing. That's when I went back there after being away for four years. Everything had changed, everything had been rearranged. The place used to be so ugly and no one would go there. Today, on the river, massive artificial lotuses have been displayed for a traditional celebration and with a sort of forest of skyscrapers in the background, I was simply impressed by it all. It is also quite ironic this landscape; I find it so representative of contemporary China. The lotus flower is the symbol of purity in traditional China but China has lost its traditions. China is trying to reconnect with ancient traditions with this kind of device. I find it so very beautiful and kitschy.

MB: One can say that the colours in your paintings are quite bright.

LF: That's what I meant to do from the start. I wanted to translate a certain vision of the contemporary world to give it its true colours as they are being seen, as if the painting was switched on. That way, it results in a more energetic effect.

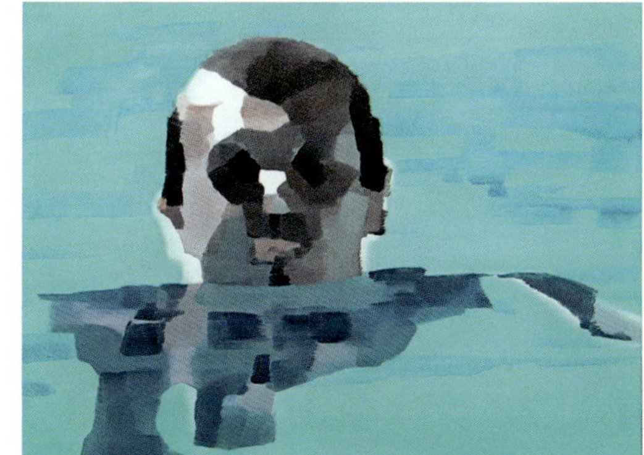

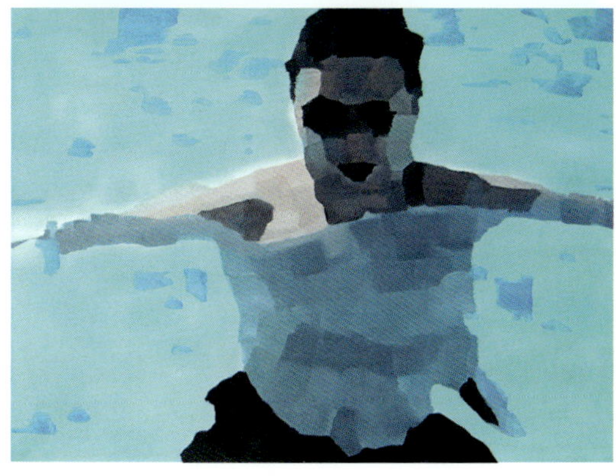

Piscine N° 2, 2007
Huile sur toile / Oil on canvas
(Détail) triptyque 243 × 65 cm /
(Detail) triptych 95 ⅝ × 25 ⅝ inches

par des Chinois pour protester contre la censure gouvernementale à l'encontre de l'artiste Ai Weiwei 艾未未, accusé de « pornographie » pour une série de clichés datant de 2007, sur lesquels il pose nu, entouré de quatre femmes également dénudées. Les fans d'Ai Weiwei ont lancé un blog sur lequel ils posent eux-aussi dévêtus pour soutenir l'artiste [NDLR : http://awfannude.blogspot.com].

MB : Pourquoi ce sujet ?

LF : Il m'a semblé que cela représentait un témoignage intéressant d'une certaine évolution sociale, c'est pour cela que j'ai souhaité fixer avec ma peinture ce changement révolutionnaire. Du point de vue de mon identité, tout ce qui concerne la Chine me concerne. Quand j'ai découvert ce blog, j'ai été bouleversée par l'évolution des mentalités chinoises contemporaines sur deux points. D'une part, ces gens avaient le courage de soutenir un artiste comme Ai Weiwei. Avant, les Chinois avaient peur de se mettre en avant pour protester. Si Ai Weiwei est censuré et qu'on le soutient, on risque aussi d'être censuré. Que des Chinois arrivent à monter un blog pour le soutenir et poster des photos, c'est une révolution énorme pour moi. Et je suis très optimiste pour l'avenir de la Chine. Ce sont ces gens-là qui font bouger la société, qui exercent des pressions sur les autorités. D'autre part, il s'agissait de nus. C'est encore plus fort, sans parler du tabou de la nudité dans la tradition chinoise. Pour intégrer la nudité dans les écoles de beaux-arts, cela a été une grande épreuve il y a cent ans. En Chine, ces derniers cinquante ans, on ne pouvait trouver des nus que dans les classes des écoles de beaux-arts. C'était encore vrai jusqu'au début des années 2000. Et maintenant, ils peuvent faire leurs propres photos, nus, et les poster sur Internet, être vus par des milliards d'internautes dans le monde.

MB : Cette série est donc moins l'expression d'un soutien que la retranscription d'un changement de mentalité ?

LF : Personnellement, dans cette série, il n'y a pas de provocation, pas de politique. Il s'agit plus de sociologie. J'ai une vraie admiration et du respect pour Ai Weiwei qui, comme artiste, essaye de s'exprimer librement. Mais, le plus important, c'est la vague, le phénomène qu'il a provoqué et qui a fait bouger les choses en Chine. Il est comme un leader qui crée un mouvement. La masse est toujours plus forte que les individus. En tant qu'artiste, je voulais témoigner de ce changement important. D'autant plus que je le vois avec de la distance ; j'ai quitté la Chine depuis treize ans.

MB : Vous avez exposé des œuvres de cette série en Chine.

LF : Oui, j'ai exposé deux tableaux de cette série dans la biennale de Shanghai en 2013. Quand il n'y a pas Ai Weiwei, ou des nus provocants, ça passe. C'est une série importante pour moi.

MB : Comment sont reçues vos œuvres en Chine ?

LF : J'ai du mal à le dire. J'ai des retours de mes professeurs et amis artistes, qui apprécient mon travail. Ils trouvent que c'est original, presque révolutionnaire, une nouvelle peinture de bonne qualité. Je considère cela comme un compliment, car les chinois trouvent souvent la peinture contemporaine de pauvre qualité.

MB : Y a-t-il une différence entre votre réception en Chine et en France ?

LF : J'ai peu exposé en Chine. J'ai surtout des retours d'Occidentaux ou de Chinois en Occident.

MB : Quelle est la place de votre production dans l'art contemporain chinois ?

LF : La Chine est trop grande. Je suis noyée dedans. Je parle donc surtout par rapport à la France. C'est une question que je ne me pose pas. Je me demande plutôt comment je me situe dans la peinture contemporaine. La peinture tout court est plus intéressante que sa nationalité. Je ne cherche pas à avoir une identité spécifiquement chinoise dans ma peinture. Je vis en dehors de la Chine. C'est normal que mon travail soit plus influencé par l'art contemporain occidental que celui produit en Chine. Mais cela ne m'empêche pas d'avoir des inspirations ou de trouver des ressources dans ma culture maternelle. J'ai conscience que ma peinture correspond à notre époque. Parmi les retours que je reçois, les plus nombreux sont concentrés sur l'originalité de mon style.

MB : Comment voyez-vous l'évolution de votre œuvre ?

LF : Je la vois aller vers plus de liberté et d'innovation, tout en continuant sur cette voie, en restant dans la lignée de la figuration, à la frontière avec l'abstraction.

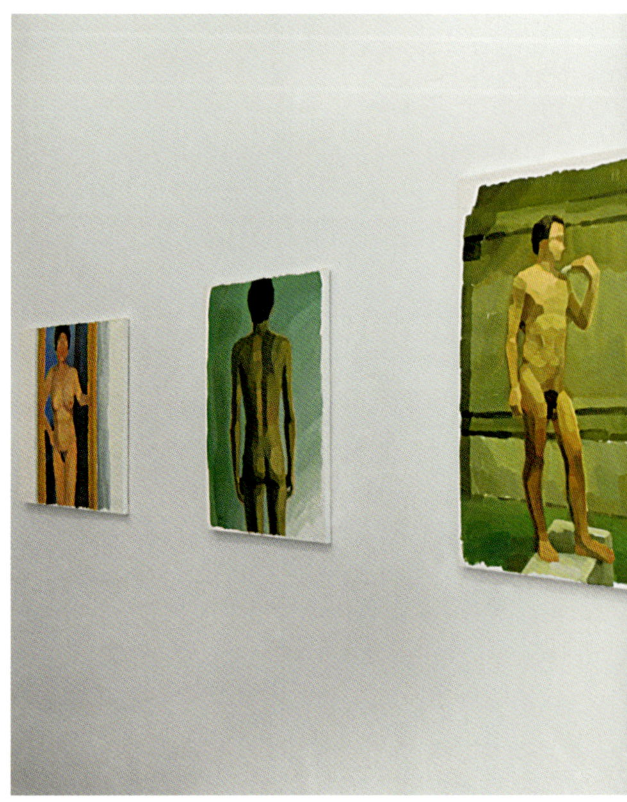

LiFang, 2014
Galerie Red Zone, Genève / Geneva

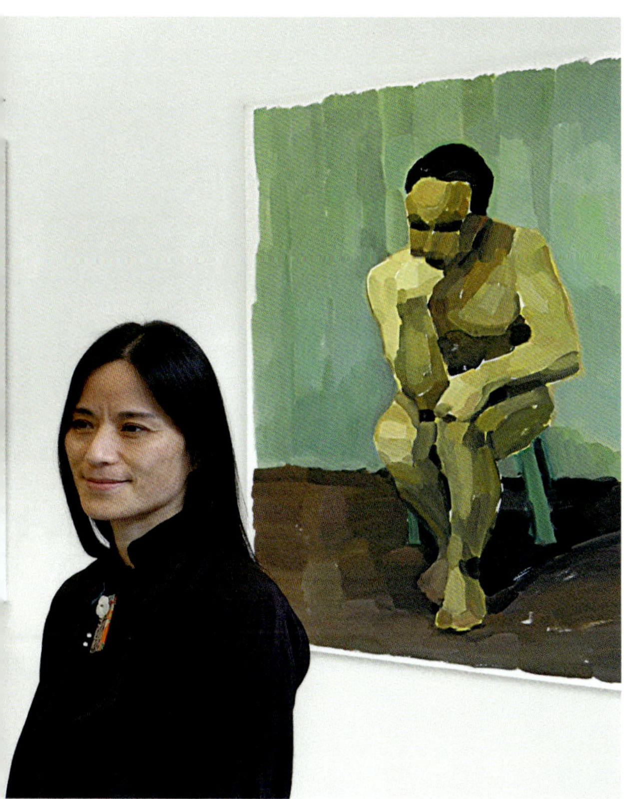

MB: In 2012, you started a series called *Chinese nudes*. What does it represent?

LF: At its origin, there was a blog created by some Chinese people who protested against the government censorship of the artist Ai Weiwei who was accused of pornography after a series of photographs in which he can be seen totally naked, surrounded by four women who are also naked. The fans of Ai Weiwei launched their blog where, in protest, they posted pictures of themselves naked, as a way of expressing their full support.

MB: Why did you choose this topic yourself?

LF: It seemed to me that it was the expression of social evolution in China, and that is why I wanted to seize this revolutionary change in my paintings. From the perspective of my own identity, everything related to China is of concern to me. When I discovered the blog, I was shaken by the evolution of contemporary Chinese mentality on two levels. These people had the courage to support an artist such as Ai Weiwei. Before then, the Chinese would have been afraid of protesting openly. If one was to support someone who was censored, one was sure to be censored in return. The fact that some Chinese people created this blog, the fact that they posted supportive photography is for me the sign of a true revolution. Needless to say I am very optimistic for the future of China. These people are moving and shaking society; they are exercising pressure on the establishment. Futhermore, as it is about nudes, it has an even stronger meaning if one is aware of how nudity is taboo in Chinese traditions. A hundred years ago, it was a real challenge to represent nudity in fine arts schools; then, in the last fifty years, nudity could be in fine arts schools only, and it was so until the year 2000. But nowadays, one can take nude selfies and post them on the internet and be seen by billions of people all over the world.

MB: Are you saying that your *Chinese nudes* series is more the sign of a change in Chinese mentality than actual support by some fans of a banned artist?

LF: Absolutely. Personally, I don't see any sign of provocation or any political statement in it. It is more about sociology. I have of course a true admiration and so much respect for Ai Weiwei who, as an artist in his own right, is just trying to express himself freely. The most important thing is this wave, this phenomenon he has initiated and that has impacted China for more change. As an artist, I thought it was my place to reflect important change, also with the distance that is mine since I left China thirteen years ago.

MB: Some paintings in the *Chinese nudes* series were exhibited in China.

LF: Yes, two paintings from this series were exhibited at the Shanghai Biennale in 2013. When Ai Weiwei is not attending and when one is not showing provocative nudes, it is acceptable. This series is really important to me.

MB: How is your work perceived in China?

LF: It's hard for me to say. I had good feedback from my former teachers and my artist friends who happen to appreciate my work. They see it as being original, almost revolutionary: a new way of painting that shows quality. I take it as a compliment, as the Chinese generally consider contemporary paintings to be of poor quality.

MB: Is there a difference between the reception of your work in China and in France?

LF: I have rarely shown my work in China. The feedback I get comes mostly from the people from Western countries or from Chinese people living in Western countries.

MB: How do you situate your work in Chinese contemporary art?

LF: China is just too big. I am lost in its immensity. Generally and mostly I see myself in relation to France. Anyway, it is not a question I ask myself. I am more interested in where I stand in contemporary art as a painter. My work is beyond the concept of nationality. I am not trying to be specifically Chinese in my paintings. As I live outside China, it is totally normal that my work should be mainly influenced by Western contemporary art. That being said, it doesn't stop me from being inspired by my native culture nor gaining resources from it. I am aware of the fact that my work is related to our time. From what I've gathered, most of the comments on my work point out the originality of my style.

MB: How do you see the evolution of your work?

LF: I can see more freedom, more innovation as well as keeping a certain continuity; progressing on the trajectory of figuration at the limits of abstraction.

Chinese nudes N° 14, 2012
Huile sur toile / Oil on canvas
81 × 60 cm / 31 ⅞ × 23 ⅝ inches
Collection du musée Cernuschi
Musée Cernuschi's collection

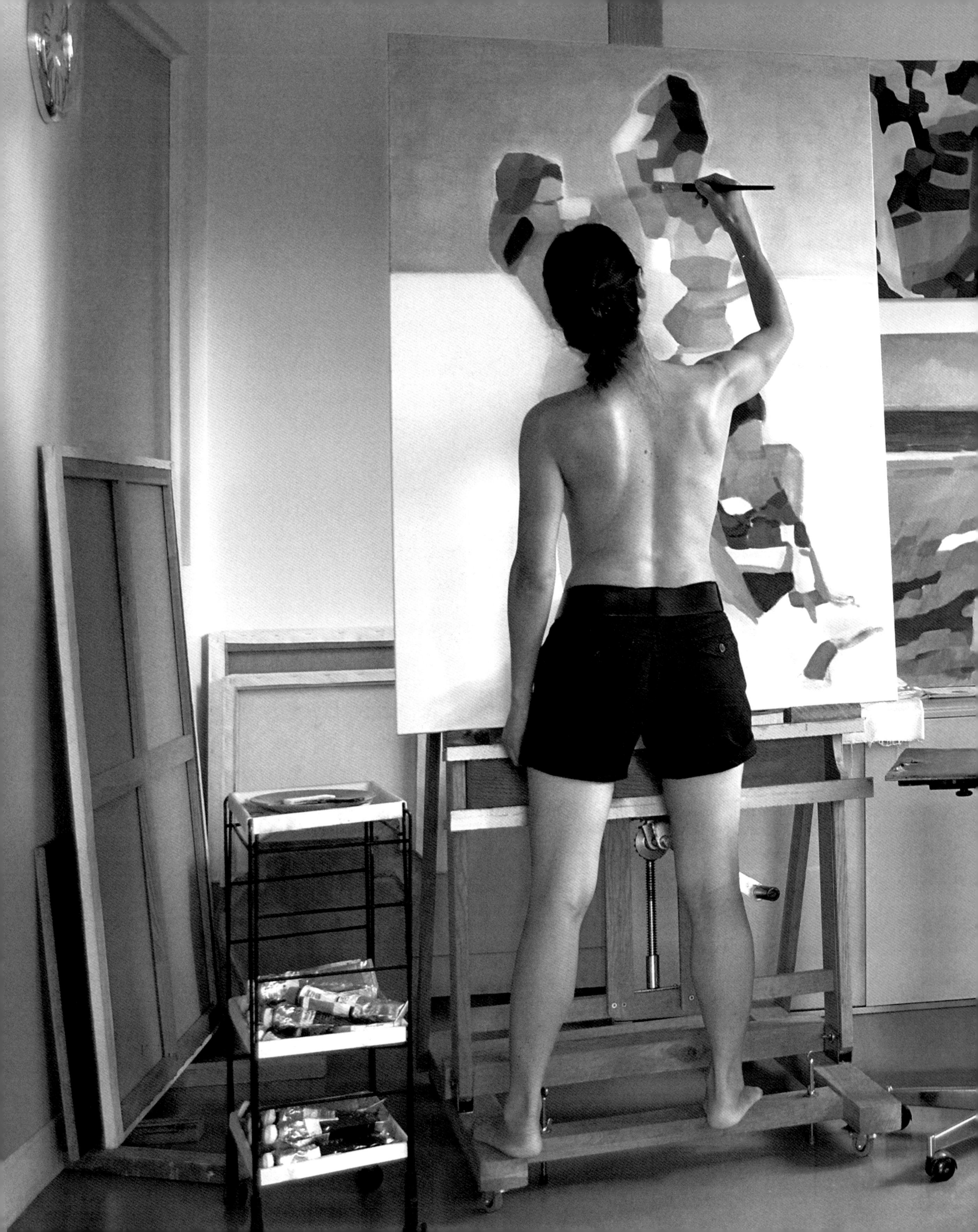

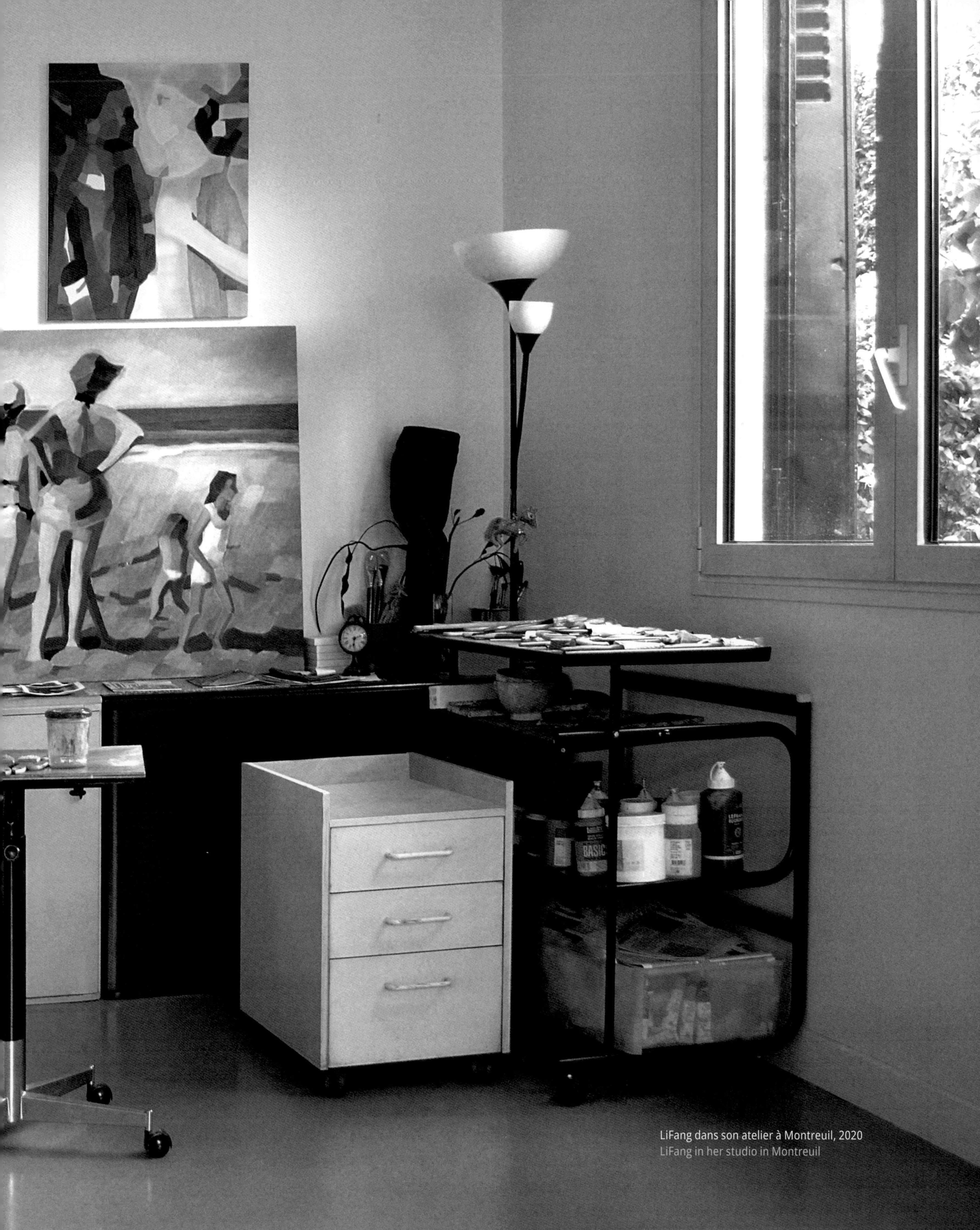

LiFang dans son atelier à Montreuil, 2020
LiFang in her studio in Montreuil

Entretien avec LiFang, 2022

Maël Bellec, conservateur du musée Cernuschi

MB : La précédente interview que nous avions faite date de 2014. Or, votre travail a beaucoup évolué ces dernières années. J'imagine que votre pensée et la perception de votre art ont aussi connu des modifications. Avant de parler des travaux plus récents, voyez-vous des points à compléter ou à amender dans l'interview de 2014 ?

LF : Hormis des points de détails ou des précisions sur mon parcours, je ne vois rien d'essentiel à ajouter à ce qui a été dit sur les œuvres anciennes.

MB : J'ai cependant quelques questions que j'aurais dû vous poser la dernière fois. Je n'ai par exemple pas prêté suffisamment attention au fait que vous avez reçu une formation à la peinture chinoise. En reste-t-il quelque chose dans votre travail ?

LF : L'apprentissage de la peinture chinoise se sent surtout dans l'utilisation du trait, qui m'évoque la calligraphie. Je pense particulièrement à la peinture à l'encre et à ses rapports entre vide et plein quand je réalise des tableaux sur fond blanc. Le mode de relation à la nature dans la culture chinoise est également ancré dans mon esprit et nourrit certaines de mes œuvres. La nature n'est pas un décor. L'homme en fait partie et je suis moi-même au cœur de cette nature. C'est surtout net dans la série *Aux sources* avec ses petits personnages dans un paysage. Le titre de cette série évoque à la fois le besoin des humains de se ressourcer dans la nature et le retour à mes racines.

MB : Une autre faute d'inattention de ma part concerne vos portraits. Je n'ai noté que tardivement que vous représentiez aussi des personnages portant un masque blanc, ce qui semble en partie contradictoire avec le fait de ne représenter que des gens que vous connaissez afin d'en exprimer l'individualité au mieux.

LF : Nous portons tous un masque. C'est une protection et un filtre de notre personnalité. Mais je ne peins ce masque que sur des femmes. À la fois importantes et fragiles, elles ont besoin, dans notre société actuelle, de se protéger. Elles se confrontent donc au monde en s'abritant derrière un masque. Je suis presque le modèle unique de ces portraits masqués. La seule autre personne que j'ai représentée avec ce masque est une amie qui me l'a demandé. Ce n'est pas un masque rigide, à la façon d'un masque vénitien, mais un masque collé sur la peau, à la manière d'un masque de beauté, qui permet de laisser surgir l'expression profonde et la personnalité.

MB : Enfin, je souhaitais revenir sur les séries des *Plages* et des *Piscines*, que vous avez continuées et fait évoluer depuis.

LF : J'ai commencé ces séries en 2008. Les plages sont un thème intemporel, qui continue à m'inspirer des tableaux aujourd'hui. Travailler un sujet sur une longue période me permet de trouver de nouvelles façons de peindre. C'est ainsi que ma peinture évolue. En 2019, j'ai commencé la série *Aux sources*, dans laquelle je représente des moments de détente, de bonheur et d'harmonie entre l'homme et la nature. Après la crise sanitaire, ces thématiques ont pris plus de place encore dans mon travail car le besoin de contact

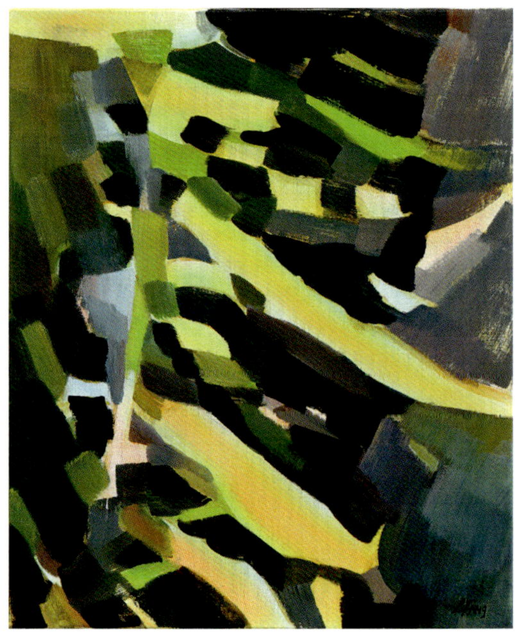

Éclats d'âme N° 8, 2021
Huile sur toile / Oil on canvas
50 × 40 cm / 19 ¾ × 15 ¾ inches

Interview with LiFang, 2022

Maël Bellec, Curator at the Musée Cernuschi

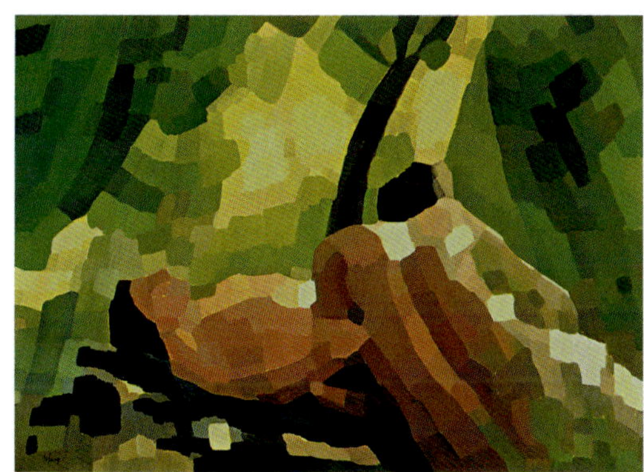

Sous bois N° 6, 2015
Huile sur toile / Oil on canvas
114 × 162 cm / 44 ⅞ × 63 ¾ inches

MB: Our previous interview dates from 2014. However, your work has evolved greatly over the past years. I imagine that your thinking and perception regarding your own art has changed. Before talking about your most recent works, do you see points in the 2014 interview that can be expanded upon or modified?

LF: Besides certain details regarding my background, I don't think that anything needs to be added to what has already been said about my previous works.

MB: Nevertheless, I have some questions that I should have asked you the first time. For example, I did not pay sufficient attention to the fact that you were trained in Chinese painting. Do some elements of your training show up in your work?

LF: Training in Chinese painting appears mainly in the use of lines, which evokes calligraphy for me. When I make paintings on a white background, I think particularly of ink painting and its play between fullness and emptiness. Chinese culture's relationship to nature is also rooted in my psyche, and inspires some of my work. Nature is not just a setting. Humans are part of nature and I am in the very centre of nature myself. This is particularly apparent in the *Sources* series that depicts small figures in the countryside. The title of this series evokes both the need of humans to regain strength in nature as well as a return to my roots.

MB: I also failed to pay attention to an element of your portraits. It was only after some time that I realized that you depict your figures wearing a white mask, which seems to be partially in contradiction with the fact that you only paint people that you know in order to best express their individuality.

LF: We all wear a mask. Masks are at once protection and a filter of our personality. But I only paint such masks on female figures. Both important and fragile, women need to protect themselves in our current society. They face the world, all while hiding themselves behind a mask. I am almost the only model for these masked portraits. This only other person that I depicted with a mask was a friend that asked to pose for me. It's not a rigid mask, like a Venetian one, but rather a mask glued on the skin, like a beauty mask, revealing the model's deep expression and personality.

MB: I would also like to discuss the *Beaches* and *Swimming pools* series that you have continued and subsequently expanded upon.

LF: I started both of these series in 2008. Beaches are a perennial theme, which continues to inspire my paintings today. Working on the same subject matter over a long period of time allows me to find new ways to paint. This is also how my painting evolves. In 2019, I started the *Sources* series, in which I depict moments of relaxation, happiness and harmony between humans and nature. After the pandemic, these themes took up even

avec la nature a grandi dans la société. Je le ressens aussi et l'exprime dans ma peinture.

MB : Cela rejoint une question posée en 2014 et dont la réponse a depuis évolué. À l'époque, vous n'aviez fait que peu de paysages. Ce n'est plus tout à fait vrai aujourd'hui.

LF : En effet. J'ai entamé en 2017 une série intitulée *L'Âme de fond*. La marine est un sujet classique de la peinture occidentale, qui m'intéresse beaucoup. J'ai fait des séries sur des plages, des piscines, des eaux dormantes. L'eau est devenue de plus en plus présente et importante dans mes pensées. J'étais fascinée par cet élément insaisissable, à la fois doux et puissant. En faire le sujet principal de mes peintures était un défi. Comment peindre cette matière fluide, informe, avec mes larges aplats ? J'ai fini par sculpter l'eau, les vagues de l'océan, au moyen de ceux-ci.

MB : Le titre laisse supposer que vous voyez autre chose dans ces vagues que la simple masse de l'eau.

LF : Oui, ces tableaux ont un sens. Quand je peins ces vagues, je me connecte à l'énergie de la nature, me projette en elle, comme si j'entrais au plus profond de mon âme. Les vagues sont des autoportraits de celle-ci.

MB : Qu'en est-il alors des flammes qui font également l'objet d'une série récente de peintures ?

LF : En deux ans, j'ai vu beaucoup d'images d'incendies de forêt, qui m'ont terrifiée. C'est comme une image de l'apocalypse. J'y vois les vies des humains et la biodiversité qui disparaissent. Ces incendies ne sont pas naturels. La cause en est humaine. C'est nous qui brûlons notre atmosphère, notre planète. Je me sens profondément

concernée. Si les vagues sont des portraits de mon âme, ces feux sont ma colère, mon alerte. Peindre le feu est difficile, tout comme peindre l'eau. Il n'y pas de forme. C'est aérien. Mais il faut rendre le feu aussi puissant en peinture qu'en vrai. Les deux séries présentent des similitudes : elles sont presque monochromes et expriment mon rapport à la nature.

MB : Une autre série semble représenter des éléments naturels : les *Éclats d'âme* ?

LF : Dans des séries comme *Aux sources*, la présence de la végétation devenait de plus en plus importante. Cela m'a donné envie d'en faire un sujet. Le moment clé pour réaliser cette série a été la mort de ma sœur, fin 2020. Je ne pouvais pas rentrer en Chine pour participer au deuil, malgré mon immense chagrin. Cette série est une manière de me soigner, d'évacuer ce chagrin en méditant sur la vie et la lumière. Le titre fait référence à une vie éclatée en morceaux, mais aussi à des éclats de lumière, qui sont comme des éclats de vie, d'âme. Cela peut aussi être un éclat de rire, de joie. Cette petite série m'a permis d'évoluer vers une technique plus abstraite, même si cette évolution avait déjà commencé avec *L'Âme de fond*.

MB : Une série consacrée aux migrants qui font la traversée de la Méditerranée fait la synthèse entre vos représentations de figures humaines et ce travail plus paysager.

LF : Tout à fait ! Cette série est dans la continuité des peintures représentant des gens autour de l'eau. Plus je peignais des gens heureux, libres, sur la plage ou profitant de la nature, plus les scènes cruelles qui se passaient dans cette mer m'obsédaient. J'avais envie de peindre ce sujet depuis 2016, mais le sujet était trop actuel et politique.

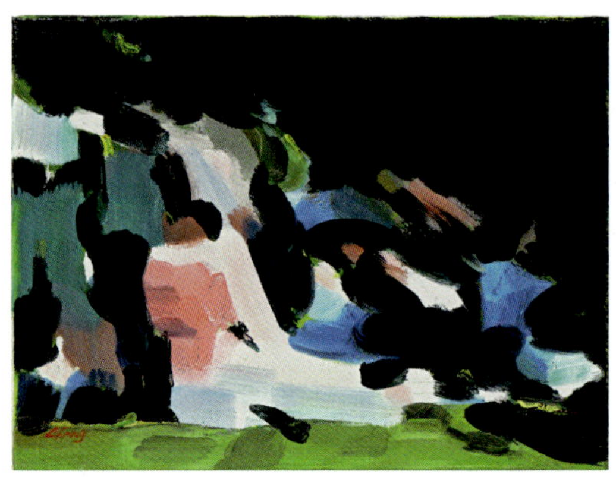

Tremblement, 2022
Huile sur toile / Oil on canvas
27 × 35 cm / 10 ⅝ × 13 ¾ inches

more place in my work because the need for contact with nature had grown within society. I feel the same need as well and express it in my painting.

MB: That brings me to a question I asked in 2014, with your answer having evolved since then. At the time, you rarely painted landscapes. This is not really the case today.
LF: Absolutely. I began a series entitled *Deep soul* in 2017. Marine paintings are a classic subject in Western painting that greatly interests me. I have made series about beaches, swimming pools and stagnant waters. Water has become more and more present and important in my thoughts. I was fascinated by this elusive element, both gentle and strong. It was a challenge to make water the main subject of my paintings. How to paint this fluid and shapeless matter with my large solid colours. I ended up using them to sculpt water and the waves of the ocean.

MB: The title gives one the impression that you see something else in these waves besides a simple mass of water.
LF: Yes, these paintings have a meaning. When I paint these waves, I connect myself to the energy of nature, projecting myself into nature itself, as if I was entering to the deepest part of my soul. Waves are nature's self-portraits.

MB: What about the flames that are the subject of a recent series of paintings?
LF: Over the past two years, I saw many images of forest fires that terrified me. They are like images of the apocalypse. In these images I see human lives and biodiversity disappearing. These forest fires are not natural. They are caused by humans. It is us who are burning our atmosphere and our planet. I feel profoundly concerned. If the waves are portraits of my soul, then these fires are my anger, my warning. Painting fire is difficult, just like painting water. There is no form. It's ethereal. But I also have to render fire as powerful in painting as it is in real life. Both series have things in common: they are both almost monochromatic and express my relationship to nature.

MB: Another series appears to depict natural elements: *Soul bursts*?
LF: In series such as *Sources*, the presence of plants had become more and more strong. I was inspired to transform them into subject matter for new work. The key impetus for this series was the death of my sister in late 2020. I was not able to return to China to attend her funeral, despite my immense grief. This series was a way for me to take care of myself, to let grief out while meditating upon life and light. The title is a reference to a life that is burst into different pieces, but also into bursts of light, which are like bursts of life, or of the soul. It can also be a burst of laughter, or of joy. This small series allowed me to evolve towards a more abstract technique, even if this evolution had already started with *Deep soul*.

MB: A series dedicated to migrants who cross the Mediterranean is a synthesis between your depictions of human figures and this work that is more focused on landscapes.
LF: Absolutely! This series is in the line of paintings depicting figures around water. The more I painted happy, free people on the beach or enjoying nature, the more the cruel situations occurring on the same sea

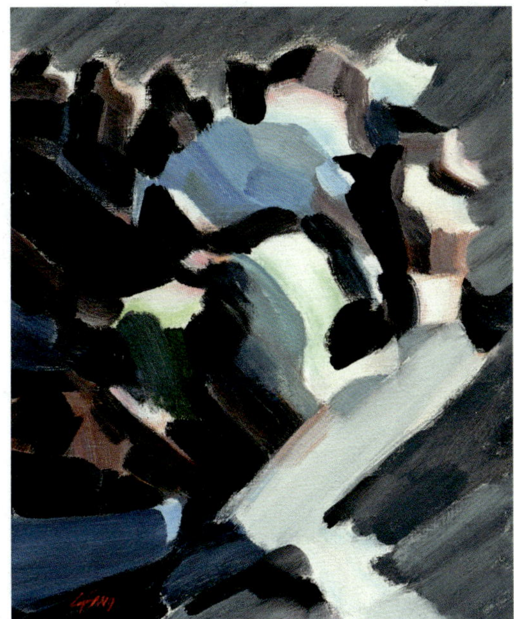

Embarqués N° 3, 2022
Huile sur toile / Oil on canvas
41 × 33 cm / 16 ⅛ × 13 inches

Ça a pris trois ans. L'idée est restée dans ma tête. Je n'arrêtais pas d'y penser. Je viens de Chine ; je fais partie des gens qui quittent leur pays. Et le phénomène a pris une ampleur que je ne pouvais plus ignorer. Pour moi, être obligé de quitter son pays, être déraciné, c'est le plus grand drame humain qui soit. En 2019, je sentais que le moment était venu de réaliser ces peintures. J'avais déjà peint des tableaux associant des personnages et la mer. Ce contraste entre ces gens libres et cette grande masse de gens contraints de prendre le risque de la mort m'interpellait. Ces trois ans, c'était le temps de la gestation. Je ne peux expliquer pourquoi le moment était venu. Je sentais une nécessité, une urgence de le peindre. Je n'ai pas envie de décrire ce qu'il se passe de manière réaliste. J'ai envie de donner de l'espoir, en partie pour ces gens-là, pour avoir espoir en l'humanité. J'emploie des couleurs vives à cette fin et pour ne pas laisser la mémoire s'affadir. Cela permet aussi d'attirer les regards, de créer de l'empathie, malgré la difficulté du thème. Enfin, c'est une manière de casser les codes. Les peintres qui ont traité le sujet des migrants ont privilégié des couleurs grises, sombres. Mais ces moments de belle lumière et de belles couleurs, c'est aussi la réalité. Une traversée peut durer quelques mois. Il n'y a pas que les nuits et les tempêtes.

MB : Vous refusez systématiquement les interprétations politiques de votre série *Chinese nudes*, que vous réalisez presque immédiatement après les faits, mais semblez à la fois avoir hésité à traiter ce sujet des migrants qui traversent la Méditerranée en raison de son actualité et ne pas vouloir en dénier la dimension politique. Y a-t-il là une évolution dans votre rapport au sujet de vos œuvres ?

LF : Le sujet des *Chinese nudes* s'est imposé à moi tout de suite. J'étais directement concernée et je l'ai peint dans l'urgence, pour témoigner des changements qui prenaient place dans mon pays. J'ai très vite su que je pouvais le maîtriser techniquement. Alors que j'étais au cœur du sujet, j'en suis plus éloignée dans les Traversées, que je peins avec beaucoup de distance. Bien que j'aie été bouleversée par cette tragédie, j'ai cependant pris trois ans pour pouvoir la transcrire sur toile en laissant de côté l'aspect politique. La majeure partie de l'actualité est politique, mais je m'attache pour ma part aux conséquences. Mon rapport au sujet reste le même : il faut qu'il devienne une nécessité pour que je le peigne.

MB : Je vous repose une question posée en 2014, comment voyez-vous l'évolution de votre œuvre ?
LF : Ma peinture est devenue plus abstraite qu'avant. C'est une manière de rendre ma peinture intemporelle, mais une peinture complètement abstraite ne m'intéresse pas. Ce sont les images, les choses concrètes qui m'intéressent.

** La première partie de cette interview fut réalisée lors d'un entretien oral en mai 2014, tandis que sa seconde partie est le fruit d'une conversation qui eut lieu en décembre 2022. Dans les deux cas, les propos ont été remis en forme, complétés par des questions et des réponses écrites de l'artiste, puis relus et validés par cette dernière.*

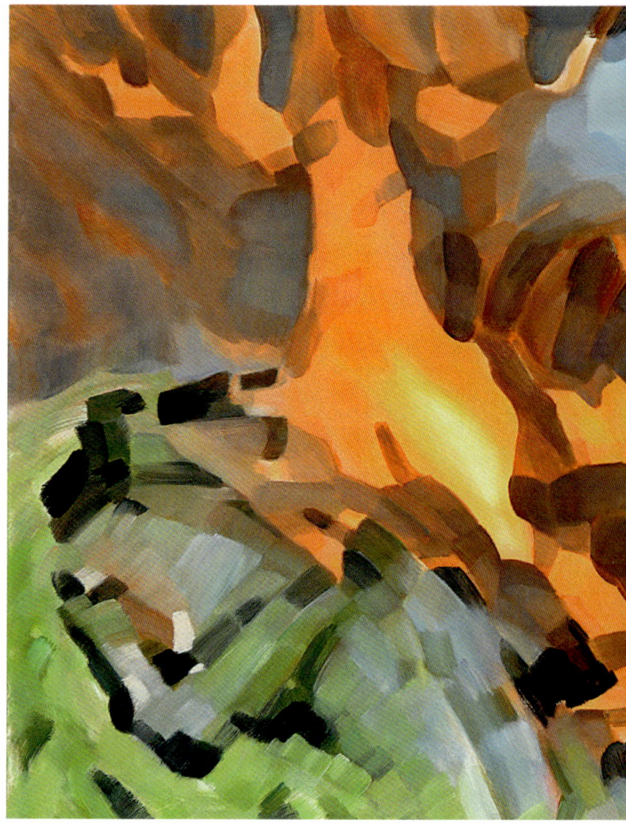

Embrasements N° 3, 2022
Huile sur toile / Oil on canvas
130 × 195 cm / 51 ⅛ × 76 ¾ inches

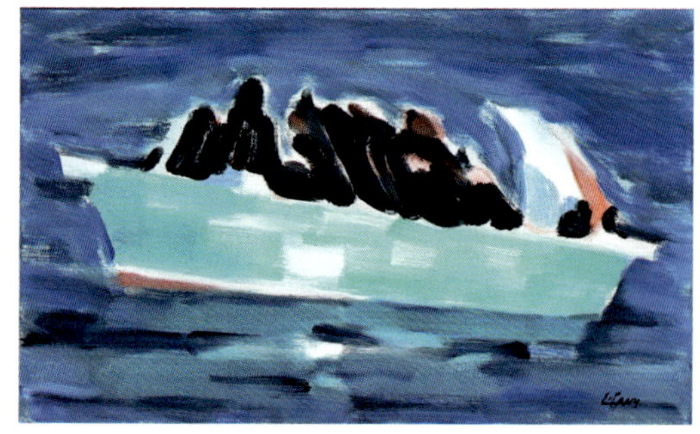

Embarqués N° 11, 2022
Huile sur toile / Oil on canvas
38 × 61 cm / 15 × 24 inches

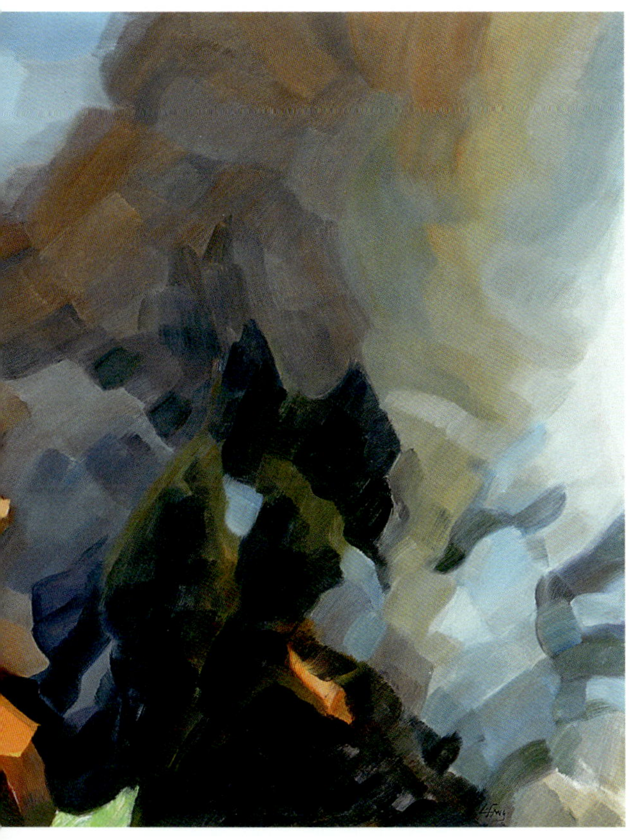

obsessed me. I had been wanting to paint this subject since 2016, but the theme was too current and political. It took me three years. The idea remained in my mind. I never stopped thinking about it. I am from China; I belong to those people that have left their country. For me, needing to leave one's country, being uprooted, is the biggest human drama there is. In 2019, I felt that the moment had come to make these paintings. I had already made paintings associating figures and the sea. The contrast between these free people and the mass of people forced to risk their lives compelled me. These three years were a time of gestation. I cannot explain why the moment had come. I felt a need, an urgency to paint it. I do not want to describe what happened in a realist manner. I want to give hope, in part to those people, in order to have hope in humanity. I use bright colours to this end and also not to let memory fade. Bright colours simultaneously attract the eye and create empathy, despite the subject's difficulty. Ultimately, it's a way of breaking with traditional approaches. Painters that have dealt with the subject of migrants have privileged grey and dark colours in their work. But reality is also moments of beautiful light and beautiful colours. A crossing can last several months. There are not only nights and tempests.

MB: You systematically refuse political interpretations of your *Chinese nudes* series that you made almost immediately after the events, but seem to have hesitated to treat the subject of migrants that cross the Mediterranean due to its currentness and not wanted to deny the political dimension of the work. Is there an evolution in your relationship to the subject of your works?

LF: The necessity to depict the subject matter in *Chinese nudes* was clear to me immediately. I was directly concerned and painted it with urgency in order to reflect the changes occurring in my country. I knew right away that I could technically master the subject matter. Whereas I was directly concerned by the subject matter of *Chinese nudes*, I was also a world away from the *Crossings*, which I painted with great distance. Even though I was devastated by this tragedy, it took me three years to be able to transcribe it on canvas while leaving out its political aspect. The majority of current events are political, but I am drawn to consequences. My relationship to subject matter remains the same: it must become a necessity for me to paint it.

MB: Let me ask you a question from 2014 once again: how do you view the evolution of your work?

LF: My painting has become more abstract than before. It's a way of making my painting timeless, but a completely abstract painting doesn't interest me. I'm interested in images and concrete things.

The first part of this interview was made during a face-to-face discussion in May 2014, while the second part emerged out of a conversation that was had in December 2022. In both cases, ideas were reformulated, both questions and the artist's written answers were added, and all content was finally reread and approved by the artist.

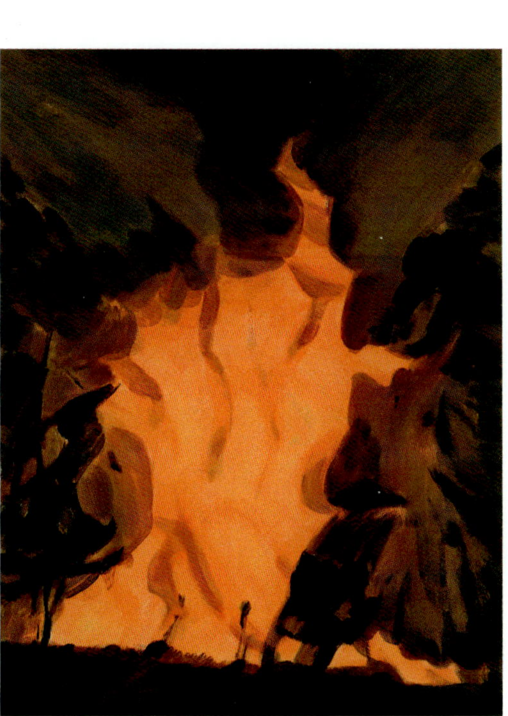

Embrasements N° 5, 2022
Huile sur toile / Oil on canvas
130 × 97 cm / 51 ⅛ × 38 ¼ inches

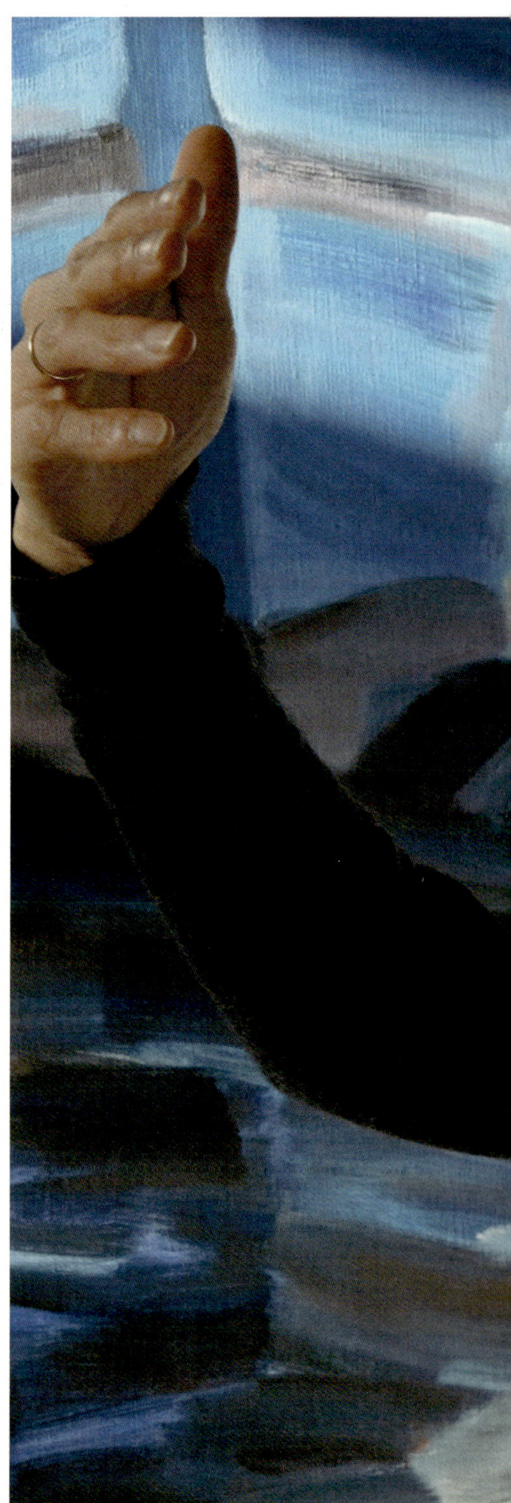

LiFang, 2023

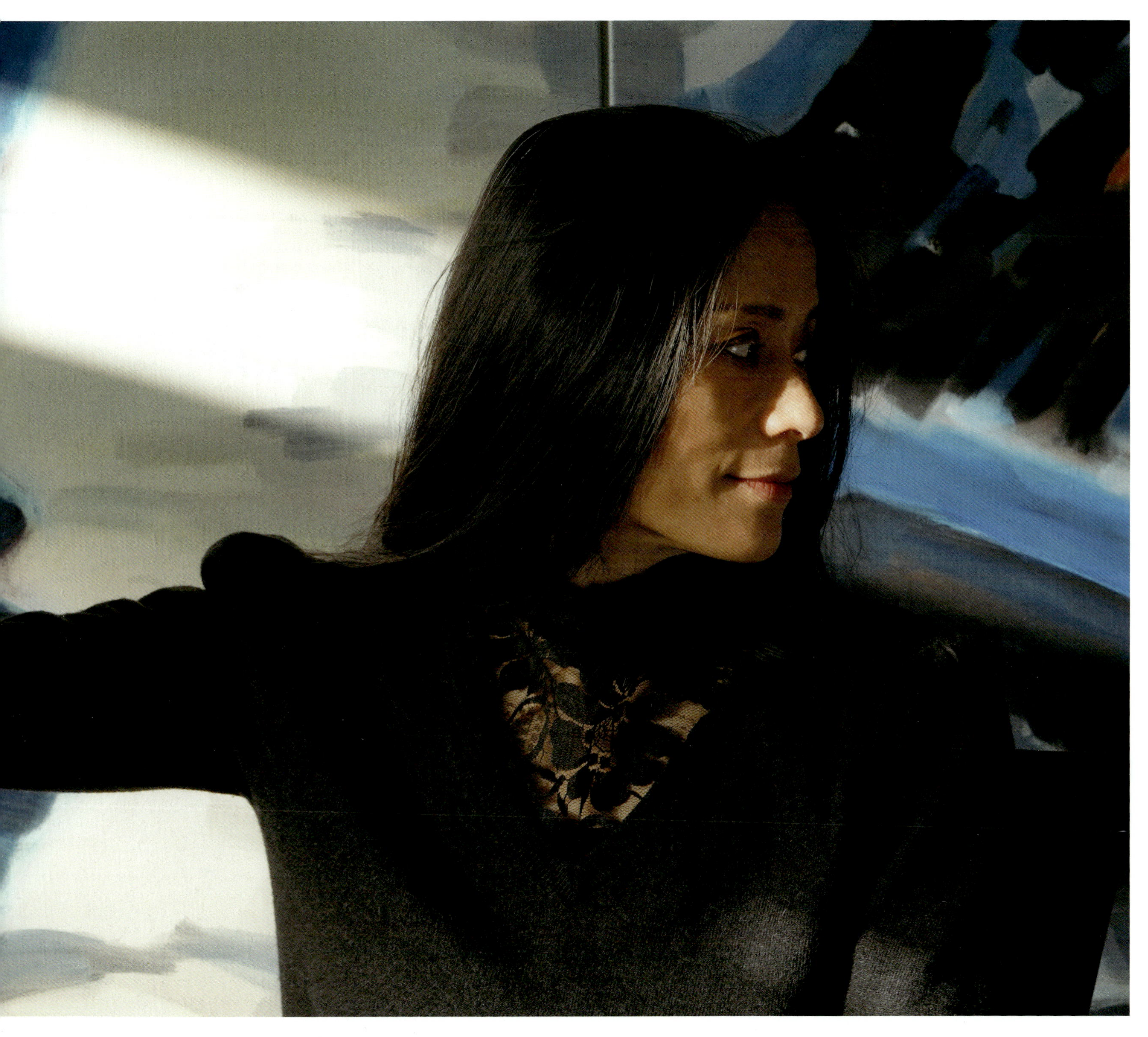

Biographie

Née en Chine en 1968, vit et travaille à Paris.

LiFang a découvert sa passion pour la peinture dès l'âge de quinze ans. Après sept ans d'études supérieures des beaux-arts à Nankin, elle a été professeure universitaire en dessin et peinture, avant de venir en France poursuivre ses recherches artistiques, en 2001. À l'issue de son DEA en arts plastiques à l'Université Paris 1 - Panthéon Sorbonne, elle se met en quête d'un nouveau langage pictural pour s'approprier la réalité contemporaine.

Au moyen de touches larges, juxtaposées et modulées en fonction de l'éclairage, LiFang retranscrit le volume des êtres dépeints. Ce style lui permet aussi d'inscrire ses œuvres dans un rapport immédiat au monde contemporain. Les effets de flou et de fragmentation sont les équivalents picturaux de la pixellisation de photographies numériques agrandies au point d'en perdre leur netteté. Ils témoignent également de l'effacement des identités individuelles au sein des foules qui se croisent dans les artères des villes, qui se reposent sur les plages, ou encore qui se tassent dans les bateaux. Les corps ne sont plus que des objets en mouvement ou des êtres autant interchangeables qu'impénétrables.

Depuis 2005, son travail est présenté en galeries, au sein d'institutions et dans les foires d'art internationales, en France, Allemagne, Suisse, ainsi qu'à New York et en Asie. Ses œuvres ont été acquises par des collections publiques comme celles du musée Cernuschi de Paris et la Fondation Colas.

Biography

Born in China in 1968, lives and works in Paris.

LiFang discovered her passion for painting at fifteen years old. After seven years of graduate studies in the fine arts in Nanjing, she taught drawing and painting at university before arriving in France in 2001 to further her artistic development. Having completed a degree in Fine Arts at the Paris Panthéon Sorbonne University 1, LiFang began searching for a new pictorial language to make contemporary reality her own.

Through wide brushstrokes that are juxtaposed and modelled in response to lighting, LiFang renders the volume of the bodies that she depicts in her work. This style allows her to incorporate her paintings into an immediate relationship with the contemporary world. Blurry and fragmented effects serve as the pictorial equivalents of pixelation in digital photography that is blown up until it loses its sharpness. Her work bears witness to the loss of individual identities within crowds hustling through the main thoroughfares of cities, relaxing on beaches, or piling on top of each other in boats. In LiFang's work, human bodies are nothing more than moving objects or beings that are just as interchangeable as they are impenetrable.

Since 2005, her work has been shown in galleries, institutions, and international art fairs in France, Germany, Switzerland, New York and Asia, and has been the subject of over twenty solo exhibitions. Her works are also part of public collections such as that of the Musée Cernuschi in Paris and the Colas Foundation.

2023

Between beaches, galerie Boulakia, Londres, Angleterre

2022

In the heart of the valley, galerie Red Zone Arts, Francfort-sur-le-Main, Allemagne

2020

L'Eau de Là, galerie SpArts, Paris, France

Le Printemps, galerie Be-Espace, Paris, France

2018

The Supreme Good is like water, galerie Red Zone Arts, Francfort-sur-le-Main, Allemagne

Figur'Action, galerie SpArts, Paris, France (Catalogue)

2016

Eaux calmes, galerie Montesquieu, Maubec, France

2015

Et toi le passant... Centre culturel de VLG, France (Catalogue)

Chinese Spring, galerie Valérie Delaunay, Paris, France

Mignonne allons voir, galerie Claire Gastaud, Clermont-Ferrand, France

L'Air de la vie, galerie Montesquieu, Nantes, France

2014

Chinese nudes, galerie Red Zone, Genève, Suisse

En passant, Victoria's Gallery, Paris, France

2013

Été indien, galerie Vivienne Art, Paris, France

Les Passants, galerie Valérie Lefebvre, Lille, France

2012

Rêveries d'une promeneuse solitaire, galerie Red Zone, Genève, Suisse

Peintures récentes, galerie Claire Gastaud, Clermont-Ferrand, France (Catalogue)

2010

Instants Tannés, château des Tourelles, Le Plessis-Trévise, France

2009

Regardez-Moi !!, NM Galerie, Paris, France

2008

LiFang, Kips Gallery, New York, USA

LiFang, Peinture, galerie Sinitude, Paris, France

2007

LiFang, galerie Claire Gastaud, Clermont-Ferrand, France

2006

Corps en mouvement, Nuts Gallery, Paris, France

1999

LiFang, Peinture à l'huile, galerie de l'Institut d'art de Nankin, Nankin, Chine

2021

Peintures à l'eau, galerie Analix Forever, Genève, Suisse

2020

Les Roches qui dansent, Duo exposition avec Ma Desheng, galerie Red Zone Arts, Francfort-sur-le-Main, Allemagne

2019

Sweet Confusion, Boab Gallery, Anvers, Belgique

2016

China Today, musée de l'Orient, Lisbonne, Portugal

La Force de la Peinture, Virton, Belgique (Catalogue)

Art for Autism, château de Saint-Jean de Beauregard, France

2015

Exposition *Défiguration*, galerie Domi Nostrae, Lyon, France

Exposition *Expressions 2.0*, galerie Art District au Royal Monceau, Paris, France

2014

Musée Cernuschi, Paris, France

2012

Biennale de Shanghai 2012, Shanghai, Chine (Catalogue)

Fondation Colas, École des beaux-arts de Paris, France (Catalogue)

2011

NordArt, Budelsdorf, Allemagne (Catalogue)

2010

Stèles, écuries de Saint-Hugues, Cluny, France

De Pékin à Shanghai, La Cinquième Galerie, Paris, France

2009

Recollection, galerie Claire Gastaud, Clermont-Ferrand, France

Artcité 2009, Fontenay-sous-Bois, France (Catalogue)

2008

Elvis aux pays des merveilles, La Cinquième Galerie, Paris, France

2007

Pop' Up, galerie Claire Gastaud, Clermont-Ferrand, France

La Cinquième Galerie, Paris, France

2006

Centre culturel de Chine, Le Havre, France

2005

La Chine à Cluny, écuries de Saint-Hugues, Cluny, France

2004

Galerie Vivendi, Paris, France

Vent de Chine, Grande Arche La Défense, Paris, France

2001

Exposition de sept artistes, Shanghai, Chine

1999

Peintures à l'huile, musée des beaux-arts de Jiangsu, Nankin, Chine

1998

1er Festival des Arts, musée des beaux-arts de Jiangsu, Nankin, Chine

PRINCIPALES FOIRES D'ART
SELECTED ART FAIRS

COLLECTIONS PUBLIQUES
PUBLIC COLLECTIONS

FAB Paris 2023
galerie Boulakia, Paris, France

BRAFA Art Fair 2023
galerie Boulakia, Bruxelles, Belgique

Art Paris Art Fair 2022, 2020, 2014
galerie Red Zone Arts, Paris, France

Art Paris Art Fair 2014, 2013, 2012, 2007
galerie Claire Gastaud, Paris, France

Asia Now Paris Asian Art Fair 2022, 2021
galerie Red Zone Arts, Paris, France

Knokke Art Fair 2022
galerie Red Zone Arts, Knokke-Heist,
Belgique

Art Fair Dijon 2021
galerie Analix Forever, Dijon, France

Discovery Art Fair Frankfort 2019
galerie Red Zone Arts, Francfort-sur-le-
Main, Allemagne

ST-ART Foire d'art de Strasbourg 2017
galerie Montesquieu, Strasbourg, France

KIAF 2010
Kips Gallery, Seoul, Corée du Sud

Asian Art Fair
Kips Gallery, Miami, U.S.A

Art Beijing 2008
galerie Sinitude, Beijing, Chine

2015

Jupiter Museum of Art, Shenzhen, China

2013

Musée Cernuschi, Paris

2012

Fondation Colas, Paris

Remerciements

Mes remerciements s'adressent en premier lieu à Xu Ke, pour la conception graphique et à Philippe Boulakia pour la production de cette monographie.

Aux auteurs pour leurs textes : Maël Bellec, Jean-Louis Poitevin, Selina Ting, Wang Keping, Marjorie Keters et Helena Zanelli. Ainsi que leurs traducteurs : Adam Dehmohseni, Sandra Lapierre et Litvinoff Martinez.

Aux auteurs des photographies : Didier Gicquel, Xu Ke et Fabrice Pate.

Je remercie Eric Lefebvre, le directeur du musée Cernuschi de Paris, ainsi que sa prédécesseure Christine Shimizu, et Maël Bellec, le conservateur, pour leur précieux soutien à mon travail depuis 2011.

Mes remerciements s'adressent ensuite aux galeries qui défendent ou ont défendu mon travail avec confiance, en particulier :
Red Zone Genève, Brigitte et Gilles Catherin ;
Red Zone Arts Francfort-sur-le-Main, Cyrille Catherin ; Boulakia Londres, Daniel et Philippe Boulakia ; Analix Forever Genève, Barbara Polla ;
Claire Gastaud Clermont-Ferrand ; SpArts Paris, Laurent Deschamps ; Valérie Delaunay Paris ; Domi Nostrae Lyon, Fabrice et Christine Treppoz ; Montesquieu Nantes, Lydia Natiez ;
Kips Gallery New York, Ken Kim.

Je remercie également tous mes collectionneurs.

Enfin un grand merci à Skira Paris, Nathalie Prat et son équipe, pour leur confiance dans ce projet.

Acknowledgements

I would first like to address my thanks to Xu Ke for the graphic design and to Philippe Boulakia for the production of this monograph.

To the authors for their texts: Maël Bellec, Jean-Louis Poitevin, Selina Ting, Wang Keping, Marjorie Keters and Helena Zanelli. As well as their translators: Adam Dehmohseni, Sandra Lapierre and Litvinoff Martinez.

To the authors of the photographs: Didier Gicquel, Xu Ke and Fabrice Pate.

I would like to thank Eric Lefebvre, the director of the Musée Cernuschi in Paris, as well as his predecessor Christine Shimizu, and Maël Bellec, the curator, for their invaluable support for my work since 2011.

My thanks then go to the galleries that defend or have defended my work with confidence, in particular:
Red Zone Geneva, Brigitte and Gilles Catherin;
Red Zone Arts Frankfurt am Main, Cyrille Catherine; Boulakia London, Daniel and Philippe Boulakia; Analix Forever Geneva, Barbara Polla;
Claire Gastaud Clermont-Ferrand; SpArts Paris, Laurent Deschamps; Valerie Delaunay Paris;
Domi Nostrae Lyon, Fabrice and Christine Treppoz; Montesquieu Nantes, Lydia Natiez;
Kips Gallery New York, Ken Kim.

I also thank all my collectors.

Finally, a big thank to Skira Paris, Nathalie Prat and her team, for their confidence in this project.

Crédits photographiques
Photographic credits
Didier Gicquel : p. 8
Fabrice Pate : pp. 146-147
Xu Ke : p. 155

ISBN 978-2-37074-227-8

Achevé d'imprimer en novembre 2023 sur les presses
de Graphius à Gand, Belgique
Dépôt légal novembre 2023

Printed in November 2023 by Graphius, Gent, Belgium
Legal deposit November 2023

ÉDITIONS SKIRA PARIS
14 rue Serpente
75006 Paris
www.skira.net

Responsable des éditions
Senior editor
Nathalie Prat-Couadau

Responsable du projet et de la coordination
éditoriale
Project manager and editorial coordination
Juliette Chambon

Chargée de projets éditoriaux et commerciaux
Commercial and editorial projects manager
Meryl Mason

Assistante éditoriale
Editorial assistant
Roxanne Rebours

Conception graphique
Graphic design
Xu Ke

Traduction
Translation
Adam Dehmohseni

Relecture
Copyediting and proofreading
Mathilde Borron – Français - French
Mark Nathan – Anglais - English

Photogravure
Colour separation
Litho Art New, Turin